Waltraut Hartmann • Martina Stoll
Natalie Chisté • Michaela Hajszan
Unter Mitarbeit von Gabriele Bäck

Bildungsqualität im Kindergarten

Transaktionale
- Prozesse
- Methoden
- Modelle

Charlotte Bühler-Institut
Band 2
der Schriftenreihe
des Charlotte Bühler-Instituts

öbv & hpt

Mit Bescheid des Bundesministeriums für Unterricht und kulturelle Angelegenheiten, GZ 44.100/1-III/D/13/99, gemäß § 14 Abs. 2 und 5 des Schulunterrichtsgesetzes, BGBl. Nr. 472/86, und gemäß den derzeit geltenden Lehrplänen als für den Unterrichtsgebrauch an Bildungsanstalten für Kindergartenpädagogik für die 2. bis 5. Klasse und an Kollegs für Kindergartenpädagogik für das 1. bis 4. Semester im Unterrichtsgegenstand Didaktik geeignet erklärt.

Bildnachweis

Seite 22, o. r.: Bildarchiv der Österreichischen Nationalbibliothek
Seite 22, u. r.: Bildarchiv der Österreichischen Nationalbibliothek
Seite 23, o. l.: Aus: Erning, G. (1987). Bilder aus dem Kindergarten. Freiburg: Lambertus
Seite 23, o. r.: Aus: Palla, R. (1997). Die Kunst, Kinder zu kneten. Ein Rezeptbuch der Pädagogik. Frankfurt: Eichborn
Seite 26, o. l.: Archiv für Kunst und Geschichte, Berlin
Seite 26, o. r.: Aus: Holtstiege, H. (1996). Modell Montessori. Grundsätze und aktuelle Geltung der Montessori-Pädagogik. Freiburg: Herder
Seite 26, u. l.: Stiftelsen Ellen Keys Strand
Seite 26, u. r.: Archiv für Kunst und Geschichte, Berlin
Seite 115: Petra Hochstöger
Seite 121: Maria Steinmetz
Seite 129: Elfriede Lechner
Seite 138: Thomas Schätz
Seite 151/152: Sr. Maria Regina
Seite 166: Gabriele Bäck
Seite 176: Johanna Hammerle

1. Auflage 2000 (1,00)

Umschlag: Atelier Gstöttner
Satz: SBS – Rainer Schmid, 1090 Wien
Druck: Ueberreuter Print und Digimedia GmbH, 2100 Korneuburg
ISBN 3-215-**12141**-7

Wer nichts tun kann, versteht nichts.
Wer nichts versteht, ist nichts wert.
Aber wer versteht,
der liebt, bemerkt und sieht auch ...
Wer nichts weiß, liebt nichts.

Je mehr Erkenntnis in einem Ding innewohnt,
desto größer ist die Liebe ...

Wer meint, alle Früchte
würden gleichzeitig mit den Erdbeeren reifen,
versteht nichts von den Trauben.

Paracelsus

Dieses Werk basiert auf einem fortlaufenden Diskurs mit Fachleuten aus Wissenschaft und Praxis.

Wir danken allen Kindergartenpädagog/innen, Kindergarteninspektorinnen und Fachberaterinnen sowie den Lehrenden an Bildungsanstalten für Kindergartenpädagogik und Pädagogischen Akademien, die beim Entstehungsprozess dieses Buches mitgewirkt haben. An dieser Stelle möchten wir betonen, dass aus Gründen der besseren Lesbarkeit und des überwiegenden Anteils von Frauen in diesem Berufsfeld die Bezeichnungen Kindergartenpädagogin bzw. Kindergartenpädagog/innen gewählt wurden. Selbstverständlich sind damit auch männliche Kindergartenpädagogen gemeint. Wir wünschen uns ausdrücklich, dass Kinder im Kindergarten immer öfter die Gelegenheit erhalten, durch Interaktion mit männlichen Bezugspersonen ihre sozialen Erfahrungsräume zu erweitern.

Die diesem Buch zu Grunde liegende wissenschaftliche Studie wurde vom Bundesministerium für Unterricht und kulturelle Angelegenheiten sowie von den Bundesländern Oberösterreich, Wien, Niederösterreich, Salzburg, Steiermark, Kärnten, Tirol, Vorarlberg und Burgenland unterstützt.

Weiters danken wir der Firma C & A Mode, dem Verlag öbv & hpt, der Kammer für Arbeiter und Angestellte für Wien sowie der Bank Austria.

Inhaltsverzeichnis

Vorwort

Das Jahrhundert des Kindes, wie es von Ellen Key proklamiert wurde, hat Kindern – zumindest in den Industrieländern – eine angesehene Stellung verschafft: Kinder haben Rechte bekommen, eigene Lebenswelten, wie Kindergärten, Horte und Schulen, wurden für sie gestaltet. Diese Lebenswelten sind einem ständigen Wandel unterworfen, der die neuen Lebensorientierungen und Wechselbeziehungen zwischen Kindern und Erwachsenen widerspiegelt.

Zur Zeit beeinflussen vor allem Veränderungen in der Familienstruktur und in der Werteordnung die Lebenswelt von Kindern und bewirken, dass Kindergartenpädgog/innen nach neuen Orientierungshilfen für ihre pädagogische Praxis suchen. Diese Entwicklung ist nicht nur in Österreich, sondern auch in den meisten Ländern Europas zu beobachten.

Die Unzufriedenheit mit einem ausformulierten Wertekanon, wie er in den letzten 25 Jahren in der Bildungsarbeit im Kindergarten akzeptiert wurde, wird sowohl in der Ausbildung als auch in der Praxis offen geäußert. Doch woran kann man sich heute orientieren, will man den Anspruch auf Bildung im Kindergarten nicht aufgeben?

An der Schwelle zum dritten Jahrtausend herrscht zwar große Unsicherheit hinsichtlich einer traditionellen, allgemein verbindlichen Werteorientierung, es ist aber auch ein deutlicher Wandel im Menschenbild festzustellen. In unserer postmodernen Gesellschaft ist der Mensch viel mehr auf sich selbst gestellt; er soll befähigt werden, seine eigene Werteorientierung zu suchen. Um eigene Erfahrungen und Urteile zu bilden, ist ein lebendiger Austausch mit anderen Menschen und Medien nötig. Kommunikative Fähigkeiten, Kreativität und Toleranz sind so gefragt wie nie zuvor.

Das folgende Konzept zur Optimierung von Bildungsqualität wurde in Zusammenarbeit von Wissenschaftler/innen und Fachleuten aus der Praxis erarbeitet. Es basiert auf einer kulturökologischen Perspektive. Damit ist Folgendes gemeint: Kinder, Eltern, Kindergartenpädagogin und Kultur sind Entwicklungspartner/innen. Sie bilden gemeinsam eine unauflösliche ökologische Struktur. Für die pädagogische Praxis im Kindergarten ist es wichtig, die Wechselbeziehungen zwischen den einzelnen Entwicklungspartner/innen zu durchschauen: Jeder Partner verändert ständig die anderen Entwicklungspartner/innen, und diese wirken gleichzeitig verändernd auf ihn selbst ein. Aus dieser Perspektive verlagert sich der Schwerpunkt der Bildungsarbeit im Kindergarten von den Inhalten und Werten eher auf die Prozesse, die bei diesem Geschehen stattfinden.

Um eine Neuorientierung in diesem komplexen Gefüge zu finden, ist es notwendig, sich über die Rollen der einzelnen Entwickungspartner/innen – nämlich Kinder, Eltern, Kindergartenpädagog/innen und Lebenswelt Kindergarten – klar zu werden.

Im ersten Teil des vorliegenden Konzepts wird den Wurzeln und der Entwicklung der Kleinkinderziehung bzw. des Bildes vom Kind nachgegangen, um zu einem besseren Verständnis der heutigen Erwartungen an das Kind zu gelangen. Dabei wird deutlich, dass die großen Pädagog/innen der vergangenen Jahrhunderte immer Achtung vor der Eigenständigkeit der kindlichen Persönlichkeit gezeigt haben.

Im zweiten Teil geht es um einen kurzen Blick auf die neuen Erkenntnisse in der psychologischen Forschung, die schon dem sehr jungen Kind ein hohes Maß an Kompetenz und Selbststeuerung zuschreiben. Die aktive Teilhabe des Kindes am Kulturgeschehen hat selbstverständlich Konsequenzen für die Bildung und Erziehung im Kindergarten.

Im dritten Teil wird das Kernstück des vorliegenden Konzepts dargestellt, nämlich der Transaktionsansatz, mit dessen Hilfe es gelingt, die komplexen Wechselbeziehungen zwischen Kind, Kindergartenpädagogin und Lebenswelt Kindergarten durchschaubar zu machen. Weiters wird die Qualität der Bildungsprozesse im Kindergarten aus verschiedenen Perspektiven beleuchtet: aus der Perspektive des Kindes, der Kindergartenpädagogin und aus der Perspektive eines umfassenden Bildungsverständnisses.

Hinweise auf Qualitätsstandards und konkrete, detaillierte methodisch-didaktische Überlegungen sollen Schüler/innen und Kindergartenpädagog/innen die Planung und Reflexion der pädagogischen Arbeit erleichtern.

Mit Hilfe eines kurz zusammengefassten Kriterienkatalogs werden ausgewählte Praxisberichte aus transaktionaler Sicht analysiert. Auf diese Weise wird den Kindergartenpädagog/innen ein Instrument angeboten, anhand dessen sie die Austauschprozesse zwischen Kind, Eltern, Kindergartenpädagogin und Umwelt analysieren können.

Ziel des Transaktionsansatzes ist es, zu einer Optimierung der Bildungsqualität beizutragen und Kindern dadurch vermehrt Erfahrungs-, Handlungs- und Gestaltungsmöglichkeiten zu eröffnen.

Dr. Waltraut Hartmann
Wissenschaftliche Leiterin
des Charlotte Bühler-Instituts

Teil 1

Das Verständnis von Erziehung und das Bild, das wir uns heute vom Kind machen, sind zwar vorwiegend von unserer pluralistischen Gesellschaft mit bestimmt, haben aber auch Wurzeln, die weit in die Geschichte zurückreichen. Um die heutigen Strömungen verstehen und einordnen zu können, ist die Auseinandersetzung mit den Ideen und Erkenntnissen bedeutender Pädagog/innen der Vergangenheit wichtig. Manches, was schon früher gedacht wurde, kehrt heute unter veränderten gesellschaftlichen Bedingungen wieder und ist daher in einem anderen Licht zu sehen.

I Kindheitsforschung als interdisziplinäre Wissenschaft

Kindheit als eigenständiger Lebensabschnitt wird in unserer Gesellschaft als selbstverständlich betrachtet. Ein Blick in die Vergangenheit zeigt allerdings, dass es den Begriff Kindheit nicht immer gegeben hat und dass Kindheit im Laufe der Geschichte sehr unterschiedlich bewertet wurde. Über welches Konzept von Kindheit eine Gesellschaft verfügt, prägt ganz wesentlich das Bild vom Kind und die Qualität von Bildung und Erziehung.

1 Zum Begriff Kindheit

Kindheit ist heute zu einem interdisziplinären Forschungsgebiet geworden. Wie die moderne Kindheitsforschung zeigt, ist die Kindheit nicht nur unter entwicklungspsychologischen Gesichtspunkten zu sehen, sondern unterliegt auch gesellschaftlich-kulturellen sowie historischen Einflüssen:

- Historisch betrachtet ist die Kindheit ein Lebensabschnitt, den es nicht immer gegeben hat und der nach Ansicht mancher Autor/innen, wie etwa Postman (1983), im Verschwinden begriffen ist. Auch Elkind (1989, 1991) betrachtet die Kindheit durch den Stress, dem Kinder heute unterliegen, bereits als zerstört.

- Aus entwicklungspsychologischer Sicht ist Kindheit die Bezeichnung für einen bestimmten Entwicklungsabschnitt: Kindheit beginnt mit der Geburt und endet mit dem Eintritt in die Pubertät.

- Kindheit ist auch eine gesellschaftlich definierte Größe: In jeder Gesellschaft, jeder Zeit und jeder Kultur wird Kindheit – in Abgrenzung zu anderen Lebensabschnitten – hinsichtlich ihrer Dauer und Gestaltung unterschiedlich gesehen.

- In der Soziologie stellt die Kindheit erst seit einigen Jahrzehnten einen häufig thematisierten Forschungsbereich dar. In neueren soziologischen Arbeiten wurde nach Wilk (1993) ein Paradigmenwechsel vollzogen: Kindern gilt heute wissenschaftliches Interesse als Kindern und nicht mehr als zukünftigen Erwachsenen. Kindheit wird als eigenständiger sozialer Status verstanden: Die aktuellen Probleme, Bedürfnisse und Interessen von Kindern sowie ihre Fähigkeiten, die Realität zu verarbeiten und zu verändern, werden zum Gegenstand soziologischer Analyse.
- Die pädagogische Forschung befasst sich schwerpunktmäßig mit der Frage, wie das Kind und seine soziale und materielle Umgebung so stimuliert und beeinflusst werden können, dass eine nach individuellen und zugleich auch nach gesellschaftlichen Kriterien wünschenswerte Persönlichkeitsentwicklung möglich ist.

2 Die Erfindung der Kindheit

Mit der Entstehung der Kindheit haben sich vor allem drei in Europa bekannte Autoren beschäftigt: Der Franzose Philippe Ariès (1975) setzt sich in seinem Werk „Die Geschichte der Kindheit“ mit der sozialen, rechtlichen und kulturellen Entwicklung der Familie und der Erziehung auseinander. Der Psychoanalytiker und Historiker Lloyd de Mause (1980) stellt in seinem Buch „Hört ihr die Kinder weinen“ eine Analyse der Eltern-Kind-Beziehung von der Antike bis zur Gegenwart dar. In den Achtzigerjahren veröffentlichte der amerikanische Medienökologe Neil Postman (1983) seine Thesen über die Entstehung der Kindheit und ihr Verschwinden in der heutigen Welt.

Nach Ariès (1975) gab es bis zum Ende des Mittelalters noch keine Vorstellung von Kindheit. Kinder gehörten ab einem sehr frühen Zeitpunkt, nämlich sobald sie ohne Mutter oder Amme leben konnten, der Gesellschaft der Erwachsenen an und lebten wie diese. Sie nahmen an der Arbeit der Erwachsenen ebenso teil wie an ihren Gesprächen und waren nur selten von der Welt der Erwachsenen ausgeschlossen. Zwischen Kindern und Erwachsenen wurde kein Unterschied gemacht: Dies zeigt sich unter anderem darin, dass Kinder auf Bildern in denselben Proportionen und Kleidern wie Erwachsene dargestellt wurden.

Erst nach dem Mittelalter entstand nach Ariès die Vorstellung von Kindheit als einem besonderen Lebensabschnitt, der nicht nur biologisch bedingt ist, sondern sich im Laufe der Zeit unter dem Einfluss von sozialpolitischen, kulturellen und ökonomischen Bedingungen entscheidend gewandelt hat.

Postman (1983) beschreibt ebenso wie Ariès eine historische Entwicklung der Kindheit und setzt ihren Beginn zeitlich gesehen ähnlich an. Für ihn liegt die Ursache der Entdeckung der Kindheit in der Erfindung des Buchdrucks Mitte des 15. Jahrhunderts und in der zunehmenden Lesefertigkeit der Bevölkerung. In Zeiten, in denen die meisten Menschen nicht lesen konnten, wurden Informationen mündlich weitergegeben. Wissen konnte durch Zuhören erworben werden – dazu waren Kinder, sobald sie sprechen gelernt hatten, genauso in der Lage wie Erwachsene. Mit der Verbreitung von Büchern und der zunehmenden Lese- und Schreibfähigkeit wurde die schriftliche Form der Informationsvermittlung ein immer wichtigerer Zugang zum Wissen. Damit waren Kinder zunächst von diesem neuen Medium ausgeschlossen. Dies führte zur „Erfindung“ der Schule und zur Einsicht, dass man Kinder auf ihrem Weg zum Erwachsenwerden in besonderer Weise begleiten muss.

Trotzdem gab es Kindheit bis ins 19. Jahrhundert für einen Großteil der Bevölkerung immer noch nicht. Kinder von Tagelöhnern und Industriearbeitern, Bauern und Kleinhandwerkern erhielten überhaupt keine pädagogische Beachtung. Erst im 20. Jahrhundert wurde die Kindheit in Europa allgemein als ein eigener Lebensabschnitt akzeptiert, der dem Spielen, der Entwicklung und dem Lernen gewidmet ist und der die Kinder von der Erwerbsarbeit befreit. (Wagner-Winterhager, 1985)

Lloyd de Mause (1980) spricht der Kindererziehung einen hohen Wert für die kulturelle Entwicklung einer Gesellschaft zu. Bei seiner Aufarbeitung der Geschichte der Kindheit beklagt er die Grausamkeiten, denen Kinder in den vergangenen Jahrhunderten immer wieder ausgesetzt waren: „Die Geschichte der Kindheit ist ein Alptraum, aus dem wir gerade erst erwachen. Je weiter wir in der Geschichte zurückgehen, desto unzureichender wird die Pflege der Kinder, die Fürsorge für sie, und desto größer die Wahrscheinlichkeit, dass Kinder getötet, ausgesetzt, geschlagen, gequält und sexuell missbraucht wurden." (Mause, 1980, S.12)

Er vertritt die Auffassung, dass weder Technologie noch Ökonomie als Antriebskräfte der historischen Entwicklung zu sehen sind. Der gesellschaftliche Wandel wird vielmehr durch Veränderungen der Persönlichkeits- und Charakterstrukturen von Generation zu Generation bestimmt.

Mause versteht die Geschichte als fortlaufende Psychoanalyse der Menschheit: Jede Elterngeneration ist dazu fähig, sich in die psychischen Ängste ihrer Kinder hineinzuversetzen, dadurch den eigenen Ängsten wieder zu begegnen und sie besser zu bewältigen, als dies in der eigenen Kindheit gelungen ist. Auf diese Weise betrachtet Mause die Geschichte der Kindheit als eine Kette von immer engeren Beziehungen zwischen Erwachsenen und Kindern, die Stadien wie Kindesmord, Weggabe und Ambivalenz durchlaufen hat und schließlich in Sozialisation mündet. Die „Erfindung" der Kindheit quasi als Schutzzone ist ein Versuch der Elterngenerationen, ihre eigenen Ängste – z. B. vor einer Fehlentwicklung der Kinder – zu verringern.

Mause stellt damit die emotionale Komponente in den Vordergrund und bewertet die immer enger werdende Beziehung der Eltern zu ihren Kindern positiv. Seit Mitte des 20. Jahrhunderts ist die Kindheit auch dadurch gekennzeichnet, dass Eltern versuchen, sich in die Bedürfnisse ihrer Kinder einzufühlen und diese Bedürfnisse zu erfüllen.

Zwar dokumentiert auch Ariès (1975) die Zunahme der emotionalen Beziehung zwischen Eltern und Kindern, bezeichnet aber die Familie – im Gegensatz zu Mause – als „Gefängnis der Liebe". Die moderne Familie schränkt nach Ariès die Freiheit des Kindes ein, die in der traditionellen Gesellschaft des Mittelalters viel größer war, weil Kinder Kontakt mit verschiedenen sozialen Klassen und Altersstufen hatten. Ariès folgert daraus, dass es Kindern schlechter geht, seit die Kindheit als eigener Lebensabschnitt betrachtet wird.

Dieser Kulturpessimismus wird allerdings von zahlreichen Autor/innen kritisiert: So meint etwa Baacke (1984), dass Ariès die Geschichte der Kindheit zwar beschreibt und bewertet, nicht aber nach Erklärungen für die jeweiligen Entwicklungen sucht. Zudem beschränkt er sich großteils auf die Verhältnisse im Adel und im wohlhabenden Bürgertum und lässt die Zusammenhänge mit gesamtgesellschaftlichen Entwicklungen, wie etwa der Industrialisierung, weitgehend außer Acht. Auch Mause (1980) kritisiert die Argumentation von Ariès und bezeichnet dessen These von der Erfindung der Kindheit in der Neuzeit als verschwommen und unhaltbar. Er weist auf zahlreiche Quellen hin, die die spezifischen Lebensbedingungen des Kindesalters bereits in der Antike bis hin zum Mittelalter verdeutlichen.

Trotz aller Kritik erscheint es aber doch interessant, dass Ariès sehr illustrativ auf die ständigen Veränderungen der Lebensbedingungen von Kindern und auch von Erwachsenen hinweist: Das, was heute unter Kindheit verstanden wird, ist keine statische Größe, sondern wird durch unsere Gesellschaft bestimmt.

II Das Bild vom Kind in bedeutenden Erziehungskonzepten

Während die Erziehung und Bildung des Menschen bis ins 17. Jahrhundert in den Kompetenzbereich der Theologie und der Philosophie fielen, beginnt mit der Aufklärung die moderne Erziehungslehre: Die Entwicklung von Kindern wird beobachtet und als etwas Eigenständiges betrachtet, man gewinnt Verständnis für den Zusammenhang zwischen Kindheit und späterer Persönlichkeit. Pädagogik, Medizin und Psychologie werden bei der Erforschung der kindlichen Entwicklung richtungweisend. Durch die Erkenntnisse der Soziologie erweitert sich im 20. Jahrhundert der Blickwinkel der Wissenschaften: Umweltbedingungen, wie ökonomische Gegebenheiten, die Familienzusammensetzung oder der Einfluss der Geschlechterrolle, werden als wichtige Einflussvariablen im Sozialisationsgeschehen berücksichtigt.

Das Bild des Kindes ist eng mit dem Grundverständnis von Erziehung verbunden. Erzieherisches Handeln geht immer von anthropologischen Vorstellungen – d. h. von einem bestimmten Menschenbild – aus.

1 Die Aufklärung – pädagogisches Jahrhundert oder schwarzes Zeitalter?

Im 18. Jahrhundert, in der Epoche der Aufklärung, erschienen alle wichtigen Fragen der Gesellschaft durch Vernunft lösbar. Dadurch sollte eine – sowohl moralische als auch wirtschaftliche – Weiterentwicklung der gesamten Menschheit möglich werden. Kant sah in der Aufklärung die Befreiung des Menschen aus seiner selbst verschuldeten Unmündigkeit, wobei für ihn das Vertrauen auf die Kraft des menschlichen Verstandes im Vordergrund stand. Für die pädagogische Bewegung der so genannten Philanthropen bestand die Aufklärung primär in der Vermittlung von Wissen und Belehrung mit dem Ziel der wirtschaftlichen Brauchbarkeit.

Ab dem Ende des 17. Jahrhunderts änderte sich nach Ariès (1975) das gesellschaftliche Bild vom Kind: Kindern wird nun mit psychologischem und moralischem Interesse begegnet, die Kindheit erstmals als eigenständige Lebensepoche respektiert. Vor allem die zweite Hälfte des 18. Jahrhunderts ist durch die Reflexion über das Wesen des Menschen und seine Erziehungsbedürftigkeit gekennzeichnet. Die Pädagogik als Wissenschaft und die Anfänge der Kinderpsychologie fallen in diese Zeit.

Bis ins 18. Jahrhundert waren Familie und Öffentlichkeit nicht getrennt, alle Lebensbereiche waren für Kinder und Erwachsene gleichermaßen zugänglich. Durch die Einführung der Allgemeinen Schulpflicht durch Kaiserin Maria Theresia im Jahr 1774 entstand ein organisiertes öffentliches Schulwesen für alle Kinder. Dies hatte die Unterteilung des Lebens in Kindheit und Erwachsenenalter zur Folge. Die Kleinkinderziehung in Institutionen wurde erst im beginnenden 19. Jahrhundert zum öffentlichen Thema.

In den Schulen der Aufklärung unterwarf man die Kinder einem strengen pädagogischen

Reglement. Das mehr oder weniger selbstverständliche und unhinterfragte Aufwachsen von Kindern sowie das Lernen am Beispiel der Älteren wurden durch geplante Erziehungsmaßnahmen abgelöst. Zahlreiche Erziehungsratgeber erschienen, die sich mit der Frage beschäftigten, wie aus Kindern gesellschaftlich angepasste Erwachsene zu „formen" sind.

Parallel zu dieser Entwicklung nahm auch die moderne Familie Gestalt an, in der die emotionalen Bindungen zwischen den Familienmitgliedern an Bedeutung gewannen: Zunehmend gelten Kinder als schutzbedürftig, die Sensibilität für ihre psychischen Bedürfnisse steigt. Der Mensch wird nun als ein Wesen gesehen, das sich – zwar mit Hilfe der Erziehung, aber doch in freier Selbstbestimmung – selbst finden muss. Dieser Ansatz findet sich zum ersten Mal bei Rousseau und bestimmt seitdem das Denken der bedeutenden Pädagog/innen.

Die Annahme einer eigenständigen Kindheit war jedoch auch mit der Machtausübung von Erwachsenen gegenüber Kindern verbunden, mit dem Ziel, diese zu Gehorsam und Respekt zu erziehen, zu lenken und zu überwachen. Kinder wurden von Natur aus nicht nur als hilflos, sondern auch als böse und töricht angesehen. Pädagog/innen betrachteten das Kind als ein Wesen, das mit Hilfe der Erziehung gebändigt werden muss. Lange Zeit hindurch wurden damit die zum Teil grausamen Erziehungsmethoden der so genannten Schwarzen Pädagogik gerechtfertigt. Die Erziehung entwickelte sich vielfach zu einem System, das den Willen des Kindes brechen sollte.

1.1 Schwarze Pädagogik

Katharina Rutschky (1977) versteht unter Schwarzer Pädagogik alle Theorien und Maßnahmen, die – unter dem Vorwand der Erziehung – in den vergangenen Jahrhunderten und bis heute für die Bändigung, die systematische Drangsalierung, die Misshandlung und die Bedrohung von Kindern verantwortlich sind. Als gängige Erziehungsmittel der Schwarzen Pädagogik gelten „Fallen stellen, Lügen, Listanwendung, Verschleierung, Manipulation, Ängstigung, Liebesentzug, Isolierung, Misstrauen, Demütigung, Verachtung, Spott, Beschämung, Gewaltanwendung bis zur Folter". (Miller, 1980, S.77)

Ziele der Schwarzen Pädagogik sind es, den Willen von Kindern zu beugen, ihren Gehorsam zu stabilisieren sowie Schuld- und Verpflichtungsgefühle auszulösen. Dafür wird in Kauf genommen, dass Kinder gekränkt werden und ihre Lebensfreude zerstört wird.

Ein Großteil der von Rutschky gesammelten Texte und Zitate stammt aus dem Zeitalter der Aufklärung und des Philanthropismus, der ersten großen pädagogischen Bewegung. Trotz ihrer Einseitigkeit spiegeln Rutschkys Texte nach Flitner (1988) eine Wahrheit wider, die für die damalige Generation „lesbar und erträglich" war:

„Es wäre eine maßlose Überschätzung der pädagogischen Schriftsteller, wenn man annähme, sie hätten ihre Pädagogik gegen die Zeit und aus ihrem eigenen Kopf entwickelt. Die Pädagogen etwa der philanthropischen Bewegung nehmen auf, sprechen aus, systematisieren, was ein bestimmtes lesendes Publikum jener Epoche an Erziehungsvorstellungen entwickelt und weitergegeben hat. Gewiss haben einzelne bedeutende Denker mit großer literarischer Resonanz – wie etwa Rousseau und Pestalozzi – durch Originalität und kühne Konsequenzen ihrer Gedanken ihre Zeitgenossen auch selber beeinflusst." (Flitner, 1988, S.18)

1.2

Große Pädagogen der Aufklärung

Im 18. Jahrhundert, dem Zeitalter der Aufklärung, entwickelten sich zwei unterschiedliche wissenschaftliche Auffassungen über das Kind bzw. die Kindheit:

- Die lockesche oder protestantische Sichtweise geht von der freien Formbarkeit des Kindes aus und betrachtet Erziehung als „herstellendes Machen".
- Die rousseausche oder romantische Auffassung sieht Erziehung als „begleitendes Wachsenlassen" des Kindes, das seinen eigenen inneren Bauplan vollzieht. Dies geschieht am besten ohne Eingreifen von außen.

1.2.1

John Locke

Der erzieherische Optimismus von John Locke (1632–1704) sieht im menschlichen Geist ein unbeschriebenes Blatt. Diese „tabula rasa" gilt es mit Inhalten zu füllen. Das Kind – das Locke als grundsätzlich wertvoll betrachtet – ist ein ungeformtes Geschöpf, das mit Hilfe von Bildung, Selbstbeherrschung und Schamgefühl zu einem zivilisierten Erwachsenen gemacht werden soll. Dabei muss der geistige Entwicklungsstand des Kindes berücksichtigt werden.

Locke setzt sich dafür ein, die Kinder aller Stände auf gleiche Art zu erziehen, um sie zu Sittlichkeit und Berufstüchtigkeit zu führen.

Gudjons (1995) charakterisiert die lockesche Auffassung von Erziehung als „herstellendes Machen" analog zur handwerklichen Produktion eines Gegenstandes. Damit gleicht der Erzieher einem Handwerker, der ein bestimmtes Ziel mit Hilfe bestimmter Mittel und Methoden anstrebt. Dieses Grundverständnis von Erziehung lässt sich von Locke über die utilitaristische Pädagogik des 18. Jahrhunderts bis hin zu den lernpsychologischen Konzepten des 20. Jahrhunderts verfolgen.

1.2.2

Jean-Jacques Rousseau

Jean-Jacques Rousseau (1712–1778) gilt mit seinem Epoche machenden Buch „Emile" (1762) als Urvater der wissenschaftlichen Pädagogik und als Vorläufer vieler späterer pädagogischer Theorien.

In Rousseaus Anthropologie des Kindes wird die Kindheit erstmals nicht mehr als ein Durchgangsstadium zum vernünftigen Erwachsenenalter bezeichnet, das möglichst rasch zu überwinden ist, sondern als Altersabschnitt mit eigenen Gesetzlichkeiten und Ansprüchen. Psyche und Verhalten des Kindes werden zum Gegenstand wissenschaftlicher Auseinandersetzungen, um die Grundlage für eine Erziehung zu finden, die den Bedürfnissen des Kindes entspricht.

Für Rousseau stehen das Glück und das Eigenrecht des Kindes im Vordergrund. Das Kind ist von Natur aus gut, es trägt seine Erfüllung und Reife in sich und entwickelt sich aus sich selbst heraus – wenn die Einflüsse der Gesellschaft so weit wie möglich von ihm fern gehalten werden. Die Erziehung soll dieser natürlichen Entwicklung folgen, nicht einem von außen gesetzten Ziel.

Der Erzieher sollte eine möglichst zurückhaltende Position einnehmen, da „natürliche Strafen" dem Kind den Weg weisen. Die Aufgabe des Erziehers sieht Rousseau vor allem in der Gestaltung der Umwelt: Indem er pädagogische Situationen schafft und für originale Begegnungen sorgt, greift er nur indirekt – niemals direkt – in die Auseinandersetzung des Kindes mit seiner Lebenswelt ein.

Mit Rousseau beginnt die Wende zu einer Pädagogik vom Kinde aus. Durch seine Sichtweise wird das Kind bewusst wahrgenommen und als Subjekt verstanden, das sich durch Aufrichtigkeit, Neugier und Spontaneität auszeichnet. Diese Eigenschaften werden allerdings durch den Schrifterwerb, durch Bildung und Schamgefühl abgetötet. Damit deklariert sich Rousseau nicht nur als Vertreter, sondern auch als Überwinder der Aufklärung und als Inspirator der Romantik.
Gudjons (1995) charakterisiert die rousseausche Auffassung von Erziehung als „begleitendes Wachsenlassen" analog zum Wachstum einer Pflanze. Der Erzieher wird somit zum Gärtner, der schützend und pflegend einen Prozess begleitet, der von selbst stattfindet. Diese Erziehungsauffassung lässt sich von Rousseau über die Romantik und die Reformpädagogik bis zu den heutigen Konzepten von Entpädagogisierung, Entschulung und Nicht-Erziehung verfolgen.

1.2.3

Johann Heinrich Pestalozzi

Die pädagogische Anthropologie Pestalozzis (1746–1827) geht von einem System von Anlagen und Kräften im Menschen aus, dem sich alle Erziehungstätigkeit unterzuordnen hat, damit es sich naturgemäß entwickeln kann. Das Gesetz der inneren Kräfte und Anlagen wird als göttlich betrachtet. Nach Pestalozzi soll das Kind – im Unterschied zu Rousseau – nicht fern der Gesellschaft erzogen werden. Die Wärme der Familie und die Liebe der Eltern sind vielmehr grundlegend für das Gelingen der Erziehung.
Auch für Pestalozzi spielt der Respekt vor der Unabhängigkeit des Kindes eine große Rolle: Kinder sollten sich möglichst selbstständig mit ihrer Umwelt auseinander setzen können. Pestalozzi versteht unter Erziehung Hilfe zur Selbsthilfe und meint damit Hilfe zur Mündigkeit, zur Selbstständigkeit, zur eigenen Wertebildung und zur Entscheidungsfähigkeit. Er betont die Notwendigkeit der Anschaulichkeit und Einfachheit pädagogischer Situationen.
Die Hauptkritik Pestalozzis an Rousseau betrifft den Gehorsam: Während dieser von Rousseau abgelehnt wird, bezeichnet Pestalozzi den Gehorsam, der dem Vertrauen des Kindes in die Autorität der liebenden Eltern entspringt, als unabdingbar und gut.

Während große Pädagogen wie Rousseau und Pestalozzi die Kindheit bereits in der Aufklärung als eigenständigen Lebensabschnitt betrachteten, wurden Kinder in der Kunst immer noch als kleine Erwachsene dargestellt.

Trotz der pädagogischen Ideale, die aus der Aufklärung hervorgegangen sind, verbrachten viele Kinder noch im Zeitalter der Industrialisierung ihre Kindheit als billige Arbeitskräfte.

In dieser Kleinkinderschule am Bodensee wurden die Kinder mit Schreibübungen und Betrachtungen von Bilderbüchern beschäftigt. Zugleich diente diese Einrichtung als Strickschule.

Vorrichtungen wie der „Schreber'sche Geradhalter", der Kindern zu einer kerzengeraden Körperhaltung verhelfen sollte, entsprechen den Zielsetzungen der Schwarzen Pädagogik.

2 Die Institutionalisierung der Kleinkinderziehung

2.1 Kinderbewahranstalten als Schutz vor Verwahrlosung

Im ausgehenden 18. Jahrhundert kam es in England, Frankreich und später auch in Deutschland zur Gründung der ersten Kleinkinderschulen und Kleinkinderbewahranstalten. Gründe dafür waren die Zunahme der außerhäuslichen Lohnarbeit und die damit einhergehende Trennung von Wohnung und Arbeitsplatz. Öffentliche Einrichtungen sollten für die Kinder der ärmeren Schichten die Erziehungsaufgaben wahrnehmen, die die Familien nicht mehr leisten konnten.

Die vorrangige Aufgabe der Kleinkinderschulen und Kinderbewahranstalten war es, die Kleinkinder, die auf Grund der außerhäuslichen Berufstätigkeit ihrer Mütter sich selbst überlassen waren, herumstreunten und verwahrlosten, zu disziplinierten Menschen zu erziehen. Sie sollten möglichst frühzeitig Tugenden wie Fleiß, Ordnung und Frömmigkeit sowie Respekt vor den gesellschaftlichen Verhältnissen erlernen. So dienten diese Einrichtungen in erster Linie dazu, die Proletarierkinder vor der Verwahrlosung zu bewahren und sie auf einen frühen Eintritt in den Arbeitsprozess vorzubereiten. Die Erziehungs- und Unterrichtsmethoden nahmen wenig Rücksicht auf die Bedürfnisse der Kleinkinder.

Ab 1830 fand diese Form der Massenerziehung auch in Deutschland weite Verbreitung, unter anderem beeinflusst durch die Veröffentlichungen des Engländers Samuel Wilderspin (1792–1866) über die frühzeitige Erziehung der Kinder der Armen.

Einen anderen Ansatz wählte Johann Friedrich Oberlin im Elsass am Ende des 18. Jahrhunderts: Seine „Strickstuben" hatten einen eindeutig pädagogischen Charakter. Die Erziehung der Kinder erstreckte sich auf die körperliche Ausbildung, die Unterweisung im Stricken, den Unterricht in Französisch und Heimatkunde sowie das Bekanntmachen der Kinder mit der Umwelt.

Auch der Engländer Robert Owen vertrat pädagogische Motive, als er 1809 die „Infant Schools" für die Kinder von Fabriksarbeitern gründete. Körperliches Training, Singen und Tanzen sowie Naturkunde standen im Mittelpunkt seines Erziehungskonzeptes, das vom Ideal der gesellschaftlichen Erziehung getragen war.

Anders als für die Proletarierkinder sollte die öffentliche Kleinkinderziehung für die Kinder des Bürgertums einen allgemeinen Bildungs- und Erziehungsauftrag erfüllen. Die Kleinkinderschulen in Deutschland dienten als Familien ergänzende Einrichtungen, in denen die Entwicklung der Kinder gezielt gefördert wurde. Hinsichtlich ihrer inhaltlichen und organisatorischen Konzeption lehnten sie sich stark an schulische Strukturen an. (Vgl. Grossmann, 1987)

2.2 Die Gründung des Kindergartens zur Entwicklungsförderung von Kleinkindern

Als Friedrich Fröbel (1782–1852) im Jahre 1840 seinen Aufruf zur Gründung des „Allgemeinen deutschen Kindergartens" veröffentlichte, stand eine revolutionäre pädagogische Idee dahinter: Fröbel war davon überzeugt, dass jede Stufe der menschlichen Entwicklung bedeutsam ist und ihren Sinn in sich selbst findet. Ausgehend von der Annahme, dass die Selbstverwirklichung des Menschen über das Handeln geschieht, entwickelte er „Spielgaben für den Betätigungstrieb des Kindes". Am Modell seiner Kindergärten sollten die Eltern lernen, ihre Kinder sinnvoll zu beschäftigen. Ziel dieser Kindergärten waren die umfassende Entfaltung und Entwicklung der Kinder sowie ihre Hinführung zur Selbstbestimmung.

Fröbel trat zum ersten Mal für einen Kindergarten ein, der einen Bildungsanspruch für alle Kleinkinder erfüllen sollte. Er sah das Wohl des Kindes im Vordergrund und nicht die Anforderungen, die die Gesellschaft, die Religion oder Politik an die öffentliche Kinderbetreuung stellten.

Mit diesen Ideen war Fröbel seiner Zeit zu weit voraus, daher wurden seine Kindergärten 1851 als „verdächtige demokratische Einrichtungen" verboten. Das Verbot wurde 1860 wieder aufgehoben, und es entstanden zahlreiche Kindergärten nach den Ideen Fröbels. Die Zeit des großen Durchbruchs der Kindergartenidee war jedoch noch nicht gekommen.

2.3 Die Menschenerziehung Friedrich Fröbels

Fröbel geht in seinem Werk „Menschenerziehung" (1826) von einem romantischen Bild des Kindes aus, das er als ein Wesen von unverdorbener Reinheit betrachtet.

Fröbel misst der Frühpädagogik und einer guten Mutter-Kind-Beziehung entscheidende Bedeutung bei. Bereits im frühesten Alter sollten die Kinder durch spielerische Übungen mit der Mutter im kognitiven, emotionalen und motorischen Bereich gefördert werden. In Übereinstimmung mit Pestalozzi erkennt auch Fröbel die Bedeutung der frühen Erziehung als Vorbereitung für die charakterliche und geistige Bildung. Darauf aufbauend stellt er die Hypothese auf, dass bereits in frühester Kindheit Lernprozesse möglich sind – was ein Jahrhundert später von der Entwicklungspsychologie bestätigt wird.

Im Mittelpunkt der Pädagogik Fröbels steht das Bedürfnis von Kindern nach handelnder Auseinandersetzung mit ihrer Umwelt. Das schöpferische Gestalten wird als ein wesentlicher Aspekt menschlicher Arbeit betrachtet.

Fröbel steht für eine entwicklungsgetreue Erziehung, die nicht überfordert, aber in bester und vielfältigster Weise fördert. Er sieht – in Orientierung an der Naturphilosophie – die Aufgabe der Erziehung darin, den Menschen zum Einklang mit der Welt zu führen. Verhaltens- und Erziehungsschwierigkeiten interpretiert Fröbel als Folgen einer Verletzung des ursprünglich gesunden Zustandes des Kindes.

Von der Erzieherin wird ein abwartendes und beobachtendes Verhalten verlangt. Sie sollte behütend und beschützend, nicht aber vorschreibend, eingreifend und bestimmend sein. Fröbel gibt einer „nachgehenden" Pädagogik, die die natürliche Entwicklung möglichst wenig stört, zwar den Vorrang, schließt aber „vorschreibende" Erziehungsmaßnahmen für bestimmte Entwicklungsbereiche, wie z. B. die Ausbildung logischer Denkoperationen, nicht aus.

3 Das Bild vom Kind in der ersten Hälfte des 20. Jahrhunderts

3.1 Die Reformpädagogik

Zu Beginn des 20. Jahrhunderts löste die reformpädagogische Bewegung eine grundlegende Änderung im pädagogischen Denken aus. Wurde das Kind bisher zumeist als Objekt der Erziehung betrachtet, das sich den Zielsetzungen der Gesellschaft unterordnen muss, wird es nun – anknüpfend an Rousseau – als Subjekt gesehen. Die Entfaltung der individuellen Persönlichkeit des Kindes wird zum Ziel pädagogischer Bemühungen.

Die reformpädagogische Bewegung war hinsichtlich ihrer theoretischen Grundlagen sehr heterogen, zeichnete sich aber durch starkes soziales Engagement aus. Die Arbeit der Reformpädagog/innen bezog sich in erster Linie auf eine Veränderung des Schulsystems. Sie kämpften gegen die „Stoff- und Drillschule" der Jahrhundertwende. Das Ziel der Reformpädagog/innen war es, das Kind vom Pauken und Stillsitzen-Müssen sowie von der einseitigen Gedächtnisschulung zu befreien und statt dessen die Entfaltung seiner kreativen Kräfte zu ermöglichen.

Dies ist unter anderem in den Schulmodellen von John Dewey (1859–1952), Georg Kerschensteiner (1854–1932) und Hugo Gaudig (1860–1923) umgesetzt worden. Im Konzept der Lebens-Gemeinschafts-Schule von Peter Petersen (1884–1952) wurden Methoden verwirklicht, die einem ganzheitlichen Bildungsanspruch – wie er auch im Kindergarten verfolgt wird – Rechnung tragen. Dazu zählen etwa das praktische Selbsttun, die Selbstüberprüfung des Erfolges und die besondere Betonung von Festen und Feiern.

3.1.1 Das Kind als Befreier – die Sicht des Kindes bei Ellen Key

Die schwedische Lehrerin Ellen Key deklarierte um die Jahrhundertwende das 20. Jahrhundert zum „Jahrhundert des Kindes". 1900 erschien ihr gleichnamiges Buch, in dem sie das Programm für eine neue Erziehung – die Pädagogik vom Kinde aus – entwirft: Die Erziehung muss sich primär am Menschen selbst, nicht an gesellschaftlichen Maßstäben orientieren. Das Kind wird als gut betrachtet, besitzt eine eigene Würde und ist zu achten und ernst zu nehmen.

Vier große Pädagog/innen, die die Welt des Kindes veränderten

Friedrich Fröbel (1782–1852)

Maria Montessori (1870–1952)

Ellen Key (1849–1926)

Anna Freud (1895–1982)

Berühmt geworden ist ihr Zitat:
„Bevor nicht Vater und Mutter ihre Stirn vor der Hoheit des Kindes in den Staub beugen, bevor sie nicht einsehen, dass das Wort Kind nur ein anderer Ausdruck für den Begriff Majestät ist; bevor sie nicht fühlen, dass es die Zukunft ist, die in Gestalt des Kindes in ihren Armen schlummert, die Geschichte, die zu ihren Füßen spielt, werden sie auch nicht begreifen, dass sie ebenso wenig die Macht oder das Recht haben, diesem neuen Wesen Gesetze vorzuschreiben, wie sie die Macht oder das Recht besitzen, sie den Bahnen der Sterne aufzuerlegen.“ (Key, 1978, S.79)

Bei Ellen Key erscheint das Kind als Retter und Messias der Menschheit – eine Sichtweise, die auf Rousseau zurückzuführen ist. Die Erziehung wird als Unterstützung bei der freien Selbstentfaltung und der Vollendung der angeborenen Natur des Kindes betrachtet. Die Aufgabe der Pädagog/innen ist es, diese natürliche Entwicklung durch die optimale Gestaltung der Umgebung zu fördern. Der freie Erziehungsstil, den Key vertritt, ist emanzipatorisch orientiert, er lässt das Kind wachsen und bietet ihm einen großen Spielraum für Verwirklichungsmöglichkeiten.

Die von Natur aus harmonische Entfaltung der kindlichen Persönlichkeit sieht Key durch die disziplinierende und normierende Schule sowie durch die elterliche Erziehung gefährdet.

3.1.2

Die Erziehungsvorstellungen von Maria Montessori

Maria Montessori (1870–1952) entwickelte ein in sich geschlossenes Programm einer systematischen Kleinkinderziehung, das sich sowohl auf anthropologische als auch auf entwicklungspsychologische Grundannahmen stützt.

Wesentlich für Montessoris pädagogische Zielvorstellungen ist ein idealtypisches Menschenbild: Schon im Kind ist ein verborgener innerer Bauplan zur Entwicklung seiner Persönlichkeit angelegt. (Montessori, 1991)

In ihrer Anthropologie unterscheidet Montessori das Zentrum und die Peripherie als Grundgegebenheiten des Menschen: Dabei betrachtet sie das Zentrum eines Kindes als dessen Geheimnis. Ein Individuum kommt nur durch die Peripherie – also die Sinne und die Bewegung – mit der Außenwelt in Berührung. Die Erzieherin hat somit kein Recht, den Kern der kindlichen Persönlichkeit pädagogisch zu beeinflussen; sie darf dem Kind nur durch pädagogische Anregungen an der Peripherie – etwa durch die Gestaltung des Raumes und die Bereitstellung von Materialien – helfen, sich selbst zu entwickeln.

Montessori geht davon aus, dass Kinder und Erwachsene in ihrem Wesen vollkommen verschieden sind: Erwachsene verrichten produktive, nach außen gerichtete Arbeit und schaffen sich dadurch selbst eine Umgebung, die ihren Bedürfnissen entspricht. Kinder sind hingegen der Obhut der Erwachsenen anvertraut, das Ziel ihres Lebens und ihrer Arbeit liegt in ihrem Inneren und nicht in der Außenwelt. Die Umgebung der Erwachsenen ist für die Förderung der kindlichen Entwicklung nicht geeignet.

Während so genannter sensibler Perioden – also Zeiten besonderer Lernbereitschaft – erwirbt das Kind wichtige kognitive und affektive Fähigkeiten. Das Kind braucht dafür eine vorbereitete Umgebung, die spontanes und individuelles Lernen ermöglicht und die inneren Kräfte des Kindes zur Entfaltung bringt, damit es seine „Entwicklungsarbeit“ leisten kann.

Die Entwicklung des Geistes durch die Sinne steht im Zentrum der Montessori-Pädagogik. Schwerpunkte sind daher die Schulung der Sinne mit Hilfe eigens entwickelter Materialien, die Schulung der Motorik sowie die Förderung der Konzentration durch die so genannte Polarisation der Aufmerksamkeit. Montessori versteht darunter die absolute Vertiefung in einen Gegenstand unter Einbeziehung aller Sinne. Das didaktische Material, das Montessori selbst entwickelt hat, besitzt hohen Aufforderungscharakter und fördert die Selbsttätigkeit des Kindes durch die Möglichkeit zur Selbstkorrektur.

Die Rolle der Erzieherin verlangt im Rahmen der Montessori-Pädagogik besondere Aufmerksamkeit. Sie ist vor allem durch Zurückhaltung und Achtung vor dem Kind gekennzeichnet. Montessori nennt diese Haltung „geistige Demut". Der Machtanspruch der Erzieherin bringt die Eigeninitiative des Kindes zum Erliegen und führt das Kind zur Überzeugung seiner Unfähigkeit. Für Montessori ist daher eine grundlegende Haltungsänderung der Erzieherin notwendig: Das Kind soll Schritt für Schritt auf seinem Entwicklungsweg begleitet werden, wobei es das Tempo selbst bestimmt.

Die Erzieherin sollte also über Eigenschaften wie Geduld, Beobachtungsgabe und Vertrauen verfügen und nur dann helfen, wenn das Kind darum bittet. Jede Hilfe ist Hilfe zur Selbsthilfe und sollte dem Anspruch: „Hilf mir, es selbst zu tun" folgen.

3.2 Die Psychoanalytische Pädagogik

Ein großes Verdienst der Psychoanalyse ist die Aufdeckung der neurotisierenden Folgen der Erziehung. Freud (1969) formuliert den grundlegenden Widerspruch zwischen Pädagogik und Psychoanalyse folgendermaßen: „Die Erziehung muss also hemmen, verbieten, unterdrücken und hat dies auch zu allen Zeiten reichlich besorgt. Aus der Analyse haben wir erfahren, dass gerade diese Triebunterdrückung die Gefahr der neurotischen Erkrankung mit sich bringt." (S. 578) Die Erziehung muss demnach die optimale Balance zwischen Gewährenlassen und Versagung finden.

Die Nachfolger/innen Freuds wagten den Versuch, die Grundmuster der Erziehung zu erforschen und aus den daraus gewonnenen Erkenntnissen Konzepte einer psychoanalytisch orientierten Pädagogik zu entwerfen. Die Blütezeit der psychoanalytischen Pädagogik in Wien fiel in die Jahre 1920 bis 1938, prominente Vertreter/innen waren vor allem Anna Freud (1936), August Aichhorn (1977) und Hans Zulliger (1967).

Erziehung im Sinne der psychoanalytischen Pädagogik wird als ein dynamischer Interaktionsprozess verstanden, der von den bewussten und unbewussten Haltungen sowie von der aktuellen emotionalen Befindlichkeit der Erzieherin und des Kindes geprägt ist. Dabei sind vor allem die Prozesse der Übertragung und Gegenübertragung bedeutsam. Diese wirken auf einer unbewussten Ebene der Erziehung und sind folgendermaßen definiert:

- Übertragung: Die Beziehungsmuster, die ein Kind zu seinen Eltern aufgebaut hat, überträgt es bei seinem Eintritt in eine Betreuungseinrichtung auf die Erzieher/innen. Kinder reagieren also vor allem während der Eingewöhnung in eine Institution nicht auf das tatsächliche Verhalten der Erzieher/innen, sondern zeigen Verhaltensweisen, die sie bisher im Umgang mit anderen Erwachsenen erworben haben. Ebenso können unbewusste und ungelöste Schwierigkeiten der Erzieher/innen die Erziehungsarbeit in Form von Übertragungsprozessen beeinträchtigen.
- Gegenübertragung: Erzieher/innen, die nicht psychoanalytisch geschult sind, erkennen die Übertragungen vonseiten der Kinder oft nicht und reagieren darauf mit unbewussten Gegenübertragungen, die mit ihrer eigenen Lebensgeschichte –

etwa mit der Beziehung zu ihren eigenen Kindern – in Zusammenhang stehen.

Wesentliche Forderungen der psychoanalytischen Pädagogik im Bereich der institutionellen Kleinkinderziehung betreffen die psychoanalytische Fortbildung der Erzieher/innen, regelmäßige Teambesprechungen, Supervision sowie Selbsterfahrung.

3.3 Das Bild des Kindes bei Janusz Korczak

Der polnische Arzt, Pädagoge und Schriftsteller Janusz Korczak (1878–1942) betont in seinem pädagogischen Konzept die Bedeutung eines offenen Dialogs mit Kindern. Erwachsene müssen sich Zeit für Kinder nehmen, sie achten und ernst nehmen und sie in ihren Fragen bestärken.

Eine wesentliche Voraussetzung für diesen Dialog ist es, das Kind und seine Gefühle kennen zu lernen. Korczak betrachtet Kinder und Erwachsene als gleichrangig. Er geht dabei – im Gegensatz zu Rousseau – nicht von der Auffassung aus, dass Kinder von Natur aus gut sind. Allerdings sind Kinder auch nicht an sich böse, sondern entfalten ihre Persönlichkeit abhängig von der Situation und den Umständen, in denen sie aufwachsen.

Korczak bezeichnet das Kind als ein Geheimnis, das Erwachsene auch auf Grund von Reflexion und Wissen nicht ergründen können. Erwachsene, die mit Kindern leben und arbeiten, sollen sich aber auf eine forschende Suche nach dem Wesen des Kindes begeben. Wenn sie dem Kind dabei empathisch und verstehend begegnen, wird das Kind sich selbst öffnen.

Für Korczak ist die Tatsache, dass man Kinder mag und gelten lässt, Voraussetzung für die Erziehung. Die pädagogische Beziehung sollte von dem Bewusstsein geprägt sein, dass das Kind vom Beginn des Lebens an ein hohes Recht auf Selbstbestimmung hat. Das Kind lernt aber auch von den Menschen seiner Umgebung, von Erwachsenen und Kindern. Diese bedeuten umso mehr für das Kind, je mehr sie sich selber öffnen, je mehr sie vom Kind lernen und das Kind als ein eigenständiges Individuum wahrnehmen können.

Es ist wichtig für Kinder, über ihre eigenen Gefühle und Gedanken nachzudenken und zu sprechen. Kinder sollen auch die Möglichkeit haben, für sich selbst wichtige Entscheidungen zu treffen. Korczak geht davon aus, dass Kinder selbst Expert/innen hinsichtlich ihrer eigenen Probleme sind. Diese können daher nicht ohne die Mitwirkung der Kinder gelöst werden.

Korczak betont besonders die Wichtigkeit der zunehmenden Verselbstständigung von Kindern und ihrer Loslösung von den Eltern. Gemeinsames Reifen von Eltern und Kindern bedeutet, in jeweils neuen Entwicklungsstufen ein neues Verhältnis zueinander aufzubauen und neue Gemeinsamkeiten zu finden. (Korczak, 1967)

4 Antiautoritäre Erziehung und Antipädagogik

4.1 Die antiautoritäre Bewegung

Die Wurzeln der antiautoritären Erziehung gehen auf Jean-Jacques Rousseau und auf Ellen Key, die um die Jahrhundertwende eine Pädagogik „vom Kinde aus" forderte, zurück. Die antiautoritäre Bewegung entstand in den Sechzigerjahren als Folge der Auflehnung der jungen Generation und ihrer Kritik am sinnlosen Streben ihrer Eltern nach Besitz und Reichtum, am Überfluss an Konsumgütern, am starken gesellschaftlichen Anpassungsdruck sowie an der Verarmung der zwischenmenschlichen Beziehungen.

Die so genannte 68er-Bewegung veranstaltete ausgedehnte Studentenproteste mit dem Schwerpunkt der gesellschaftspolitischen Kritik. In der Folge entstanden Kommunen als Kollektive von Erwachsenen und Kindern sowie Kinderläden als Orte repressionsfreier Erziehung.

Kennzeichen der antiautoritären Pädagogik sind die größtmögliche Rücksichtnahme auf die aktuellen Wünsche und Interessen der Kinder sowie der weitgehende Verzicht auf Gehorsamsanforderungen, auf frühe und repressive Reinlichkeits- und Ordnungserziehung, auf Verbote, Zwang, Strenge und Strafen sowie auf Leistungsanforderungen.

Wie bereits Rousseau gehen die antiautoritären Pädagog/innen von der Annahme aus, dass Kinder zur Selbstregulierung ihrer Antriebe fähig sind. Im Unterschied zu den Vertreter/innen der Antipädagogik hält die antiautoritäre Bewegung jedoch an der Erziehung fest und versucht, mit deren Hilfe eine neue Generation zu prägen.

Als bedeutendster Vertreter der antiautoritären Erziehung gilt Alexander Sutherland Neill (1969), der bereits in den Zwanzigerjahren in der englischen Internatsschule Summerhill Theorie und Praxis der antiautoritären Erziehung erprobte:

In Summerhill sollen die Kinder in größtmöglicher Freiheit aufwachsen. Die Teilnahme am Unterricht ist freiwillig, es gibt weder Aufgaben noch Prüfungen oder Noten. Die notwendigen Vorschriften und Gesetze zur Sicherheit der Kinder und zur Ordnung des Gemeinschaftslebens werden in der Schulversammlung von Schüler/innen und Lehrer/innen gemeinsam beschlossen.

Als Basis des Zusammenlebens in Summerhill gilt gegenseitiges Vertrauen, wobei die Autorität der Erwachsenen zum Verschwinden gebracht werden soll. Zentrale Punkte dieses pädagogischen Ansatzes betreffen die Freiheit des Einzelnen sowie Gleichheit und Partnerschaftlichkeit. Die individuelle Freiheit jedes Einzelnen hat allerdings dort ihre Grenze, wo das Kind sich selbst oder anderen Schaden zufügen könnte oder eine grobe Sachbeschädigung zu befürchten ist. Freiheit im Sinne der antiautoritären Erziehung Neills ist also keineswegs mit Zügellosigkeit gleichzusetzen.

Neill streicht vor allem den Glauben an das Gute im Menschen hervor – jedes Kind ist von Beginn an zur Liebe und zum Guten fähig. Das oberste Erziehungsziel ist der individuell glückliche Mensch. Besonderes Augenmerk wird auf die emotionale und kreative Erziehung gelegt, und auch die kindliche Sexualität soll nicht unterdrückt werden. Der Schlüssel zur freien Erziehung liegt in der Selbstregulierung der kindlichen Bedürfnisse. Die ideale Erziehung muss daher weitreichende Entfaltungsmöglichkeiten von Begabungen und Fähigkeiten gestatten sowie die Selbstverwirklichung der Kinder fördern.

Einen großen Teil seiner Arbeit widmet Neill den Eltern seiner Schüler/innen: Eltern müssen sich selbst besser kennen lernen, um die Bedürfnisse ihrer Kinder adäquat erfüllen zu können.

4.2 Antipädagogik – die Ablehnung des Erziehungsbegriffs

Die Vertreter/innen der antipädagogischen Erziehung üben nicht nur Kritik an bestehenden Auffassungen und Methoden der Erziehung, sie stellen vielmehr diese als solche in Frage und bestreiten ihre Existenzberechtigung. Die Antipädagogik versteht Erziehung als Zwang, Versagung und Unterdrückung der nachwachsenden Generation. Die pädagogisch bestimmte Kindheit, die aus der

Herrschsucht der Erwachsenen entstanden ist, wird als eine historische Fehlentwicklung betrachtet, die gestoppt werden muss. Die Ziele der Antipädagogik sind der erziehungsfreie Mensch und eine neue Gesellschaft. Damit stellt die Antipädagogik auch einen hohen politischen Anspruch. (Vgl. Braunmühl 1975, 1989; Schoenebeck, 1992, 1993)

Schoenebeck postuliert die absolute Selbstverantwortung und Spontanautonomie des Kindes von Geburt an und vertritt die Meinung, das Kind sei von Natur aus sozial und in der Lage, alles, was es zum Leben braucht, von selbst zu lernen. Ein zentrales Argument für die Abschaffung der Erziehung ist die These, dass Erziehung in einer pluralistischen Gesellschaft, deren Werte sich rasch wandeln, nicht mehr möglich ist. Die traditionelle Aufgabe der Erziehung – nämlich die Vermittlung von Werten und die Vorbereitung junger Menschen auf die Zukunft – ist in einer solchen Welt des Werterelativismus hinfällig geworden.

Als Alternative zur Erziehung fordern die Antipädagog/innen „Freundschaft mit Kindern“: Die Grundlage dieser Freundschaft besteht darin, dass sowohl Kinder als auch Erwachsene selbstverantwortlich handeln und die Pflicht besitzen, sich für ihre eigenen Interessen einzusetzen. Diese Pflicht ist das regulative Prinzip der antipädagogischen Beziehung, die die Unterdrückung der Kinder durch Erwachsene, aber auch die Ausbeutung der Erwachsenen durch Kinder verhindern will.

Schoenebeck fordert somit die erziehungsfreie Unterstützung des Kindes auf einer gleichberechtigten Basis. Erziehung wird durch Beziehung ersetzt.

Andreas Flitner (1988) kritisiert den extrem individualistischen Liberalismus der Antipädagogik: Er meint, dass Freiheitsrechte für Kinder einseitig auf den momentanen Lebensaugenblick bezogen und Zukunftsperspektiven zu wenig bedacht werden. Wenn Kinder auf Grund ihrer maßlos erweiterten Gegenwartsrechte Entscheidungen treffen, deren Folgen sich nicht abschätzen lassen, könnten ihnen dadurch Zukunftschancen verbaut werden. Flitner tritt entschieden für eine „Schonzeit“ für Kinder und Jugendliche ein, also für eine Entwicklungsperiode, die von der Letztverantwortung entlastet ist.

Trotz aller Kritik respektiert Flitner (1988) aber auch einige Ansätze der antipädagogischen Theorie: „Wichtig bleibt ihre Kritik an den Fehlhaltungen, an schlimmen Praktiken und Rechtfertigungsfiguren der Erzieher. Wichtig bleibt auch ihr Wunsch, auf Kinder zuzugehen, auf sie zu hören, sie wahrzunehmen, sich von ihnen in Frage stellen zu lassen und Formen eines liebevollen Umgangs zu suchen, der das Selbst und die Emotionalität der Kinder anerkennt.“ (S. 64)

4.3 Alice Miller: Erzieher/innenverhalten im Spiegel der eigenen Geschichte

Die Schweizer Psychoanalytikerin Alice Miller (1979, 1980, 1981) betrachtet Erziehung als Machtausübung von Erwachsenen, die verborgen und ungestraft bleibt, da sie „zum Wohle des Kindes“ passiert. Daraus leitet sie eine antipädagogische Haltung ab, die sich gegen Erziehung überhaupt richtet. Im Sinne einer „Nicht-Erziehung“ befürwortet sie die fortwährende Erfüllung der kindlichen Bedürfnisse. Die Spontaneität des Kindes, seine Liebesbedürfnisse, aber auch sein Zorn und seine Hassgefühle dürfen nicht beschnitten werden.

Nach Miller beeinflusst die eigene Vergangenheit von Erzieher/innen ihre gegenwärtigen Beziehungen zu Kindern entscheidend. Im Erziehungsprozess wird das in der Kindheit selbst erlebte Leid der Erzieher/innen wieder belebt. Die Angst der Erwachsenen vor den unermesslichen Bedürfnissen, der ungezwungenen Lebendigkeit und der spontanen Kreativität der Kinder führt dazu, dass diese vom Erziehenden unterdrückt werden, wie sie im Laufe seiner eigenen Sozialisation bei ihm unterdrückt wurden.

Die Erziehung dient also dem unbewussten Bedürfnis der Erwachsenen, die einst selbst erlittenen Demütigungen weiterzugeben, ein Ventil für die abgewehrten Affekte zu finden sowie die Idealisierung der eigenen Kindheit und der Eltern aufrechtzuerhalten. Miller macht deutlich, welche Irrwege die Erziehung einschlagen kann, und fordert Sensibilisierung für die feinen und subtilen Arten der Demütigung und Unterdrückung eines Kindes. Nur dadurch kann der Respekt, den ein Kind für sein seelisches Wachstum braucht, entstehen.

Obwohl sich Miller gegen Erziehung als solche wendet, meint sie doch, dass Kinder seelische und körperliche Begleitung durch Erwachsene für ihre volle Entfaltung brauchen. Diese Begleitung muss durch folgende Haltungen des Erwachsenen gekennzeichnet sein:

- Achtung vor dem Kind, Respekt für seine Rechte und Toleranz für seine Gefühle
- Bereitschaft, aus dem Verhalten des Kindes zu lernen – d. h., zur Trauerarbeit über die eigene Kindheit fähig zu sein und von den Gesetzmäßigkeiten des Gefühlslebens, die beim Kind viel deutlicher als beim Erwachsenen zu Tage treten, zu lernen
- Sensibilität für die Bedürfnisse und Kränkungen des Kindes
- Echtheit, die dem Kind natürliche Grenzen setzt, wenn jene des Erwachsenen überschritten werden

Die ideale Erzieherin wird von Miller als blasse, distanzierte Figur im Hintergrund beschrieben. Das Kind soll sich in der Erzieherin spiegeln können, ohne durch ihre Projektionen, Pläne, Erwartungen und Ängste belastet zu werden.

Andreas Flitner (1988) wendet gegen Millers Argumentation ein, dass eine bloße Spiegelung in der therapeutischen Beziehung ihre Berechtigung haben mag, nicht aber im täglichen Umgang mit Kindern. Kinder erwarten Resonanz und Mitschwingen, sie brauchen verstehende und einfühlende Erwachsene, die auf Grund ihrer eigenen Reife, Lebenserfahrung und Gefühlswelt, ihrer eigenen Wertungen und Verarbeitungen lebendige Partner/innen darstellen und Antworten geben können.

5 Die Vorschulbewegung in den Siebzigerjahren

In den Fünfziger- und Sechzigerjahren hatten die Kindergärten in der Bundesrepublik Deutschland vor allem sozialfürsorgerischen Charakter. Sie galten als Familien ergänzende Einrichtungen, da zu dieser Zeit die Erziehung von Vorschulkindern durch die Familie als vorrangig angesehen wurde.

Erst gegen Ende der Sechzigerjahre begann – zuerst in den Vereinigten Staaten und anschließend auch in Europa – der so genannte Vorschulboom. Folgende Faktoren spielten dabei eine wesentliche Rolle:

- Der Sputnik-Schock in den USA im Jahr 1957: Dieser wurde durch den ersten russischen Weltraumsatelliten Sputnik ausgelöst und bewirkte einen Wettstreit der Ost-West-Systeme um eine bessere Bildung.
- Der Bildungsnotstand in der BRD: Der gravierende Mangel an Kindergartenplätzen und die Vernachlässigung der kognitiven Förderung von Vorschulkindern verlangten nach bildungspolitischen Konsequenzen.
- Die Veränderung des Begabungsbegriffes auf Grund neuer Forschungsergebnisse aus den USA: Vor allem die von Bloom

(1964, 1981) vertretene These über den raschen Fortschritt der Intelligenzentwicklung im Kleinkindalter führte zu der Forderung nach einer frühzeitigen kognitiven Förderung. Die Begabung – bisher als eher statisch angesehen – wurde nun als dynamisch definiert und durch den Begriff „Lernfähigkeit" ersetzt.

In der Folge vollzog sich im Rahmen der Vorschulbewegung der Siebzigerjahre der Wandel des Kindergartens von einer vorrangig sozialfürsorgerischen Einrichtung hin zu einer bildungspolitisch bedeutsamen Institution. So definierte der „Strukturplan für das Bildungswesen" des Deutschen Bildungsrates (1970) den Kindergarten als erste Stufe des Bildungswesens.

Die zwei Hauptanliegen in diesem Jahrzehnt des Bildungsoptimismus waren einerseits die kompensatorische Erziehung und andererseits die kognitive Frühförderung.

5.1 Kompensatorische und emanzipatorische Erziehung

Die Dynamisierung des Begabungsbegriffes basierte auf den entwicklungspsychologischen Forschungsergebnissen der Sechzigerjahre: Die intellektuelle Entwicklung eines Kindes wurde zu einem wesentlichen Teil als Funktion der Umweltverhältnisse und des Erziehungsmilieus angesehen. Man folgerte daraus, dass Kinder aus sozial benachteiligten Schichten auf Grund des anregungsarmen Milieus, in dem sie aufwachsen, schlechtere Startchancen hinsichtlich ihrer Bildungslaufbahn aufweisen.

In diesem Zusammenhang wurde der Vorschulerziehung eine wesentliche gesellschaftspolitische Bedeutung zugemessen: Man glaubte daran, bisher festgefahrene Gesellschaftsordnungen durch eine möglichst frühe intellektuelle Förderung benachteiligter Kinder sprengen zu können. Der Kindergarten sollte damit zu einem wichtigen Meilenstein auf dem Weg zu Chancengleichheit und sozialer Gerechtigkeit werden.

Kritiker/innen unterstellten dieser Form der kompensatorischen Erziehung allerdings andere gesellschaftspolitische Ziele: Nach Gerd Iben (1971) hatte der Sputnik-Schock in den USA die zunehmende Angst vor dem Anwachsen einer Masse schlecht gebildeter und daher wirtschaftlich unproduktiver Menschen zur Folge. Iben stellte die Behauptung auf, dass mit Hilfe der daraufhin propagierten kompensatorischen Erziehung eine bessere Anpassung dieser Menschen an bestehende Strukturen – wie etwa das Schulsystem – erreicht werden sollte.

So gesehen diente die kompensatorische Erziehung nur dem Zweck der kritiklosen Anpassung an die Normen der Mittelschicht, wies aber keinen emanzipatorischen Charakter auf. Um ihrem gesellschaftspolitischen Anspruch gerecht zu werden, müsste die kompensatorische Erziehung sozial Benachteiligte dazu befähigen, sich ihrer Lage bewusst zu werden und aktiv am Abbau der Ursachen sozialer Ungleichheiten mitzuwirken. Dieser Prozess sollte in einen allgemeinen Demokratisierungsprozess eingebettet sein.

Auch Donata Elschenbroich (1973) kritisierte an der kompensatorischen Erziehung, dass nur die Auswirkungen sozioökonomischer Benachteiligung bekämpft werden, nicht aber deren Ursachen. Als Ausweg forderte sie eine komplementäre Erziehung, die die Stärken der Arbeiterkinder und ihre spezifische Intelligenz berücksichtigt und an diesen Punkten mit einer individuellen Förderung ansetzt.

Schüttler-Janikulla (1972) erweiterte den Begriff der kompensatorischen Erziehung um den der emanzipatorischen Erziehung, da die kompensatorische Erziehung zu sehr an einer starren Klassifizierung der Kinder nach Bildungsschichten orientiert ist. Die emanzipatorische Erziehung will nicht bloß einzelne Fähigkeiten gesondert fördern, um die Anpassung an die Mittelschicht zu erleichtern. Ihr Ziel ist es vielmehr, zu einer Veränderung konkreter Lebenssituationen und gesellschaftlicher Gegebenheiten zu führen. Dazu ist es notwendig, dass die Kinder Ich-Identität und Ich-Autonomie entwickeln.

5.2 Kognitive Frühförderung

Die Gesellschaft der Siebzigerjahre entwickelte sich immer mehr zu einer Wissenschaftskultur sowie zu einer Lern- und Leistungsgesellschaft. Da die Anforderungen an die Menschen immer abstrakter wurden, waren Eltern und Erzieher/innen bemüht, Kinder schon früh darauf vorzubereiten, sich in dieser Gesellschaft zu bewähren.

Die Programme zur kognitiven Frühförderung im Kindergarten beruhten auf der entwicklungspsychologischen Erkenntnis der Sechzigerjahre, dass die Entwicklung höherer intellektueller Leistungen nicht von selbst vor sich geht, sondern vielerlei Möglichkeiten einer effektiven Umweltauseinandersetzung bedarf. Damals wurde die grundlegende Bedeutung früher kognitiver Lernerfahrungen erkannt. Die basale Bildungsförderung zählt seither zu den wichtigsten Aufgaben der institutionellen Vorschulerziehung.

Die Überzeugung der Vertreter/innen der Vorschulbewegung war es, dass alle Kinder durch eine entsprechende kognitive Förderung begabter und intelligenter werden können. Je früher und intensiver der fördernde Einfluss der Umwelt einsetzt, umso besser werden die angeborenen Fähigkeiten der Kinder entwickelt.

In den Siebzigerjahren standen die kognitive Frühförderung und die Schulvorbereitung im Vordergrund der Erziehungs- und Bildungsarbeit im Kindergarten. Im Rahmen der kompensatorischen Erziehung wurden kognitive Fördermaßnahmen dazu eingesetzt, Chancengleichheit für Kinder aus sozial benachteiligten Familien zu erreichen. Im Sinne einer optimalen Ausschöpfung der Begabungsreserven einer Gesellschaft sollten die zahlreichen Vorschulmaterialien, Lernspiele und didaktischen Spiele aber auch allen anderen Kindern zugute kommen.

Das frühe Lesen wurde in Deutschland als wichtigstes Mittel zur Intelligenzförderung angesehen, nachdem amerikanische Untersuchungen vermuten ließen, dass frühes Lesen-Lernen die Entwicklung der Intelligenz nachhaltig stimuliert. (Lückert, 1967; Correll, 1970)

Der Vorschulboom der Siebzigerjahre löste heftige Kontroversen unter Pädagog/innen aus. Viele Kritiker/innen bemängelten die Überbetonung kognitiver Aspekte und befürchteten die Vernachlässigung der sozialen und emotionalen Entwicklung der Kinder. Sie sahen darin die Gefahr der Überforderung sowie der Verschulung und Intellektualisierung der Vorschulerziehung. Die Förderung der Selbstständigkeit und Eigenaktivität des Kindes fehlte hingegen in vielen Vorschulprogrammen der Siebzigerjahre.

Hildegard Hetzer (1968) wies auch kritisch auf das Fehlen wissenschaftlicher Beweise dafür hin, dass frühes Lesen-Lernen in besonderem Maße zur Entfaltung kognitiver Fähigkeiten beitragen kann. Sie warnte vor übertriebenem elterlichen Ehrgeiz, der bei überforderten Kindern zur Entwicklung nervöser Störungen – wie Stottern, Bettnässen oder Schlafstörungen – führen kann.

Sylvia Bayr-Klimpfinger (1970) war der Ansicht, dass die Leitgedanken der Industriegesellschaft im Rahmen der Frühlernbewegung mehr und mehr in den pädagogischen Bereich eindrangen. Das Nützlichkeitsdenken und die Hochschätzung eines prompt einsetzbaren Wissens und Könnens führte zum „Ruf nach der Erfolgspädagogik“: Die Erziehung sollte bei einer möglichst großen Anzahl von Kindern klar registrierbare Leistungen und Erfolge erzielen. In den Zeiten des Wirtschaftswachstums und des raschen technischen Fortschritts der späten Sechzigerjahre herrschte weiters die Überzeugung von der Machbarkeit aller Dinge vor. Bayr-Klimpfinger leitete daraus eine Gefahr für die Pädagogik ab, da man glaubte, Lernspiele und Lernspielzeug als „pädagogische Produktionsmittel“ einsetzen zu können. Immer mehr Kinder sollten dadurch immer früher und immer schneller das erwünschte Intelligenz-Soll erreichen. (Bayr-Klimpfinger, 1970, S.135)

6 Die bildungspolitische Entwicklung in Österreich

6.1 Der Kindergarten im Mittelpunkt entwicklungspsychologischer Forschung

Nach dem Zweiten Weltkrieg gingen von der Abteilung für Kinder- und Jugendpsychologie des Institutes für Psychologie an der Universität Wien unter der Leitung von Sylvia Bayr-Klimpfinger wichtige Impulse für die Gestaltung der pädagogischen Arbeit im Kindergarten aus: Unter Berücksichtigung der von Bayr-Klimpfinger (1957) erforschten wissenschaftlichen Grundlagen der Lebensraumgestaltung und der Praxisanregungen von Margarete Schörl wurde das pädagogische Konzept des Raumteilverfahrens entwickelt. Durch die Strukturierung des Gruppenraumes sollten die Massenlenkung und die verschulten Methoden im Kindergarten überwunden und die Kinder zur vielschichtigen Auseinandersetzung mit ihrer Umwelt motiviert werden. (Schmaus & Schörl, 1964)

Ein weiterer Schwerpunkt der Arbeit von Bayr-Klimpfinger (1962) war die Entwicklung einer Spiel- und Buchpädagogik für den Kindergarten. Sie hob den Eigenwert des kindlichen Spiels hervor, das die wichtigste Form der Auseinandersetzung des Kindes mit seiner Umwelt darstellt: Kinder entdecken die Welt vor allem beim Spielen. Sie drücken im Spiel ihre Erlebnisse aus und erwerben bzw. vertiefen Erfahrungen, die für ihre Persönlichkeitsentwicklung wichtig sind. Das Spiel ist für Bayr-Klimpfinger die vorherrschende Form der Auseinandersetzung mit dem kulturellen Erbe einer Gesellschaft: Lernten Kinder früher über das Mitarbeiten und Mittun in der Familie, so müssen sie nun – auf Grund der zunehmenden Trennung von Wohn- und Arbeitswelt – die Zusammenhänge von Ursache und Wirkung im Spiel erkennen. Auch Arbeitshaltungen, wie Ausdauer und Sorgfalt, werden im Spiel erworben.

Viel Aufmerksamkeit widmete Bayr-Klimpfinger (1960) der Förderung der sprachlichen Entwicklung des Kindes: Da die sprachliche Kommunikation in der Gesellschaft der Sechzigerjahre – sowohl in der Berufswelt als auch hinsichtlich der Gestaltung sozialer Beziehungen – immer wichtiger wurde, musste die Ausdrucksfähigkeit der Kindern gefördert werden. Bayr-Klimpfinger (1963) gestand Kindern ein hohes Maß an Selbstverantwortung zu. Sie sah in der Erziehung einen großen Anteil an Selbsterziehung und bezeichnete das spezifische Tätigsein des Kleinkindes bereits als Selbsterziehung: Kinder sind keine „Objekte“ der Erziehung, sondern machen sich selbst die Welt verfügbar.

Bei der Auseinandersetzung mit pädagogischen Fragen müssen nach Bayr-Klimpfinger (1966) sowohl gesellschaftliche Veränderungen als auch die Erkenntnisse der Kinderpsychologie berücksichtigt werden. Aus Letzteren leitete sie spezifische Entwicklungscharakteristika für Vorschulkinder jeder Altersstufe ab, die die Bildungs- und Erziehungsarbeit im Kindergarten beeinflussen.

Die Ergebnisse der entwicklungspsychologischen Forschungsarbeiten von Bayr-Klimpfinger konnten in Zusammenarbeit mit Agnes Niegl rasch für die Kindergartenpraxis verfügbar gemacht werden.

6.2 Basale Begabungsförderung

Die Diskussion um Formen und Inhalte der Vorschulerziehung wurde in Österreich bei weitem nicht so intensiv und kontrovers geführt wie in Deutschland, da die österreichische Kindergartenpädagogik bereits eine lange Tradition der Bildungsförderung hatte.

Bereits in den Fünfzigerjahren entwickelten etwa Baar und Tschinkel (1959) Arbeitsblätter für die Schulreife-Entwicklungshilfe, die in den Siebzigerjahren in veränderter Form neu aufgelegt wurden. Schon damals stand die Förderung der kognitiven Fähigkeiten im Vordergrund. Mit Hilfe der basalen Bildungsförderung sollte Kindern aus anregungsarmem Milieu größtmögliche Chancengleichheit hinsichtlich des Schulstarts ermöglicht werden. Weiters war die kognitive Förderung im Kindergarten darauf ausgerichtet, für alle Kinder optimale Bedingungen hinsichtlich der soziokulturellen Anforderungen der Bildungs- und Leistungsgesellschaft zu schaffen.

Die Arbeitsblätter waren stark an schulischen Leistungsanforderungen orientiert und ließen den Kindern wenig Variabilität in der Bearbeitungsmöglichkeit. Die Fülle des Angebots an Arbeitsblättern aus dem In- und Ausland führte schließlich sowohl zur grundsätzlichen Diskussion des methodischen Einsatzes von Arbeitsblättern als auch zur Formulierung von Kriterien zur Beurteilung ihrer Qualität. (Hartmann, o.J.)

Ingeborg Tschinkel (1978) widmete vor allem der Umwelterziehung als wichtigem Teil der basalen Begabungsförderung viel Aufmerksamkeit: Nach dem didaktischen Prinzip des situativen Lernens sollen Kinder die Möglichkeit haben, sich aktiv und handelnd mit ihrer Umwelt und der Sachwelt auseinander zu setzen. Im Kindergarten sollen Situationen geschaffen werden, die das Kind affektiv und kognitiv motivieren, seinen Bedürfnissen entsprechen und von seiner Erlebniswelt ausgehen.

Tschinkel bekannte sich dabei zu einem ganzheitlichen Erziehungskonzept, das nicht nur auf Wissensvermittlung abzielt, sondern die Gesamtpersönlichkeit des Kindes umfasst. In die Praxis setzte Tschinkel ihre Intentionen unter anderem durch die Entwicklung spezieller Bilderbücher zur Natur- und Sachbegegnung um. (Vgl. Tschinkel, 1978)

6.3 Das entwicklungspsychologische Bildungskonzept für den Kindergarten nach Charlotte Niederle

Auf Grund der begrenzten Erfolge der kompensatorischen und kognitiven Förderprogramme fand gegen Ende der Siebzigerjahre eine erneute Trendwende in der Vorschulerziehung statt: Schulische Lernformen und eine einseitige kognitive Förderung im Kindergarten wurden zunehmend abgelehnt. Soziales Lernen, die Förderung kooperativer Verhaltensformen und sozialer Kompetenzen rückten in den Vordergrund, Spielen und Lernen wurden gleichberechtigt in den Kindergartenalltag integriert.

Vorherrschend war nun die Überzeugung, dass nicht nur Begabungsförderung, sondern vor allem die Förderung der Gesamtpersönlichkeit dazu notwendig ist, Kinder bei der

Entwicklung von Autonomie und Selbstständigkeit zu unterstützen.

Diese ganzheitliche Sicht vom Kind steht auch im Mittelpunkt des österreichischen Rahmenplanes für „Bildung und Erziehung im Kindergarten", der von Niederle, Michelic und Lenzeder 1975 veröffentlicht wurde und in ganz Österreich sowie über die Grenzen hinaus Verbreitung fand.

Als Grundlage für die erarbeiteten Erziehungs- und Bildungsziele dient die Förderung der kindlichen Gesamtpersönlichkeit. In Anlehnung an die Erkenntnisse der Kleinkindpsychologie und -pädagogik sowie an die Erfahrungen der praktischen Kindergartenarbeit wird eine optimale Entfaltung der Anlagen des Kindes nach grundlegenden sittlichen, religiösen und sozialen Werten angestrebt. Diese soll sich an der individuellen Entwicklung des Kindes orientieren und vor allem durch ausreichendes Spiel und durch die erzieherische Wirkung der Gemeinschaft Gleichaltriger erreicht werden. Das Spiel wird als die dominante und entwicklungsadäquate Lernform des Kleinkindes betrachtet.

Der österreichische Rahmenplan bezieht sich auf einen eigenständigen Bildungsauftrag des Kindergartens. Leitende Idee ist der mündige Mensch, der über Autonomie und ein kritisches Bewusstsein verfügt und bereit ist, gesellschaftliche Verantwortung zu übernehmen.

Die Autorinnen führen elf Bildungs- und Erziehungsbereiche an, die in vielfacher und meist wechselseitiger Beziehung zueinander stehen. Diese Bereiche basieren auf den Dimensionen kindlicher Entwicklung. Im Vordergrund der konkreten Kindergartenarbeit sollte neben der sorgfältigen Planung die Orientierung an den Wünschen, Bedürfnissen, Interessen und Erfahrungen der Kinder stehen.

Der Kindergarten muss durch die Befriedigung der emotionalen Grundbedürfnisse von Kindern nach Geborgenheit, Sicherheit und liebevollem Kontakt die Entwicklung eines gesunden Gefühlslebens ermöglichen. Hinsichtlich der Beziehung zwischen Kindergartenpädagogin und Kind fordern die Autorinnen einen partnerschaftlich-demokratischen Erziehungsstil, der das Kind als gleichwertigen Partner des Erwachsenen ernst nimmt.

Das Leben in einer pluralistischen Gesellschaft ist von der Auseinandersetzung mit vielfältigen Werten und Normen, die auch von Vertrautem abweichen können, bestimmt. In der Erziehungs- und Bildungsarbeit des Kindergartens sollten daher Verhaltensweisen wie Kritik- und Urteilsfähigkeit, Toleranz, Mut zur Stellungnahme, Teambereitschaft, Schutz der Umwelt oder Friedensfähigkeit gefördert werden.

Der religiös-christlichen Erziehung im Kindergarten wird die Aufgabe zugeschrieben, die Kinder dabei zu unterstützen, den Sinn des Lebens zu ergründen. Bei der Gestaltung religiös-christlicher Bildungsinhalte muss einerseits auf die Erlebniswelt und das Fassungsvermögen der Kinder sowie andererseits auf den gegenwärtigen Wandel im Glaubensverständnis Rücksicht genommen werden.

Die basale Begabungsförderung und die kompensatorische Erziehung zählen auch heute noch zu den wesentlichen Aufgaben einer institutionellen Vorschulerziehung. Dabei sollte die Förderung der intellektuellen Fähigkeiten der Kinder sowie die Unterstützung von Spezialinteressen und -begabungen im Kindergarten frei von jedem Zeit- und Leistungsdruck stattfinden.

Zum ersten Mal kam es in Österreich zu einer wissenschaftlich fundierten Darstellung von spezifischen Methoden für den Kindergarten (Niederle, 1985, 1988, 1995). Diese beziehen sich auf die Raum-, Zeit- und Sozialstruktur, die Spiel- und Beschäftigungsbereiche, die didaktischen Prinzipien der Kindergartenarbeit sowie auf die Planung und Überprüfung von Bildungsprozessen.

Bedingt durch aktuelle gesellschaftliche Entwicklungen werden Kinder heute immer mehr in geschlossene Kinderwelten gedrängt. Dem gegenüber steht das Bedürfnis des Kleinkindes, an der Welt der Erwachsenen teilzunehmen und als Partner/in anerkannt zu werden. Kinder verfügen über ein hohes Kreativitätspotenzial, sie sind als Forscher/innen und Erfinder/innen aktiv und selbstständig an ihrer Umwelt interessiert. Die erfolgreiche Bewältigung von Arbeitsvorgängen verhilft Kindern zu Zuversicht in ihre eigene Leistungsfähigkeit und stärkt ihre Freude am Tun. Nur durch die Auseinandersetzung mit der Technik und mit verschiedenen Medien können Kinder mit diesen Themen vertraut werden und eine kritische Distanz dazu entwickleln.

Die Ermöglichung von reichhaltigen Umwelterfahrungen zählt daher zu einer gesellschaftspolitisch besonders wichtigen Aufgabe der Erziehungs- und Bildungsarbeit im Kindergarten und wurde anhand von Praxismodellen in „Kinder erleben ihre Umwelt" näher ausgeführt und analysiert. (Feiner, Niederle & Michelic, 1980)

7 Veränderte Lebensbedingungen in einer pluralistischen Gesellschaft

Lloyd de Mause (1980) geht von einer zunehmend positiven Entwicklung der Eltern-Kind-Beziehung im Laufe der Jahrhunderte aus. Dies gilt sowohl für die psychosoziale als auch die familiäre Situation von Kindern. Die heute herrschenden soziologischen und sozialhistorischen Zusammenhänge müssen hingegen aus einem weniger optimistischen Blickwinkel betrachtet werden.

Für die soziologische Kindheitsforschung ist es wichtig, Kindheit nicht als ein vorübergehendes Stadium im Leben eines Menschen zu betrachten, sondern als bleibende soziale Kategorie in der Gesellschaft. Damit gewinnen soziologische Aspekte der Kindheit an Bedeutung.

Durch die sinkenden Kinderzahlen in den industrialisierten Ländern kommt es zu einer zunehmenden Benachteiligung von Kindern und ihrer Ausgrenzung aus der Gesellschaft. Kaufmann (1990) spricht in diesem Zusammenhang von einer strukturellen Rücksichtslosigkeit der Gesellschaft gegenüber Kindern. Dies ist etwa in Fragen der Stadtplanung, des Wohnbaus oder des Verkehrs deutlich zu erkennen.

Nach der Meinung einiger Forscher/innen findet Kindheit heute vielfach in „Gettos für Kinder" statt. Andererseits werden Kinder schon früh als kleine Erwachsene behandelt. Die Unterschiede im Generationenverhältnis verschwinden in zunehmendem Maße. Kindern wird früh Selbstständigkeit und Selbstverantwortung abverlangt. Diese Anforderung zeigt sich vor allem darin, dass die Zielgruppe der Kinder und Jugendlichen heute einen wichtigen Faktor in der Medien- und Konsumgesellschaft darstellt. (Vgl. Hurrelmann, 1994)

Audiovisuelle Medien sind zu einem selbstverständlichen Bestandteil des Kinderalltags geworden. Der passive Medienkonsum wird oft der kreativen und produktiven Eigenaktivität vorgezogen. In der Konsum- und Überflussgesellschaft nehmen Kinder eine wichtige Verbraucherrolle ein und sind häufig materiell überversorgt. Vorrangiges Problem des Alltagslebens ist nicht mehr die Sicherung der Existenz, sondern die Orientierung in einer Flut von Möglichkeiten.

Kindheit in der modernen Gesellschaft zeichnet sich durch eine gewisse Ambivalenz aus: Besseren materiellen und existenziellen Lebensbedingungen stehen heute Kinderfeindlichkeit und Ausgrenzung gegenüber.

7.1

Kindheit in veränderten Familien- und Wertstrukturen

7.1.1

Familie und partnerschaftliche Rollengestaltung

Die zunehmende Komplexität und Widersprüchlichkeit der postmodernen Gesellschaft spiegelt sich in einer Fülle alternativer Lebens- und Familienformen wider: Einkind-, Eineltern- und Stieffamilien prägen unsere Gesellschaft ebenso wie die traditionelle Kernfamilie und verlangen nach einer Neudefinition des Begriffes „Familie". Von „der" Familie schlechthin zu sprechen hieße, an der realen Lebenssituation vieler Kinder und ihrer Eltern vorbeizugehen.

Obwohl die Scheidungsrate deutlich zugenommen hat, werden Ehescheidung oder Trennung nicht mehr ausschließlich als Scheitern und Abweichung von der Norm betrachtet. Die Fähigkeit, Probleme zu bewältigen und einen konstruktiven Neuanfang zu setzen, hat an Bedeutung gewonnen. Dies wird als Chance verstanden, das System Familie sowie die Rollen und Aufgaben jedes Familienmitglieds neu zu definieren. Trotzdem ist die Scheidung oder Trennung der Eltern für die betroffenen Kinder fast immer mit Schock, Trauer und Angst verbunden. (Fthenakis, 1994)

Veränderungen innerhalb der Familien stehen in Wechselwirkung mit der Annäherung der Geschlechtsrollen. Durch das steigende weibliche Bildungsniveau, die Berufstätigkeit von Frauen und ihre damit verbundene ökonomische Unabhängigkeit werden traditionelle Rollenmuster in Familie und Gesellschaft immer mehr in Frage gestellt. Neue Standards werden hier vor allem von Frauen gesetzt.

Patriarchale Rollenbilder scheinen in unserer Gesellschaft zwar rational überwunden, ihre tiefen emotionalen Wurzeln beeinflussen aber nach wie vor das Verhalten von Frauen und Männern. Die Vereinbarkeit von Beruf und Familie etwa ist für viele Frauen auch heute noch schwierig und ein organisatorischer Balanceakt.

Nach Zulehner und Slama (1994) vertritt mehr als ein Drittel der österreichischen Männer ein stark traditionelles Männerbild: Sie sehen ihre Aufgabe darin, durch außerhäusliche Berufstätigkeit den finanziellen Hintergrund ihrer Familie zu sichern und als Oberhaupt zu fungieren. Nur jeder siebte Mann tendiert in die Richtung des so genannten neuen Mannes, der seinen Lebensraum auf die Familie hin ausweitet und Hausarbeiten sowie Erziehungsaufgaben übernimmt.

Auf Grund des gegenwärtigen Rollenwandels ergeben sich viele Unsicherheiten, die auch die Erziehung beeinflussen: So erfolgte früher die Übernahme der geschlechtsspezifischen Rollen eher komplikationslos, da eindeutige Leitbilder für beide Geschlechter festgelegt waren. Heute suchen Frauen und Männer nach einem neuen Selbstverständnis, klar umrissene Orientierungsmuster fehlen. Die geschlechtssensible Sozialisation wird zu einer neuen Herausforderung: Auf der einen Seite gilt es, die Geschlechtsidentität jedes einzelnen Kindes zu festigen. Auf der anderen Seite müssen aber auch partnerschaftliche Rollenbilder mit ihren vielfältigen Ausdrucksformen erfahrbar werden.

7.1.2

Wertewandel und Wertepluralismus

In den letzten Jahrzehnten hat ein tief greifender Wandel die traditionelle Wertorientierung unserer Gesellschaft erschüttert.

In der Vergangenheit galten die so genannten Pflicht- und Akzeptanzwerte als verbindliche

Wertorientierung. Dazu zählten Werte wie Pflichterfüllung, Gehorsam, Anpassung und Fleiß. In den Siebzigerjahren traten Selbstentfaltungswerte, wie beispielsweise Eigenständigkeit, Selbstverwirklichung, Spontaneität und Emanzipation, immer mehr in den Vordergrund. (Klages, 1993)

Doch auch die postmodernen, freiheitsorientierten Werte der Selbstentfaltung und Eigenständigkeit sind nicht allgemein gültig. In unserer offenen und pluralistischen Gesellschaft gibt es keine geschlossene Wertewelt mehr. Unterschiedliche Wertewelten treffen aufeinander, wobei immer wieder Wertdissonanzen und -konkurrenzen auftreten können.

Hand in Hand mit diesem Wertewandel hat sich der Erziehungsstil im Allgemeinen von einem autoritären zu einem demokratischen und partnerschaftlichen Stil gewandelt.

Hinsichtlich der Sozialisation von Kindern bringen der Wertewandel und Wertepluralismus eine erhöhte Erziehungsunsicherheit bzw. neue Herausforderungen für Eltern und Pädagog/innen mit sich. Kinder müssen lernen, sich in unterschiedlichen Wertemilieus zurechtzufinden, auf Werte anderer Kulturen Rücksicht zu nehmen und eine eigene Position zu finden. Wertinhalte werden von den Erwachsenen nicht autoritär vorgegeben, sondern in einem dialogischen Prozess gemeinsam mit den Kindern erarbeitet.

7.2 Kindheit im Medien- und Konsumzeitalter

7.2.1 Das Verschwinden der Kindheit nach Neil Postman

Der amerikanische Medienforscher Neil Postman (1983) geht davon aus, dass die Kindheit im Verschwinden begriffen ist. Er bezeichnet die „Idee der Kindheit [als] eine der großen Erfindungen der Renaissance, vielleicht ihre menschlichste“ (S. 8). Seiner Auffassung nach verschwindet die Kindheit heute in erschreckendem Tempo. Postman beklagt, dass der Charme und die Neugier der Kinder verkommen und in einem scheinhaften Erwachsensein erstarren.

Postman sieht in der Kindheit einen Schutz- und Erfahrungsraum. Dieser Schutzraum Kindheit ist unter anderem durch das Medium Fernsehen gefährdet, das bildhafte Informationen in fast unbeschränktem Ausmaß vermittelt. Der Fernsehkonsum bedarf keiner Unterweisung und gliedert sein Publikum nicht in Erwachsene und Kinder. Da die neue Medienwelt alle Menschen mit den gleichen Informationen beliefert, werden Geheimnisse der Erwachsenen unmöglich. Ohne Geheimnisse gibt es nach Postman jedoch keine Kindheit mehr. Somit verschwindet die Kindheit, die vor allem durch Informationsreduktion und erzieherische Informationsauswahl gekennzeichnet war.

Auch Hebenstreit (1994) beobachtet gesellschaftliche Ansätze, den Sprung vom Kindsein zur Welt der Erwachsenen schneller zu vollziehen. Dadurch wird die Kindheit reduziert. Zugleich vergrößert sich beständig die Diskrepanz zwischen der natürlichen Ausstattung kleiner Kinder und der immer abstrakter werdenden Erwachsenenwelt, in die sie hineinwachsen. Hebenstreit betont daher die gesellschaftliche Notwendigkeit, Kindheit als bewusst geplante Entwicklungsstufe zu sichern.

Eine solche Sichtweise ist allerdings nicht unumstritten. Postman wird vor allem vorgeworfen, ein überkommenes Erziehungsideal zu vertreten. Der immer kleiner werdende Schutzraum Kindheit biete auch Chancen für Kinder, wie etwa die Möglichkeit zur Autonomieentwicklung.

7.2.2

Verinselung des kindlichen Lebensraumes

Durch den technischen Fortschritt der letzten Jahrzehnte und den allgemeinen Wohlstand in unserer Gesellschaft haben sich die Umwelterfahrungen von Kindern massiv verändert.

Für die Nachkriegsgeneration war das gemeinsame Spielen mit Geschwistern und Nachbarskindern ohne Aufsicht und ohne pädagogisches Programm die wichtigste Form der außerfamilialen Freizeit. Heute sind Kinder – vor allem in den städtischen Gebieten – fast völlig von der Straße vertrieben und gelten in einer Gesellschaft, die nach Kriterien der Nützlichkeit organisiert ist, eher als Störfaktoren. Es überwiegen organisierte Aktivitäten und institutionelle Freizeitangebote unter der Aufsicht von Pädagog/innen. Kinder aller Altersstufen verbringen ihre Freizeit an Orten, die speziell für sie ausgestattet und aus der Erwachsenenwelt ausgegrenzt sind, wie etwa Kinderzimmer, Spielplätze, institutionelle Betreuungseinrichtungen oder Freizeitheime. Diese Kinderorte sind „Inseln in einer unbekannten Weite“ und können von den Kindern weder selbst erreicht noch von ihnen vorstellungsmäßig in einen räumlichen Gesamtzusammenhang eingebunden werden. Spontanes, kreatives und eigenwilliges Verhalten von Kindern droht dadurch verloren zu gehen. (Zeiher, 1995)

Neben der Erwachsenenwelt besteht also eine ausgegrenzte Kinderwelt, die zwar perfekt ausgestattet ist, aber trotzdem als Getto empfunden wird. Durch die zunehmende Isolierung von der Erwachsenenwelt sind Kindern heute nur mehr eingeschränkte Umwelterfahrungen möglich. Das spontane Lernen in Haushalt und Familie wird durch veranstaltetes Lernen in eigenen Einrichtungen kompensiert.

Bildungsexpert/innen weisen in der Delphi-Befragung 1996/1998 auf die wachsenden Defizite an Primärerfahrungen hin, denen Kinder heute in einer zunehmend mediatisierten und virtualisierten Welt ausgesetzt sind. Das Lernen in Ganzheitlichkeiten, die Entfaltung aller Sinne sowie die Selbsterfahrung in sozialen Bezügen werden aber auch in der postindustriellen Wissensgesellschaft unverzichtbare Voraussetzungen für ein eigenverantwortliches und selbstbestimmtes Leben darstellen. (bmb+f, 1998a)

Eine große Rolle bei der Gestaltung des Kinderlebens spielen die komplexen zeitlichen Strukturen, in die heute schon Kleinkinder eingebunden sind: Diese werden durch die Öffnungszeiten von Betreuungseinrichtungen, die Arbeitszeiten der Eltern sowie die Termine von Nachmittagsveranstaltungen bestimmt. Die Zeit von Kindern muss organisiert und geplant werden, wodurch Spontaneität verloren geht und wenig Raum für Eigenrhythmus bleibt. (Zeiher, 1995)

Zeiher hebt aber auch die Chancen, die die „Verinselung des kindlichen Lebensraumes“ mit sich bringt, hervor: Kindern wird viel individueller Einsatz abverlangt, um außerhäusliche Kontakte und Spielgelegenheiten zu organisieren und aufrechtzuerhalten. Beziehungen müssen geknüpft und gepflegt werden, um nicht in Isolation zu geraten. Dadurch werden Selbstständigkeit und Eigenständigkeit gefördert.

7.2.3

Die Gefährdung der Kindheit durch Überforderung und Hetze

Der amerikanische Psychologe David Elkind (1989) macht mit seinen Überlegungen zu den Auswirkungen leistungsorientierter Früherziehung auf die Gefährdung der Kindheit aufmerksam:

„Das Kind ist ein Geschenk der Natur, das Bild vom Kind aber wird vom Menschen gemacht. In jeder Epoche spiegelt das Bild des Kindes, das die jeweilige Erziehungspraxis bestimmt, eher den herrschenden Zeitgeist wider als anerkanntes Wissen über das Wesen guter Kinderpädagogik." (Elkind, 1989, S. 62)

Elkind charakterisiert die Erziehung in den Siebzigerjahren als eine hetzende Erziehung. Diese beruht auf dem Bedürfnis der Eltern, ihre Kinder rasch reifen und heranwachsen zu sehen, um den großen Aufwand an Kraft, der mit der Ausübung der Elternrolle einhergeht, zu vermindern. Es sind dies Eltern, die selbst den enormen gesellschaftlichen Wandel der Sechzigerjahre verkraften mussten. Sie drängen ihre Kinder dazu, rasch erwachsen zu werden, und setzen sie damit unter Druck.

Die Eltern der Achtzigerjahre dagegen überfordern ihre Kinder mit zu viel Erziehung unter dem Anspruch, das Beste für sie zu wollen. Die Kinder müssen zu viel und zu früh lernen. Übertrieben ehrgeizige Eltern erheben schon die früheste Kindheit zum Schauplatz von Konkurrenzkämpfen. Die Erziehung wird so zum Wettrennen. Der Begriff der Konkurrenz drängt alle anderen Aspekte der Erziehung in den Hintergrund, einschließlich den des aktiven Lernens.

Eine überfordernde Erziehung kann beim Kind lebenslange emotionale Störungen, wie etwa eine neurotische Charakterbildung, hervorrufen.

7.2.4

Kinder als „kleine Erwachsene" in der Konsumgesellschaft

Nach Klaus Hurrelmann (1994) haben gesellschaftliche Umwälzungen – wie etwa die Auflösung der traditionellen Familie, die wachsende Bedeutung der Freizeit sowie die steigenden Leistungsanforderungen – dazu geführt, den Unterschied zwischen Kindern und Erwachsenen zu verwischen. Kinder sind heute genauso wie Erwachsene sozialen, wirtschaftlichen und ökologischen Veränderungen ausgesetzt, haben ebenso Anteil an den Vor- und Nachteilen der Konsumgesellschaft. Kinder sind eine bedeutende Zielgruppe wirtschaftlicher Interessen: Der Markt mit seiner unüberschaubaren Produktpalette im Spielzeug-, Nahrungsmittel- und Kleidungssektor sowie mit dem Fernseh- und Videoangebot ist der Einzige, der auf die Bedürfnisse von Kindern eingeht – allerdings nicht aus pädagogischen Überlegungen heraus.

Somit wachsen viele Kinder heute ohne jenen psychischen und sozialen Schutz auf, den die Gesellschaft den Heranwachsenden früherer Generationen selbstverständlich gewährte. Diese Entwicklungen sind nach Hurrelmann ein Grund dafür, dass bereits Kinder mit psychosomatischen Erkrankungen, Erschöpfungszuständen oder Süchten reagieren, wie sie früher fast ausschließlich im Erwachsenenalter zu beobachten waren.

Hurrelmann stellt die Forderung auf, dass Kinder wie Erwachsene behandelt werden müssen, da sie auf Grund der gesellschaftlichen Veränderungen bereits zu „kleinen Erwachsenen" geworden sind. Das bedeutet aber auch, dass Kinder mehr Macht und Selbstbestimmungsmöglichkeiten brauchen, um an der Gestaltung des Alltagslebens mitwirken zu können: Dazu zählen unter anderem die eigenverantwortliche Entscheidung von Kindern über ihre sozialen Beziehungen und ihre Bildungslaufbahn sowie die Beteiligung an politisch bedeutenden Entscheidungen.

8 Die Rechte des Kindes

Obwohl das Jahrhundert des Kindes bereits 1902 von Ellen Key proklamiert wurde, konnte dennoch erst fast ein weiteres Jahrhundert später ein internationaler Konsens über die Rechte des Kindes gefunden werden.

1989 wurde die „Konvention über die Rechte des Kindes“ von der Vollversammlung der Vereinten Nationen verabschiedet und in der Folge von zahlreichen Ländern ratifiziert. Die Charta soll als Gewissensspiegel für Staat und Gesellschaft dienen und die permanente Auseinandersetzung mit dem Status, der Kindern in einer Gesellschaft zuerkannt wird, aufrechterhalten. (Meckel, 1994)

Kinder haben sowohl materielle als auch seelisch-geistige Grundbedürfnisse, deren Erfüllung lebensnotwendig ist. Schon aus der Präambel lässt sich das Bild vom Kind, das der Charta zu Grunde liegt, ablesen: Darin wird der Anspruch des Kindes auf besondere Fürsorge und Unterstützung formuliert. Kinder sollen auf ein individuelles Leben in der Gesellschaft vorbereitet und insbesondere im Geist des Friedens, der Würde, der Toleranz, der Freiheit, der Gleichheit und der Solidarität erzogen werden.

Die Bestimmungen der UN-Konvention dienen im Wesentlichen dem Schutz von Kindern, der Bereitstellung von Ressourcen für Kinder und ihrer Partizipation an der Gesellschaft:

Während der Kinderschutz bereits im 19. Jahrhundert angesichts der katastrophalen Lage vor allem der Arbeiterkinder begonnen hat, ist die Bereitstellung von Ressourcen vorwiegend mit dem Ausbau des Wohlfahrtsstaates des 20. Jahrhunderts verbunden und beinhaltet finanzielle Transfers sowie Dienstleistungen an Kindern bzw. Familien.

Der Gedanke der Partizipation von Kindern ist eher neu und stellt einen Vorgriff auf das 21. Jahrhundert dar: Die Bestimmungen zur Partizipation beziehen sich unter anderem auf Meinungsfreiheit, Gedanken-, Gewissens- und Religionsfreiheit sowie auf den Schutz der Persönlichkeit des Kindes. Die Schaffung einer Kultur der Partizipation von Kindern in den wichtigsten Bereichen ihrer Lebenswelt wird eine Aufgabe der Zukunft sein.

Im Folgenden werden beispielhaft einige Rechte der Kinder, die in der UN-Konvention dargestellt sind, herausgegriffen:

Das Recht des Kindes auf Person

In den Artikeln 7 und 8 der Charta wird das Recht des Kindes auf Namen und auf Identität hervorgehoben. In diesem Sinne hat das Kind ein Recht auf Eigenpersönlichkeit. Der Kindheit wird ein Eigenwert zuerkannt, Kinder werden als ernst zu nehmende Partner/innen der Erwachsenen betrachtet und müssen mit Respekt und Achtung behandelt werden.

Das Recht des Kindes auf Beziehung

Die Charta betont die Rechte des Kindes auf Beziehungen sowohl zu Erwachsenen (Artikel 9) als auch zu anderen Kindern (Artikel 15). Kinder dürfen nicht gegen ihren Willen von ihren Eltern getrennt werden und erhalten zumindest das Recht, eine regelmäßige persönliche Beziehung zu ihren Eltern zu pflegen.

In unserer Gesellschaft, in der viele Kinder in Familien mit häufig abwesenden Elternteilen oder ohne Geschwister aufwachsen, in der sie im Laufe ihrer Kindheit vom oftmaligen Wechsel ihrer Betreuungspersonen betroffen sind, erhält das Recht auf Beziehung eine besondere Bedeutung. Beziehungen, aus denen Kinder Selbstwert und eine Fülle an Lebenserfahrungen schöpfen können, müssen kontinuierlich und zuverlässig sein.

Das Recht des Kindes auf Lebensraum

In der Charta wird das Recht auf Teilnahme am kulturellen und künstlerischen Leben einer Gesellschaft ebenso gefordert wie das Recht auf Spiel und auf altersgemäße Bedingungen für Erholung und Freizeit (Artikel 31).

Kinder brauchen natürliche und überschaubare Lebensräume, wo sie eine Fülle von Begegnungen und Erfahrungen machen und sich ein Bild von der Welt aufbauen können. Solche Lebensräume werden in unserer Welt immer seltener, das Leben von Kindern spielt sich immer mehr in isolierten Kinderwelten ab, die zueinander und zur Welt der Erwachsenen wenig Bezug haben.

Im Nachwort der Charta heißt es, dass die Rechte der Kinder allgegenwärtig sein und sich auf natürliche und selbstverständliche Weise auswirken sollten.

Die Rechte und Entscheidungsspielräume der Kinder sind in unserer Gesellschaft nach wie vor eingeschränkt. Kinder sind darauf angewiesen, dass sie in einem Umfeld aufwachsen können, das ihnen wohlgesonnen ist, und dass sie nicht der Willkür der Erwachsenen ausgesetzt sind.

Kindern zu ihren Rechten zu verhelfen, ist nach Petrik (1992) sowohl eine pädagogische als auch eine politische Aufgabe. Erziehung muss in diesem Zusammenhang als Hilfe zur Entfaltung der Persönlichkeit von Kindern und als Sensibilität gegenüber ihren Bedürfnissen verstanden werden. Diese Bedürfnisse angemessen zu befriedigen heißt, Kindern Recht zu geben. Aufgabe der Politik ist es heute, die Anliegen von Kindern in der Öffentlichkeit zu vertreten und Kindern zu einer Lobby in der Gesellschaft zu verhelfen.

III Innovative Konzepte für die Kleinkinderziehung heute

Zum heutigen Bild vom Kind tragen auch die innovativen Konzepte für die Kleinkinderziehung bei, die in den Achtziger- und Neunzigerjahren entwickelt oder einem breiteren Kreis bekannt gemacht wurden. Diesen pädagogischen Ansätzen ist gemeinsam, dass sie vielfach die Bedürfnisse von Kindern noch ernster nehmen und stärker als bisher auf sie eingehen.

1 Die Verbreitung der Reggio-Pädagogik im deutschsprachigen Raum

Das Konzept der Reggio-Pädagogik wurde nach dem Zweiten Weltkrieg in Italien von Loris Malaguzzi und seinen Mitarbeiter/innen für die Kindergärten und Krippen der Stadt Reggio Emilia entwickelt.

Die Kindererziehung wird als ein Teil umfassender gesellschaftlicher Prozesse betrachtet, weshalb der Zusammenarbeit mit dem soziokulturellen Umfeld große Bedeutung beigemessen wird. Neben dem ständigen Dialog mit den Herkunftsfamilien der Kinder ist in Reggio Emilia die gemeinsame Leitung der Kinderbetreuungseinrichtungen durch Eltern, Erzieher/innen und Bürger/innen selbstverständlich. Nur durch diese Verbindung von familiären und institutionellen Erfahrungsräumen sehen Malaguzzi und seine Mitarbeiter/innen eine ganzheitliche Entwicklung der Kinder gewährleistet.

Das neue Bild vom Kind in der Reggio-Pädagogik

Kinder werden grundsätzlich als kompetent betrachtet. Sie gestalten von Geburt an aktiv und kreativ ihre eigene Entwicklung und die Beziehungen zu ihrer Umwelt. Das Vertrauen in die Fähigkeiten von Kindern ist die Grundlage der pädagogischen Arbeit. Im Mittelpunkt der Reggio-Pädagogik stehen das Kennenlernen und Respektieren der Kompetenzen, des Weltbildes und der Ausdrucksweisen der Kinder.

Als vorrangiges Ziel für die Arbeit mit Kindern wird der Erwerb von Kritikfähigkeit, Urteilskraft, experimentellem Denken und Kreativität betrachtet. Die Förderung dieser Fähigkeiten soll die Kinder bei der autonomen und kompetenten Bewältigung ihres Lebens unterstützen. In gemeinschaftlichen Situationen werden soziale Verhaltensweisen, Kommunikation und Kooperation gelernt. Gleichzeitig werden die Freiheit und die Individualität jedes einzelnen Kindes und seiner Erzieherin betont.

Wie auch die Schule ist der Kindergarten im Verständnis von Malaguzzi eine eigenständige Institution mit eigenen Vorstellungen, Wertschätzungen und Aufgaben: eine Stätte, wo Kinder die Möglichkeit haben, in ihren Ausdrucksweisen unterstützt zu werden, wo sie Anregungen für ihre Entwicklung erfahren und ihre Wahrnehmung gefördert wird. Kinder stehen nach dieser Vorstellung von Anfang an in Beziehung zu ihrer Lebenswelt. Sie möchten erforschen, erkunden, experimentieren, erfahren, erleben und Gedanken entwickeln, kurz: Sie möchten lernen.

Die Rolle der Erzieher/innen

„In Reggio will man nicht ein passives Kind etwas lehren, sondern ein aktives Kind in seinen Lernprozessen unterstützen." (Filippini, 1991, S. 5)

Pädagog/innen in Reggio betrachten sich selbst als sensible Begleiter/innen von Kindern und sehen ihre Aufgabe darin, die Kinder zu beobachten, sie kennen und verstehen zu lernen und sich schließlich ihren Aktivitäten anzuschließen. Wenn Erzieher/innen Kinder ernst nehmen, auf ihre Potenziale vertrauen und ihren Entwicklungsschritten folgen, können sich auch ihnen neue Erkenntnisse vermitteln und Möglichkeiten, die Welt zu sehen, eröffnen. So werden Erwachsene selbst zu Forscher/innen.

Wesentlich ist die Transparenz der pädagogischen Arbeit: Die aktuellen Projekte aus den einzelnen Einrichtungen werden mittels audiovisueller Medien dokumentiert, wissenschaftlich ausgewertet und den Eltern sowie der Öffentlichkeit vorgestellt. Dies soll den hohen Respekt vor den Rechten der Kinder und ihrer kreativen Leistungsfähigkeit betonen.

Kreatives Gestalten in Reggio Emilia

Die Achtung der Gesamtpersönlichkeit von Kindern ist ein wesentlicher Grundsatz der Reggio-Pädagogik. Neben den sozialen, affektiven und kognitiven Fähigkeiten von Kindern müssen auch ihre gestalterischen Ausdrucksmöglichkeiten beachtet und gefördert werden. Malaguzzi stellt daher künstlerische Tätigkeiten in den Mittelpunkt der pädagogischen Arbeit.

„Bei ihren Versuchen, die Welt kennen und verstehen zu lernen, beschreiten Kinder ganz eigene Wege und greifen hierbei zu den unterschiedlichsten Mitteln. Indem sie zeichnen, malen, collagieren, mit Draht, Ton, Wasser und Papier experimentieren, setzen sie sich aktiv mit ihrer Umwelt auseinander, verarbeiten ihre Erlebnisse und verleihen darüber hinaus ihren Eindrücken neuen Ausdruck." (Dreier, 1993, S. 88)

Bei dieser Art der aktiven Auseinandersetzung der Kinder mit ihrer Umwelt sind nicht die Endprodukte wichtig, sondern die Prozesse der Wahrnehmung, Aneignung und Gestaltung. Die Erzieher/innen unterstützen den künstlerischen Prozess durch ihr Engagement, durch das Ernstnehmen kindlicher Fähigkeiten und Bedürfnisse sowie durch ihre Kenntnisse vielfältiger künstlerischer Gestaltungstechniken, Darstellungsmöglichkeiten und Ausdrucksformen. Zusätzlich zu den Gruppenräumen sind alle Krippen und Kindergärten mit Material- und Werkräumen sowie einer zentralen Kinderwerkstatt ausgestattet. In jeder Einrichtung arbeitet neben den Erzieher/innen auch ein Kunstpädagoge oder eine Kunstpädagogin.

2 Das Erziehungsmodell von Rebeca und Mauricio Wild in Ecuador

Ausgehend von der Pädagogik Pestalozzis und den Gedanken der Montessori-Pädagogik entwickelte das Ehepaar Wild in Ecuador ein Kindergartenmodell, das die Selbsttätigkeit der Kinder in den Vordergrund stellt.

Grundvoraussetzung für den Umgang mit Kindern ist für Rebeca und Mauricio Wild der Respekt vor den Bedürfnissen der Kinder. Wenn Kinder nicht permanent um die Erfüllung ihrer Bedürfnisse kämpfen müssen, wird durch ihre natürlichen inneren Kräfte eine positive Entwicklung vorangetrieben. Deshalb ist der Kindergarten ganz nach den Bedürfnissen der Kinder gestaltet. Das Materialangebot ist reichhaltig, die Teilnahme an den einzelnen Aktivitäten erfolgt freiwillig.

Abhängigkeit und Autonomie gehören nach Wild (1990) zu den kindlichen Grundbedürfnissen. Auf der einen Seite kann das Bedürfnis nach Zuwendung und Liebe nur in Abhängigkeit von den Bezugspersonen befriedigt werden. Auf der anderen Seite steht das Bedürfnis nach sinnlichen und motorischen Erfahrungen, das nur durch persönliche Autonomie erfüllt werden kann. Eine Einschränkung der Autonomie gefährdet die Entwicklung. Die absolute Freiheit jedes Individuums – auch jedes Kindes also – hat jedoch dort ihre Grenzen, wo der Respekt für die Bedürfnisse des anderen beginnt.

Ein Kind braucht in den ersten Lebensjahren Zuwendung, Körperkontakt und eine entwicklungsgerechte Umgebung. Zusätzlich ist die interessierte, aber nicht direktive Aufmerksamkeit von Erwachsenen für seine Auseinandersetzung mit der Umwelt nötig. Nicht direktive Zuwendung stärkt die Lebenskraft des Kindes. Wird ein Kind aber von außen dirigiert, dann wird seine innere Entscheidungsfähigkeit zunehmend außer Funktion gesetzt.

Die Rolle der Erzieher/innen

Nach Wild (1990) wird Erziehung nicht nur verbal weitergegeben. Das Kind interessiert sich nicht für die Ziele und Ideale der Erzieher/innen, sondern für sein wirkliches Sein. Wild betont, dass sich Erwachsene an Kinder anpassen müssen und nicht umgekehrt, da Kinder im Mittelpunkt einer „aktiven" Erziehung stehen. Erwachsene müssen lernen, die authentischen Bedürfnisse der Kinder zu erfassen und so weit als möglich zu befriedigen. Die erzieherische Haltung ist von dem Bestreben geprägt, optimale Bedingungen für jedes Kind zu schaffen. Jedem Kind soll mit vollem Respekt und mit Akzeptanz begegnet werden.

Wild tritt für die Zurückhaltung der Erzieherin ein, damit Kinder Probleme selbst lösen können. Aus Situationen, die nicht wirklich gefährlich sind, hält sich der Erwachsene am besten heraus, damit das Kind wichtige Erfahrungen sammeln kann. Interessiertheit ist gefragt, nicht aber Einmischung.

Die Erzieher/innen sollten das gleiche Recht auf Wachstum haben wie die Kinder. Sie müssen offen sein, der Welt immer neue und interessante Seiten abzugewinnen: „In dem Maße, wie wir es fertigbringen, mit den Kindern wir ‚selbst' zu sein und nicht nur eine Rolle zu spielen, ... sind auch die Kinder ‚sie selbst'." (Wild, 1990, S. 238)

3 Impulse aus der pädagogischen Arbeit der Kindergruppen

Kindergruppen verstehen sich als Kinderbetreuungseinrichtungen, die die Bedürfnisse der Kinder ins Zentrum der Aufmerksamkeit stellen und am Prinzip der Selbstorganisation durch die Eltern sowie der Selbstverwaltung und Selbstverantwortung auf inhaltlicher und pädagogischer Ebene festhalten. Wesentlich für die kindzentrierte und gesellschaftskritisch orientierte Arbeit von Kindergruppen ist der so genannte andere Umgang mit Kindern, der gekennzeichnet ist durch:

- Anerkennung der Kinder als gleichberechtigte Partner/innen
- Berücksichtigung der individuellen Bedürfnisse der Kinder
- soziale Aufmerksamkeit der Kinder untereinander, Solidarität gegen Stärkere und Verzicht auf Gewalt gegen Schwächere
- offene Konfliktaustragung und Anstreben eines kritischen Bewusstseins
- Ausleben kindlicher Sexualität
- geringe Leistungsorientierung (vgl. Fitzka-Puchberger, 1991)

Der pädagogische Ansatz der Kindergruppen geht von einem Bild des Kindes aus, in dem Kinder als mündig erachtet werden: Sie sind fähig, Verantwortung zu übernehmen und selbstbestimmt zu handeln. In der Erziehung soll es nicht um entfernte Entwicklungsziele gehen, sondern um die Gegenwart. Kinder sollen die Zeit des Kindseins lustvoll und angstfrei erleben sowie ihre Ideen und Interessen ausleben können, aber auch lernen, diese mit anderen abzustimmen.

Nach Schandl (1996) beinhaltet ein respektvoller Umgang mit Kindern das Aushandeln von Kompromissen, damit Kinder und Erwachsene nach ihren gleichermaßen legitimen Vorstellungen und Wünschen handeln können. Um Kindern selbstbestimmtes Agieren zu ermöglichen, müssen Erwachsene ihre Machtposition, die sie auf Grund ihrer größeren Ressourcen innehaben, hinterfragen.

Respektvoller Umgang mit Kindern ist weiters durch ein geringeres Ausmaß an Kontrollausübung und Überwachung gekennzeichnet. Räume, die den Kindern zur freien Benutzung zur Verfügung stehen, ohne ständig von Erwachsenen kontrolliert zu werden, führen zu einem unbefangeneren Ausleben der Kreativität sowie zur selbstständigen Konfliktlösung und entlasten das Zusammensein von Kindern und Erwachsenen.

Erwachsene, Erzieher/innen und Eltern haben die Aufgabe, Kindern respektvoll zu begegnen. Kinder sollen in einem Umfeld aufwachsen können, das ihrer Persönlichkeitsentwicklung nützt, ihre Eigenständigkeit und den Ausdruck ihrer Gefühle fördert. Kinderinteressen und Erwachseneninteressen können sehr verschieden sein. Sowohl Erwachsene als auch Kinder müssen lernen, verantwortungsbewusst mit den Interessen der anderen umzugehen.

Wie Schoenebeck (1993) schlägt auch Schandl (1996) vor, den Begriff Erziehung durch den Begriff Beziehung zu ersetzen.

4 Der Situationsansatz

Der Situationsansatz ist ein eigenständiges sozialpädagogisches Konzept für den Kindergarten, in dem – ausgehend von den alltäglichen Erfahrungen der Kinder – besonderer Wert auf die lebensweltbezogene Förderung gelegt wird. Der Situationsansatz wurde in enger Kooperation zwischen Praxis und Wissenschaft vom Deutschen Jugendinstitut zur Abgrenzung von der leistungsbetonten vorschulischen Förderung in den Siebzigerjahren entwickelt.

Bei diesem pädagogischen Ansatz stehen die aktuellen Lebenssituationen und sozialen Erfahrungen von Kindern sowie die Selbst-, Sozial- und Sachkompetenzen, die zu ihrer Bewältigung erforderlich sind, im Mittelpunkt. Durch einen ganzheitlich angelegten Bildungsprozess sollen Kinder unterschiedlicher Herkunft und Lebensgeschichte dazu befähigt werden, in Situationen ihres gegenwärtigen und zukünftigen Lebens möglichst autonom, solidarisch und kompetent zu handeln. Das Kind soll lernen, seine individuelle Lebenswirklichkeit zu bewältigen, und eine autonome und zur Kooperation fähige Persönlichkeit entwickeln. Besonderer Wert wird auf multikulturelle Erziehung und Integration gelegt: Im Sinne des sozialen Lernens soll kein Kind ausgeschlossen sein.

Ein wesentlicher Aspekt des Situationsansatzes ist sein Bildungsanspruch im Sinne der Entwicklung von Weltverständnis. Sachlernen soll nicht isoliert, sondern in sozialen Zusammenhängen vermittelt und dem sozialen Lernen untergeordnet werden. Alltagstätigkeiten werden pädagogisch genützt. Pädagogische Zielsetzungen werden nicht von außen an die Kinder herangetragen, sondern auf der Grundlage gemeinsamer Erfahrungen mit den Kindern entwickelt. Wenn sich Kinder an der Planung des pädagogischen Geschehens beteiligen dürfen, dann gleicht das Verhältnis zwischen Erwachsenen und Kindern nicht mehr einem klassischen Lehr-/Lernverhältnis. Es wird vielmehr zu einem von Erzieher/innen und Kindern gemeinsam getragenen Erfahrungs- und Kommunikationsprozess, in dem auch die Erwachsenen zu Lernenden werden können. (Zimmer, Preissing, Thiel, Heck & Krappmann, 1997)

Ganzheitliches Leben und Lernen nach dem Situationsansatz im Kindergarten bedeutet, den Kindern die Möglichkeit zu geben, verloren gegangene oder neu zu entdeckende Sinnzusammenhänge zu erfahren. Dazu brauchen sie Zeit, „anregungsreiche Realsituationen" und die Akzeptanz der Erwachsenen. Lernen im Kindergarten soll sich auf die Erfahrungen, Erlebnisse und Herausforderungen, die sich den Kindern in der Gegenwart und in der Zukunft stellen, beziehen. Prozesse des forschenden, experimentierenden und entdeckenden Lernens sollen durch eine Erweiterung des Blickwinkels und durch vertiefende Recherchen mit Unterstützung der Erzieherin gefördert werden. (Colberg-Schrader, 1991; Krenz, 1991; Zimmer 1998)

Spielen und Lernen sind in der Vorschulpädagogik untrennbar miteinander verbundene Begriffe. Die Arbeit nach dem Situationsansatz bringt eine Aufwertung des Spiels mit sich, da Kinder in selbst gewählten Spielhandlungen alle jene Fähigkeiten lernen, die sie zur Problemverarbeitung brauchen. Im Spiel werden Handlungsstrategien entwickelt, die Kinder in ihrer Selbstständigkeit unterstützen.

Die Rolle der Kindergartenpädagogin

Nach Krenz (1991) ist der situationsorientierte Ansatz in der sozialpädagogischen Praxis keine pädagogische Technik oder didaktische Methode, sondern „gleicht einer Haltung, einer persönlichkeitsbedingten Sichtweise von ‚ganzheitlicher Pädagogik' unter besonderer Berücksichtigung der

- Wertschätzung von Kindern,
- Achtung der Rechte jedes einzelnen Kindes,
- Nichtausgrenzung von aktuellen Situationen,
- Bedeutung jedes einzelnen Tages und
- Arbeit an eigener Identität und Professionalität". (S. 80)

Wesentlich für den Situationsansatz ist ein verändertes Rollenverständnis der Kindergartenpädagogin: An die Stelle des Anbietens und Organisierens von Beschäftigungsaktivitäten tritt die Beobachtung und Begleitung der Kinder in einer prozessorientierten Arbeit. Die Kindergartenpädagogin bezieht einen zurückhaltenden Standpunkt und lässt den Kindern viel Freiraum für eigene Aktivitäten. Sie ist Anregerin, Entwicklungsbegleiterin, Forscherin, Moderatorin und Mitlernende. Die situationsorientierte Arbeit im Kindergarten verlangt von der Kindergartenpädagogin Risikobereitschaft für Veränderungen, Neugierde und Motivation sowie eine intensive Auseinandersetzung mit den Zielen dieses Ansatzes. (Krenz, 1991)

Die situationsorientierte Arbeit trägt zur Öffnung des Kindergartens nach innen und nach außen bei: Kinder dürfen mitentscheiden, Eltern, Großeltern und Nachbar/innen sind im Kindergarten willkommen, der Kindergarten wird zu einem offenen Lernfeld für Eltern und Kinder und im besten Fall zum Mittelpunkt und Kommunikationszentrum der Gemeinde oder des Stadtteils. In diesem Zusammenhang wird auch eine aktive Öffentlichkeitsarbeit des Kindergartens angestrebt, um die Abschottung des Kindergartens gegenüber der gesellschaftlichen Wirklichkeit zu überwinden.

Im Rahmen der situationsorientierten Arbeitsweise werden die Eltern nicht bloß als Konsument/innen sozialer Dienstleistungen oder als zu belehrende Laien betrachtet. Vielmehr wird die aktive Mitwirkung der Eltern am Kindergartenleben angeregt. Die Eltern werden neben den regelmäßigen Elternabenden durch zahlreiche andere Aktivitäten in die Kindergartenarbeit eingebunden, wie etwa durch gemeinsame Feste und Ausflüge, Fortbildungsnachmittage, Hausbesuche, Elterngespräche sowie Mitarbeit im Kindergarten. Durch eine lebendige und aktive Mitarbeit der Eltern und anderer Erwachsener bietet der Kindergarten zunehmend Entwicklungsmöglichkeiten für alle Beteiligten im Sinne eines generationsübergreifenden Lernens. (Colberg-Schrader, 1991)

5 Das pädagogische Konzept des Anna-Freud-Kindergartens in Wien

Der Anna-Freud-Kindergarten in Wien wurde 1981 als psychoanalytisch orientierter Modellkindergarten gegründet. In diesem Modell soll eine fruchtbare Kooperation zwischen Pädagogik und Psychoanalyse realisiert werden, indem psychoanalytische Erfahrungen und Erkenntnisse in die Erziehungsarbeit mit einbezogen werden.

Das Team des Anna-Freud-Kindergartens setzt sich aus den Kindergartenpädagog/innen und den Helferinnen, aus der Leiterin, einer Kinderpsychologin, einer Sozialarbeiterin und einem psychoanalytischen Berater zusammen. Einmal wöchentlich gibt es Teambesprechungen, die auch der Forschung dienen. Weiters sind „Hausstunden" zur Aufarbeitung von Beobachtungen sowie „Intervisionen" zur Arbeit an der Teamentwicklung vorgesehen.

Ein wesentlicher Schwerpunkt der pädagogischen Arbeit im Anna-Freud-Kindergarten liegt in der Unterstützung der sozioemotionalen Entwicklung der Kinder. Unter Einbeziehung psychoanalytischer Erkenntnisse sollen vor allem die Selbst-, Sozial- und Sachkompetenz der Kinder gefördert werden. Prägend für die Erziehungsarbeit im Anna-Freud-Kindergarten sind die psychoanalytischen Grundbegriffe der Übertragung, Gegenübertragung und Bewusstmachung (vgl. Teil 1, Kapitel 3.2). Bewusstmachung meint das Aussprechen und Transparent-Machen von scheinbar selbstverständlichen Erfahrungsinhalten und Interaktionsprozessen.

Der regelmäßige Kontakt mit den Eltern nimmt viel Raum in der täglichen Arbeit ein. Diese sollen die Kindergartenkultur in Ruhe kennen lernen und mit ihren Sorgen im Kindergarten angenommen werden. Zur Vertiefung des Kontaktes mit den Eltern dienen Elterngespräche und Elternabende.

Neben der pädagogischen Arbeit in der täglichen Praxis zählt die psychoanalytisch-sozialwissenschaftlich-frühpädagogische Begleitforschung zu den Tätigkeitsschwerpunkten im Anna-Freud-Kindergarten. Bevorzugte Forschungsinstrumente sind hierbei die Verhaltensbeobachtung im Sinne einer Aktionsforschung, das so genannte Blitzlicht sowie Soziogramme:

- Die Aktionsforschung zeichnet sich durch die Teilnahme des Beobachters am untersuchten Prozess aus.
- Beim Blitzlicht werden ausgewählte Spielsituationen von den Kindergartenpädagog/innen aufgezeichnet und hinsichtlich ihrer spezifischen Sozialformen analysiert.
- Die Soziogramme werden von den Kindern selbst erstellt und in der Gruppe besprochen. (Pazmann, 1991)

Die Erkenntnisse aus den verschiedenen Forschungssituationen im Anna-Freud-Kindergarten werden nach eingehender Bearbeitung durch das Team in Seminaren und Veröffentlichungen an Interessierte weitergegeben.

6 Theoretische Positionen zur Kindergartenpädagogik und -didaktik

6.1 Kindzentrierte Kindergartenarbeit nach Sigurd Hebenstreit

In jüngster Zeit erfolgte durch Sigurd Hebenstreit (1994, 1995, 1996) eine „Rehabilitation" des Erziehungsbegriffes:

Nach Hebenstreit ist Erziehung Dienst am Kind: Der Erwachsene stellt dabei sich selbst als Person zur Verfügung und gibt dem Kind Entwicklungsanregungen. Erziehung bedeutet mehr als Begleitung und Beratung, sie erfordert Identifikation mit der noch werdenden Persönlichkeit des Kindes. Hebenstreit hält Erziehung für die existenziell notwendige Hilfe von Erwachsenen, um Kinder bei der Entwicklung ihres Selbstbewusstseins zu unterstützen und ihnen Selbstfindung durch Reflexion und Bewusstwerdung zu ermöglichen. Durch die Planung des Erziehungsprozesses sollen Zufälligkeit, Willkür und Erwachsenenzentrismus verhindert werden.

Die Rolle der Erzieherin

Im Zentrum des Kindergartengeschehens steht die Beziehung zwischen Erzieher/innen und Kindern. Neben der direkten Gestaltung dieser Beziehung zählt die indirekte Strukturierung des Geschehens im Kindergarten zu den Haupttätigkeiten der Erzieher/innen. Dazu gehört die Bereitstellung eines entwicklungsfördernden Rahmens durch die überlegte Raumgestaltung, die Materialauswahl, die zeitliche Strukturierung und das Einführen von Regeln, die die Möglichkeiten und Grenzen kindlicher Aktivitäten bestimmen.

Noch wichtiger ist jedoch das „Anbieten der Person der Erzieherin, um Kindern Trost, Freude, Perspektive, Sinnhaftigkeit, Modell, Widerstand etc. zu vermitteln, damit das Kind zu sich selbst kommen kann." (Hebenstreit, 1994, S.101)

Das Bild vom Kind und das Verständnis von Kindheit

Jede Erzieherin entwickelt ein Bild von jedem einzelnen Kind, um seine Äußerungen verstehen und ihm Hilfen für die Entfaltung seines Selbstbewusstseins anbieten zu können. Dieses Bild muss ständig dahingehend überprüft werden, inwieweit es dem Kind gerecht wird oder durch eigene Voreingenommenheiten verzerrt ist.

Aus der Perspektive des Kindes dient die Kindergartenerziehung der Befriedigung seiner Entwicklungsbedürfnisse. Hebenstreit sieht das Kind als einen Menschen, der sich nur in enger Beziehung zu seiner natürlichen, personalen und sachlichen Umwelt entfalten kann. Dies gelingt dann am besten, wenn die Umwelt den Aktivitätsstrukturen des Kindes durch kontingente Angebote entgegenkommt.

Hebenstreits Kindergartenkonzeption geht von einem Bild des Kindes aus, das die qualitative Unterschiedlichkeit der emotionalen und kognitiven Strukturen von Kind und Erwachsenem betont. Hebenstreit tritt für Kindheit als eine Phase der „Asynchronisation" ein. Damit meint er, dass pädagogisches Handeln den Zivilisationsdruck von Kindern fernhalten sollte. Kinder brauchen Möglichkeiten für vielfältige Erfahrungen auf der jeweiligen Stufe ihrer Entwicklung, wobei die Intensität wichtiger ist als die Quantität. Pädagogik hat die Kindlichkeit der Kinder im Schutzraum der Kindheit zu ermöglichen, nicht die verfrühte Anpassung an das Erwachsenenverhalten.

6.2

Der lebensbezogene Ansatz nach Norbert Huppertz

Norbert Huppertz (1992) ist der Meinung, dass eine stark veränderte Zeit neue Bildungs- und Erziehungsziele braucht, die bei der Bewältigung der Gegenwart und der Zukunft helfen. Bei der Auswahl von Bildungs- und Erziehungszielen sollte sich die Pädagogin ihrer großen Verantwortung bewusst sein, denn vor allem die Erziehung kann zur Erneuerung der Gesellschaft beitragen.

Der lebensbezogene Ansatz der Kindergartendidaktik ist kindorientiert und zukunftsbezogen. An oberster Stelle steht das Prinzip vom Leben und Erleben: Das Kind muss in seinem ganzen Sein und mit allem, was es bewegt, berücksichtigt und respektiert werden. Allerdings bedarf es auch der Bildungsthemen und Erlebnisinhalte, die von den Erzieher/innen mit den Kindern gemeinsam geplant werden. Der lebensbezogene Ansatz arbeitet mit Bildungs- und Erziehungszielen, die sich auf das zukünftige Leben der Kinder beziehen. Dabei gelten Tradition und Innovation als wichtige Gesichtspunkte.

Das Verständnis von Erziehung

Huppertz fordert eine kindgerechte Erziehung durch pädagogisch-partnerschaftliche Begleitung. Begleiten bedeutet dabei, dem Kind zwar einerseits die Richtung zu überlassen, es andererseits aber auch zu führen, ohne es zu sehr zu lenken.

Er meint, dass sich die Kindheit in den letzten Jahrzehnten verändert hat und dass der Erziehungsstil argumentativer, demokratischer und kindorientierter geworden ist. Das wichtigste Prinzip eines solchen partnerschaftlichen Erziehungsstils ist jenes der Reversibilität, also der Umkehrbarkeit: Partnerschaft mit Kindern heißt Ebenbürtigkeit und Zusammenarbeit sowie Förderung von Unabhängigkeit und Sicherheit. Macht und Stärke des Erwachsenen sollten nur bei absoluter Notwendigkeit eingesetzt werden.

Pädagogisch verantwortliches Handeln ist für Huppertz nur dann möglich, wenn sich die Erzieherin eine realistische Vorstellung vom Kind erarbeitet hat. Wichtig ist, dass dieses Bild dem einzelnen Kind in seiner Subjektivität und Individualität entspricht.

Ein Grundbedürfnis des Menschen ist es, die Sinnhaftigkeit des Lebens zu erfahren. Dies steht in engem Zusammenhang mit der Entwicklung der Persönlichkeit und der Entfaltung des Selbstwertgefühls. Nach Huppertz liegt die Aufgabe der Pädagog/innen darin, sinnstiftende Bildungsthemen und Erlebnisinhalte sowie sinnstiftende Formen des Zusammenlebens im Kindergarten aufzugreifen. Kinder erleben ihr Dasein als sinnvoll, wenn sie sich anerkannt, geachtet und angenommen fühlen.

Kinder wollen und sollen in der Gegenwart glücklich sein. Gleichzeitig müssen ihnen aber Kenntnisse und Fähigkeiten vermittelt werden, die für die Zukunft relevant sind. Für Huppertz sind jene Themen, Inhalte und Erlebnisse bildend, die zur kompetenten Lebensbewältigung in naher und ferner Zukunft beitragen. Zu den Entscheidungskriterien zählen weiters die ethische Vertretbarkeit der Bildungsinhalte, regionale Traditionen, jahreszeitliche Bezüge sowie weltanschauliche Positionen des Kindergartenerhalters.

6.3

Spezielle Aspekte der Erziehungs- und Bildungsarbeit

Die aktuelle Fachliteratur enthält eine Fülle von interessanten Anregungen für die Erziehungsarbeit. Im Folgenden werden einige beachtenswerte Aspekte aufgegriffen.

Kinder als selbstbestimmte Persönlichkeiten

Die Veröffentlichungen der letzten Jahre zum Thema Kindheit zeigen deutlich, dass der Blick der Forschung stärker auf die Selbstkompetenzen von Kindern gerichtet wird und dass die Aufmerksamkeit für die Lebensbewältigungen von Kindern gewachsen ist. Kinder werden als Träger/innen der Erwachsenenkultur, aber auch als Erfinder/innen eigener Kultur anerkannt.

Kazemi-Veisari (1995) geht davon aus, dass Kinder zu jedem Zeitpunkt ihres Lebens über individuelle Ansprüche, Anschauungen, Erfahrungen und Interessen verfügen, die respektiert werden müssen. Es geht in der Erziehung nicht um die Frage, welche Ziele erreicht werden sollen, sondern darum, was das Kind selbst lernen will. Erwachsene sollten darauf verzichten, über die Interessen, Bedürfnisse und Lernmöglichkeiten von Kindern zu bestimmen und ihnen dadurch die Verantwortung für ihr Leben abzusprechen. Stattdessen sollten sie Kindern bei der Lebensbewältigung verlässlich zur Seite stehen und zu erfahren versuchen, was Kinder für die Kräftigung ihrer Fähigkeiten und die Entfaltung ihrer gestalterischen Kräfte, ihrer Ausdrucksfähigkeiten und ihrer Neugier benötigen.

Ausgehend von Korczaks Forderung nach dem Recht des Kindes auf den „heutigen Tag" sollten Kindern vermehrt Spielräume für eigene Entscheidungen eingeräumt und Chancen zur Realisierung ihrer aktuellen Spielwünsche und Gestaltungsideen geboten werden. (Schlicht, 1996)

Eltern und Erzieher/innen haben zwar das Bedürfnis, Kinder zu beschützen und sie vor Fehlern zu bewahren, Kinder dagegen verlangen nach Freiräumen, die nicht ständig der Kontrolle durch Erwachsene unterliegen. In unserer erwachsenenorientierten Welt muss deshalb der Kindergarten ein Ort sein, an dem Kinder ihr Leben kindgerecht und selbstbestimmt gestalten können. (Vgl. Völkel, 1996)

Stambak (1996) fordert dazu auf, die pädagogische Praxis an die Lernprozesse der Kinder und an ihre Art, Entdeckungen zu machen und Wissen aufzubauen, anzupassen. Dadurch werden Erziehungsumwelten verbessert. Das pädagogische Konzept muss die Eigentätigkeit des Kindes berücksichtigen. Um Kinder ernst zu nehmen, müssen sich Erzieher/innen in deren Welt einfühlen, sie als eigenständige Personen anerkennen und ihnen das Recht zusprechen, ihren Standpunkt auszudrücken und Fragen zu stellen. Kinder entwickeln sehr viel Eigeninitiative und möchten selbst Antworten auf ihre Fragen finden. Dies wird durch Interaktion und Kommunikation mit Erwachsenen, aber auch mit Gleichaltrigen im kooperativen Spiel gefördert.

Prott (1989) geht davon aus, dass Kinder im Kindergartenalter bereits über einen enormen Schatz an Erfahrungen, Wissen und Fähigkeiten verfügen, die sie sich in ihrem bisherigen Leben angeeignet haben. Sie sind zu eigenverantwortlichem und kooperativem Handeln fähig.

Wenn der Alltag der Kinder so gestaltet ist, dass sie ihren Interessen nachgehen können, erwerben sie Selbstständigkeit, Wissen und Verständnis, Handlungskompetenz, Konzentrationsfähigkeit, Freude am Lernen und Individualität. Dazu müssen vielfältige und verschiedene Erfahrungsmöglichkeiten gleichzeitig vorhanden und nutzbar sein, denn Kinder haben unterschiedliche Interessen. Im Kindergarten sollte das Prinzip des gegenseitigen Lernens herrschen: Erwachsene sollten auch selbst neugierig sein und sich die Welt von den Kindern zeigen lassen. Kindergartenpädagogik sollte auf Angebote zum Nachmachen verzichten und den Kindern ermöglichen, im eigenen Rhythmus selbst zu handeln und Erfahrungen zu machen. (Prott, 1989)

Kinder ernst zu nehmen und zu respektieren setzt deren Achtung und Anerkennung voraus. An diesen Erziehungsprinzipien des gleichberechtigten Dialogs mit Kindern, die auf Janusz Korczak zurückgehen, orientiert sich Braun (1996) in ihrem Kindergartenkonzept: Jedes Kind wird als einmalig betrachtet und hat eigene Rechte. Achtung in der Begegnung mit dem Kind zu haben bedeutet, seine Fragen ernst zu nehmen, seine Sorgen und Nöte zu sehen sowie sein Eigentum zu achten.

Im Kindergarten sollten sowohl das Streben der Kinder nach Unabhängigkeit als auch ihr Bedürfnis nach Zugehörigkeit Beachtung finden. Bedürfnisorientierung meint aber auch, dass Erwachsene Sicherheit geben und liebevoll präsent sind.

Kinder als Expert/innen

Für viele Erwachsene stellt die wissenschaftliche Erkenntnis, dass bereits sehr junge Kinder ihre eigene Entwicklung kompetent vorantreiben, einen Widerspruch zu ihrem bisherigen Bild vom Kind als unvollständigem Menschen dar. Durch dieses neue Bild vom Kind wird die Bedeutung von Erwachsenen Kindern gegenüber relativiert: Für Steenken (1995) ist es ein Unterschied, „ob das Kind in einem Erziehungskonzept den Platz eines Objektes hat ... oder ob es als Subjekt seiner Entwicklung gesehen und in seinem Erkenntnisinteresse und seiner Gestaltungslust unterstützt wird. Das Kind als Subjekt oder genauer als ‚Regisseur' seiner Entwicklung zu erkennen und anzuerkennen stellt die Erziehung nicht vor kleinere, sondern vor größere Aufgaben." (S. 40)

Mit einer solchen Sichtweise von Kindern als Expert/innen ändert sich auch die Rolle der Erzieher/innen: Pädagog/innen werden zu Assistent/innen der Kinder. Sie verändern Kinder nicht, sondern begleiten und ermutigen sie und gewähren ihnen Raum und Zeit, Neues auszuprobieren, an Grenzen zu stoßen und daran zu wachsen. Statt vorgefertigte Lösungen anzubieten, versuchen sie, die individuellen Möglichkeiten der Kinder zu erfassen und diese entsprechend zu unterstützen. Je besser sie die Kinder kennen, umso mehr können sie sie gewähren lassen, Hilfestellung geben und gegebenenfalls eingreifen. Das Beobachten von Kindern stellt dabei die Grundlage der erzieherischen Tätigkeit dar.

Steenken (1995) weist darauf hin, dass der gesellschaftliche Bedarf an Kreativität wächst, um die aktuellen Probleme der Ökologie und der Friedenssicherung zu lösen. Aus diesem Grund sind Kinder als selbsttätige, unternehmungslustige und einfallsreiche Persönlichkeiten gefragt.

Entpädagogisierung der Kindergartenerziehung

Ehrhardt (1983) geht davon aus, dass die „Absonderung von Kindern" – sei es in Institutionen, sei es in anderen Kindergettos – einen Höhepunkt erreicht hat. Sie führt diese Entwicklung darauf zurück, dass Kinder in der Welt der Erwachsenen als störend empfunden werden und dass die Lebensbedingungen vieler Familien eine Unterbringung der Kinder in Institutionen notwendig machen.

Die Aufgabe von Kinderbetreuungseinrichtungen sieht Ehrhardt darin, Kinder an der Realität des Erwachsenenlebens teilhaben zu lassen und ihnen sinnvolle Aktivitäten mit Ernstcharakter zu ermöglichen. An die Stelle von totaler Institution, Organisation und Vorstrukturierung setzt sie die Beteiligung der Kinder am alltäglichen Leben. Ehrhardt plädiert für eine Entpädagogisierung der Kleinkinderziehung: Kinderinstitutionen sind nicht nur als Orte pädagogischer Lernprozesse, sondern als Lebensorte für Kinder zu sehen.

Die Rolle der Erzieherin beschränkt sich bei Ehrhardt (1983) nicht auf jene der Initiatorin pädagogisch sinnvoller Lernprozesse, sondern umfasst auch das Mithandeln im Alltagsleben der Kinder. In Institutionen für Kinder sollen und müssen zwar bestimmte Lernprozesse stattfinden und gefördert werden, die etwa die kognitive Entwicklung der Kinder betreffen; im Spiel sollen Kinder aber auch die Möglichkeit haben, Erfahrungen mit der Erwachsenenwelt aufzuarbeiten. Erzieher/innen sollten Beschäftigungen, die die Kinder von sich aus beginnen, zulassen und ihnen mehr Raum geben, ohne diese Aktivitäten ständig nach ihrem pädagogischen Wert zu beurteilen. Ehrhardt ruft dazu auf, Kindern zu vertrauen, dass sie lernen, was sie lernen wollen, also was sie bewegt und interessiert – vorausgesetzt, sie erhalten dafür den entsprechenden Raum.

Die Erzieherin als Persönlichkeit

Die Bereitschaft zu Supervision und Selbsterfahrung zählt zu den wesentlichsten Anforderungen an die Erzieherin. Rogge (1993, 1994) lehnt allerdings den Anspruch der „perfekten" Erziehung ab. Statt Perfektionismus fordert er den Mut zur Unvollkommenheit und mehr Gelassenheit.

Er appelliert an die Mündigkeit und das Selbstwertgefühl der Pädagog/innen sowie an ihr Vertrauen in die eigenen Fähigkeiten. Es ist wichtig, dass die Erzieherin sich selbst mit all ihren Vorzügen und Unvollkommenheiten annehmen kann. Nur dann ist sie bereit, auch die Persönlichkeit der Kinder zu akzeptieren und zu unterstützen.

Kinder anzunehmen, ihnen zuzuhören und sie einfühlsam zu verstehen bedeutet für Rogge nicht, all ihren Launen und Forderungen nachzugeben, sondern heißt auch, ihnen Grenzen zu setzen: Kinder suchen nach klaren Leitfiguren, an denen sie sich orientieren können. Sie müssen Festigkeit und Konsequenz fühlen können, sie aber nicht „erleiden". Konsequenz im pädagogischen Handeln ist daher nicht mit Härte, Strenge und Grobheit gleichzusetzen. Vielmehr bezeichnet Rogge humane, auf gegenseitigen Respekt abzielende Erziehungsbedingungen als oberstes Erziehungsziel.

Pädagogische Arbeit geht nach Rogge mit psychischem und physischem Stress einher. Immer wieder stößt die Erzieherin an Grenzen, erlebt Gefühle der Ohnmacht und Beschränkung. Im Umgang mit solchen Stresssituationen sind die Einsicht in die eigenen Grenzen und die Kraft, selbstbewusst zu diesen Grenzen zu stehen, unverzichtbar. Wenn die Erzieherin sich selbst und auch anderen Fehler zugesteht, wird das erzieherische Handeln entkrampft, Stress abgebaut und die Beziehungen werden konstruktiver.

Neubetonung des Bildungsauftrages

Der Anspruch der Bildungsqualität des Kindergartens ist heute eine große Herausforderung für die Pädagogik und Politik der Kinderbetreuung. Der Stellenwert, den das Lernen und die kindliche Kompetenzentwicklung in der pädagogischen Arbeit des Kindergartens einnehmen, ist neu zu bestimmen. Es geht darum, welche Erfahrungen der Kindergarten den Kindern – unter den spezifischen Bedingungen des sozioökonomischen und kulturellen Wandels – bieten kann, damit sie Handlungsmotive bilden, sich in ihrer Identität erleben, Lebensperspektiven entwickeln und als soziale Akteure handeln können. (Colberg-Schrader & Honig, 1996)

Als Vertreter/innen dieser Neubetonung des Kindergartens als Bildungs- und Qualifizierungsinstanz gelten Elschenbroich (1996) und Krappmann (1995).

Elschenbroich, eine Mitarbeiterin des Deutschen Jugendinstituts, plädiert dafür, die ersten sieben Lebensjahre verstärkt durch Bildungsangebote von hoher Qualität aufzuwerten. Sie meint, dass seit den Achtzigerjahren – zumindest in deutschen Kindergärten – der Betreuungsbedarf vor dem Bildungsanspruch steht und dass der Wunsch der Mütter nach Vereinbarkeit von Beruf und Familie zu stark in den Vordergrund gerückt wird.

Es geht aber auch darum, Kinder auf die kompetente Lebensbewältigung vorzubereiten. Die Kindergartenerziehung muss mehr Strukturen anbieten, um ein Gegengewicht zur Familienerziehung und zur kommerziellen Kinderkultur – wie etwa dem Medienkonsum – herzustellen. Nach Elschenbroich wird derzeit die Förderung der Kinder im Kindergarten zu wenig betont. Energie und Initiative von Kindern müssen aber ebenso aufgebaut werden wie ihre Konzentrationsfähigkeit und Leistungsbereitschaft. Damit plädiert Elschenbroich für eine Rehabilitierung des Übens, der Förderung der Anstrengungsbereitschaft und des Durchhaltens sowie des Gedächtnistrainings.

IV Resümee

Die Theorien und Gedanken der großen Pädagog/innen der letzten Jahrhunderte und ihre Konzepte von Kindheit fließen in unsere heutige Sichtweise des Kindes und der Ziele von Erziehung und Bildung ein. Diese pädagogische Vorarbeit muss für die eigene pädagogische Orientierung mit berücksichtigt werden.

Die politischen und gesellschaftlichen Bedingungen, die das Leben von Kindern und Familien im 18. und 19. Jahrhundert bis weit ins 20. Jahrhundert geprägt haben, sind von den heute herrschenden völlig verschieden. Eine „Pädagogik vom Kinde aus", die auf die Gedanken Rousseaus zurückgeht, konnte sich daher in der Praxis nur selten durchsetzen. Man denke nur an die so genannte Schwarze Pädagogik, deren Ziel es war, den Willen von Kindern zu brechen und ihren Gehorsam zu erzwingen. Ein Großteil der pädagogischen Schriften, in denen solch eine menschenverachtende Art des Umgehens mit Kindern vertreten wird, stammt aus dem Zeitalter der Aufklärung und des Philanthropismus.

Kinder haben heute mit Sicherheit mehr Rechte als in früheren Jahrhunderten. Über das Ziel, Kinder zu Selbstbestimmung und Mündigkeit zu führen, herrscht heute allgemeiner gesellschaftlicher Konsens. Die internationale Verankerung der Rechte des Kindes – nicht zuletzt ein Ergebnis der pädagogischen Vorarbeit, die nach und nach in die Gesetzgebung einfloss – erfolgte dennoch erst 1989. Die Charta soll eine fortwährende Auseinandersetzung mit den Bedürfnissen und Ansprüchen von Kindern bewirken.

Neben Rousseau vertreten auch Pestalozzi, Key, Montessori und Korczak eine Pädagogik, die das Kind in den Mittelpunkt stellt. Das Kind wird als gleichberechtigt und gleichwertig angesehen, als individuelle Persönlichkeit mit dem Anspruch auf Achtung und Würde sowie dem Recht auf Selbstbestimmung. Erziehung wird mit den Worten Rousseaus als „begleitendes Wachsenlassen" definiert: Das Kind entwickelt sich nach einem inneren Bauplan aus sich selbst heraus, wobei nach Fröbel jede Entwicklungsstufe bedeutsam ist. Bei diesem Prozess, der von selbst stattfindet, sollte das Kind von einer abwartenden und beschützenden Erzieherin begleitet werden. Die Erzieherin benötigt Geduld und Beobachtungsgabe und ist für eine optimale Gestaltung der Umgebung verantwortlich.

Dieses Bild vom Kind findet sich auch bei den Vertreter/innen der antiautoritären Erziehung, die die Gleichheit und Partnerschaftlichkeit von Kindern und Erwachsenen sowie den Anspruch auf Selbstverwirklichung und Selbstentfaltung in den Vordergrund stellen. Die Antipädagog/innen gehen in ihrer Theorie sogar so weit, dem Kind absolute Selbstverantwortung und Autonomie von Geburt an zuzusprechen. Sie lehnen allerdings jede Art von Erziehung ab.

Im Gegensatz zu einer Sichtweise, die die Würde und Gleichberechtigung des Kindes sowie seine Kompetenzen betont und das Kind von Geburt an als „fertigen Menschen" anerkennt, steht die Theorie von Locke: Er sieht im Kind ein ungeformtes Geschöpf, das mit Hilfe bestimmter Mittel und Methoden der Erziehung zu einem zivilisierten Erwachsenen gemacht werden muss. Diese Betrachtungsweise von Erziehung als „herstellendem Machen" findet sich bei den lernpsychologischen Konzepten in der zweiten Hälfte unseres Jahrhunderts wieder. Ähnliches gilt für die Postulate der kognitiven Frühförderung: Ihre Vertreter/innen meinen, dass alle Kinder durch entsprechende Förderung begabter und intelligenter werden können.

Aktuelle innovative Konzepte für die Kleinkinderziehung berücksichtigen noch mehr als früher die Bedürfnisse von Kindern. Die Orientierung an kindlichen Interessen, Wünschen und Erfahrungen führt zu einer kindzentrierten Förderung der Gesamtpersönlichkeit des jeweiligen Kindes und unterstützt es bei der Entfaltung seiner Individualität. Dabei gilt es, optimale Bedingungen für jedes einzelne Kind zu schaffen. Auch der Eigenwert des kindlichen Spiels als wichtigste Form, sich mit der Umwelt auseinander zu setzen, wird heute besonders beachtet.

Erziehungskonzepte wie jene von Malaguzzi, dem Ehepaar Wild oder den Vertreter/innen der Kindergruppen betonen vor allem die Kompetenzen von Kindern. Kinder werden heute mehr denn je als Expert/innen und als Regisseure ihrer eigenen Entwicklung gesehen. Pädagog/innen werden zu Assistent/innen der Kinder, die sie begleiten und ermutigen und ihnen Raum für individuelle Aktivitäten und eigene Erfahrungen gewähren.

Ein Charakteristikum einiger neuerer pädagogischer Konzepte besteht darin, dass der Erziehung ein gesellschaftskritischer Auftrag zugeschrieben wird. Dies hat seine Anfänge bei der antiautoritären Erziehung und der Kinderladenbewegung der Sechzigerjahre, die stark politisch motiviert waren. Gesellschaftskritische Inhalte finden sich ebenso in der Antipädagogik wie in den Ideen der Reggio-Pädagogik.

Hand in Hand mit der Hinwendung zu sozial- und gesellschaftspolitischen Inhalten geht eine Veränderung der angestrebten Erziehungsziele: Ziele wie Kritikfähigkeit, Urteilsvermögen, die Fähigkeit zur offenen Konfliktaustragung und die Entwicklung eines kritischen Bewusstseins haben heute einen wesentlich höheren Stellenwert als noch vor wenigen Jahrzehnten. Auch das Streben nach Solidarität, Kooperation und sozialer Aufmerksamkeit der Kinder untereinander ist wesentlich für das Aufwachsen in einer konsumorientierten und multikulturellen Gesellschaft.

Auf Grund aktueller Lebensbedingungen und veränderter soziologischer Aspekte der Kindheit kommt einer lebensweltbezogenen Förderung von Kindern mehr Bedeutung zu denn je. Das Lernen muss an die individuelle Lebenssituation und die sozialen Erfahrungen der Kinder in Familie und Gesellschaft anknüpfen. Die Ermöglichung von authentischen und lebensrelevanten Umwelterfahrungen ist Inhalt des Situationsansatzes oder auch des entwicklungspsychologischen Bildungskonzeptes für die Kindergartenerziehung von Niederle.

Erziehungstheoretiker/innen von heute weisen aber auch auf neue Gefahren für Kinder hin, die eine Gesellschaft, die durch Schnelllebigkeit und mediale Einflüsse gekennzeichnet ist, mit sich bringt: Elkind kritisiert die Überforderung der Kinder durch zu hohe Ansprüche der Leistungsgesellschaft, und Postman beklagt das Verschwinden der Kindheit an sich, die nach seiner Meinung einen Schutzraum für Heranwachsende bildet.

Teil 2

V Kind und Umwelt in der neueren psychologischen Forschung

1 Das Kind als aktiver Gestalter seiner Entwicklung

Die jüngsten Erkenntnisse der kognitiven Entwicklungspsychologie, der Säuglingsforschung, der Wahrnehmungsforschung, der Motivationspsychologie, der Forschungsarbeiten zur Identitäts- und Kompetenzentwicklung und der Tiefenpsychologie haben das Bild vom Kind grundlegend verändert.

Allen diesen Forschungsrichtungen ist der Ansatz gemeinsam, die Entwicklung des Kindes nicht isoliert zu betrachten, sondern auch den historischen, kulturellen, gesellschaftlichen und sozialen Kontext der Kindheit mit einzubeziehen. Weiters wird vermehrt das Aufwachsen von Kindern in konkreten alltäglichen Lebenswelten erforscht.

In allen neuen Forschungsansätzen wird betont, dass die Eigenaktivität und die Individualität des Kindes die Grundlage für seine Auseinandersetzung mit der Umwelt darstellen. Die zentrale Aufgabe der pädagogischen Arbeit im Kindergarten ist es, diese Erkenntnis bestmöglich umzusetzen.

1.1 Assimilation und Akkomodation in der Entwicklungstheorie von Piaget

Schon die Forschungsarbeiten von Piaget (1948) haben entscheidend zum Bild des Kindes, das sich selbst entwickelt, beigetragen. Entwicklung ist nach Piaget ein Prozess strukturierenden Lernens, der durch die Auseinandersetzung mit ständig wechselnden Aufgaben in Gang gehalten wird: Bereits Kleinkinder gelangen durch eigene Handlungen und Aktivitäten zu einem Verständnis ihrer Umwelt. Schon im Säuglingsalter zeigen sie die ersten Intelligenzleistungen im sensomotorischen Handeln: Das Baby erblickt eine Rassel, greift danach, schüttelt sie, hört das Geräusch und rasselt weiter. In den weiteren Entwicklungsstadien lernt das Kind, Vorstellungen und Symbole in seinem Denken zu benutzen.

Piagets Interesse gilt den kindlichen Denkprozessen und ihren Veränderungen im Verlauf der geistigen Entwicklung, die er in vier Stadien beschreibt. Dabei geht es ihm vor allem darum zu erforschen, wie sich das kindliche Denken und die inneren Vorstellungen von der äußeren Realität im Laufe ihrer Entwicklung verändern.

Das Kind vollzieht seine Entwicklung zwar eigenständig, ist dabei aber nicht völlig frei, sondern passt sich auch an seine Umwelt an. Die Entwicklung ist durch das ständige Wechselspiel zweier elementarer Prozesse – nämlich der Assimilation und der Akkomodation – geprägt:

- Bei der Assimilation macht sich das Kind die Umwelt verfügbar, indem es Gegenstände umdeutet und damit an seine eigenen geistigen Strukturen, Wünsche und Bedürfnisse anpasst. Als Beispiel kann das Symbolspiel dienen, wenn etwa ein Kochtopf als Trommel verwendet wird.
- Bei der Akkomodation passt das Kind seine eigenen Fähigkeiten der Umwelt an. Es reagiert auf neue Aufgaben, die die Umwelt stellt, bzw. auf Wahrnehmungsinhalte, die auf Grund des bisherigen Wissens noch nicht einordenbar sind. Dies ist z. B. der Fall, wenn ein Kind lernt, mit Konstruktionsmaterial umzugehen.

Das kindliche Denken lässt sich als wechselseitiger Anpassungsprozess von Mensch und Umwelt beschreiben. Das Kind konstruiert seine Welt immer wieder neu, um einen Gleichgewichtszustand zwischen Individuum und Umwelt zu erreichen. Es entwickelt dabei immer neue Fähigkeiten und ist zunehmend in der Lage, auf kreative und angemessene Weise mit neuen Herausforderungen umzugehen.

Als Konsequenz der Entwicklungstheorie von Piaget sollten Erzieher/innen in der Bildungsarbeit Modelle des selbsttätigen Entdeckens bevorzugen, anstatt für die Kinder zu denken und zu handeln.

1.2 Das Kind als geborener Experte in der modernen Säuglingsforschung

Auch die moderne Säuglingsforschung hat durch neue Forschungsmethoden das Bild vom Kind, das sich aktiv seine Umwelt aneignet, erweitert: Bereits das Neugeborene bemüht sich aktiv, mit allen seinen Sinnen – auch wenn diese teilweise noch nicht voll entwickelt sind – Erfahrungen über die Umwelt zu sammeln. Dadurch werden die Sinne weiter entwickelt und differenziert. Babyforscher/innen beschreiben heute den Säugling als kompetent und als geborenen Experten: ein aktives Kind, das verblüffende Fähigkeiten, wache Sinne und ausgeprägte Vorlieben besitzt. Die meisten Experimente der Säuglingsforscher/innen gehen von der Fähigkeit des Säuglings aus, seine Aufmerksamkeit selbst zu steuern. Das Baby entfaltet von sich aus Aktivität, organisiert seine Erfahrungen und wirkt als interaktives Wesen auf die Umwelt ein. (Vgl. Dornes, 1993)

Spätestens ab dem Zeitpunkt der Geburt ist das Baby zu einer interessierten Kommunikation mit seinen Bezugspersonen fähig. Es hat nicht nur das Bedürfnis nach sozialen Kontakten – auf die es ja zum Überleben angewiesen ist –, sondern es kann diese durch seine angeborene Verhaltensausstattung auch kompetent anknüpfen, aufrechterhalten und beenden. Dazu setzt es körperliche Gesten und Signale sowie Vorläuferformen der Sprache ein. Ein Säugling besitzt bereits ein Grundverständnis von der Welt. Dieses Wissen wird unablässig erweitert, indem das Kind Hypothesen über seine Umgebung bildet und diese mit der Realität vergleicht. Wenn seine Erwartungen erfüllt werden, freut es sich sichtbar.

All diese Erkenntnisse bedeuten letztendlich eine Revolution: Neugeborene werden heute nicht mehr als bloße Reflexbündel betrachtet, die auf den Schutz vor Reizen und Eindrücken, die sie vermeintlich noch nicht verarbeiten können, angewiesen sind.

In der modernen Säuglingsforschung werden die Kompetenzen des Säuglings betont. Er ist im Stande, seine Entwicklung aktiv voranzutreiben.

1.3

Die Bedeutung der Eigenaktivität in der kindlichen Wahrnehmung

Auch die Ergebnisse der Wahrnehmungsforschung unterstreichen die Eigenaktivität des Kindes bei seiner Auseinandersetzung mit der Umwelt (Kaufmann-Hayoz, 1989):

Die menschlichen Sinne funktionieren nicht getrennt voneinander, sondern liefern Informationen, die sich gegenseitig ergänzen und miteinander verknüpft werden. Verschiedene Wahrnehmungsvorgänge, wie etwa die optische, auditive und taktile Wahrnehmung, beeinflussen einander bereits während des Wahrnehmungsprozesses. Der Grad der Aufmerksamkeit und die Auswahl des Wahrgenommenen werden auch vom emotionalen Bedeutungsgehalt bestimmt. Durch die Verknüpfung mit dem Denken und dem Gedächtnis eines Menschen wird Wahrnehmung zu einer subjektiven Konstruktion.

Wahrnehmen bedeutet bei Kleinkindern nicht das bloße „Hereinnehmen" eines äußeren Bildes der Realität, sondern das Erschaffen einer inneren Wirklichkeit. Je nach ihrem individuellen Erfahrungshintergrund messen Kinder den wahrgenommenen Objekten und Inhalten unterschiedliche Bedeutung zu. In der Kindergartenpraxis sollten die verschiedenen Sichtweisen und Erfahrungen der Kinder akzeptiert und als Bereicherung betrachtet werden.

1.4

Persönlichkeitsentwicklung aus tiefenpsychologischer Sicht

Auch das tiefenpsychologische Modell der Persönlichkeitsentwicklung weist auf eine dynamische Komponente bei der Auseinandersetzung mit der Umwelt hin. Das Erfassen der Wirklichkeit ist aus tiefenpsychologischer Sicht ein zweidimensionaler Prozess: Eine Dimension besteht in der möglichst sachlichen Erfassung der „objektiven" Wirklichkeit, die andere Dimension wird durch die subjektiv zugemessene Bedeutung bestimmt.

Durch unbewusste Erwartungen und Fantasien entsteht eine innere Wirklichkeit im Menschen, die subjektiv gefärbt und nicht direkt beobachtbar ist. Diese innere psychische Realität steuert vielfach das Handeln.

Die Welt von Kindern ist noch häufiger von subjektiven und magischen Interessen und Denkzentrierungen geprägt als die Welt von Erwachsenen. Durch die Diskrepanz zwischen der inneren und der äußeren Wirklichkeit kommt es immer wieder zu Konflikten zwischen dem Kind und seiner Lebensumwelt. Empathie und Verständnis der Erwachsenen für die innere Wirklichkeit des Kindes stellen daher auch im Kindergarten die Grundvoraussetzungen für eine befriedigende Kommunikation zwischen Kind und Umwelt dar.

1.5

Die Entwicklung des Selbst und des Selbstkonzepts

In der neueren psychologischen Forschung wird das „Selbst" als Kern der Persönlichkeit eines Menschen betrachtet. Es ist von Geburt an das zentrale Organisationsprinzip der Entwicklung.

Zunehmend wird die Bedeutung erkannt, die das Konzept des „Selbst" für ein umfassendes Verständnis der menschlichen Persönlichkeit hat. Das Gefühl der Identität beinhaltet z. B., dass das eigene Selbst als unterschiedlich von anderen Menschen erlebt wird: Andere Dinge werden als dem Selbst zugehörig oder als ihm fremd bewertet.

Nach Ryan (1993) stellt das Selbst das Zentrum der Organisation und Integration von innerer und äußerer Erfahrung dar: Einerseits erzeugt es sich selbst, andererseits ist es auf die Interaktion mit anderen Menschen bezogen.

Im Laufe der Kindheit steigern sich die Kompetenzen und Steuerungsleistungen des Selbst: Da das Selbst als Zentrum der Persönlichkeit ein „autopoietisches" (sich selbst erzeugendes) System ist, sind alle sensomotorischen, kognitiven und sozialen Erfahrungen, die ein Kind im Kindergarten macht, für seine Identitätsentwicklung – also für sein Selbst – wichtig.

Die frühe Wirksamkeit dieses Selbst zeigt sich in der Freude des Kindes am Effekt sowie im „Selbermachenwollen": Schon das Kleinkind hat ein spontanes Bedürfnis, Veränderungen in der Umwelt auszulösen, und empfindet dabei Freude. Im zweiten Lebensjahr erwirbt das Kind erste Vorstellungen über sich selbst und definiert sich als Gegenüber der sozialen Umwelt. Es entwickelt sein Selbstkonzept. Dieses beinhaltet alle Erkenntnisse und Emotionen, die ein Kind mit seiner eigenen Person verbindet. Ein zentraler Bestandteil des Selbstkonzepts ist es, dass das Kind sich selbst, aber auch andere als kompetent erlebt. Wenn die Umwelt hier versagt, baut das Kind ein unrealistisches, allmächtiges Selbstkonzept auf und seine Bezogenheit auf die Umwelt geht verloren.

Kinder formen ihr Selbstkonzept auf Grund von Beobachtungen ihrer eigenen Handlungen und der kausalen Schlüsse, die sie daraus ziehen. Zusätzlich wird das Selbstkonzept durch Vergleiche mit den Handlungen, Meinungen und Emotionen anderer Menschen beeinflusst.

Das Selbstkonzept ist eine dynamische Struktur: Es wird sowohl von innerpsychischen Prozessen – wie etwa Motivation, Affekt oder Informationsverarbeitung – als auch von Beziehungsaspekten – wie soziale Wahrnehmung oder soziale Entscheidungen – beeinflusst. Folgende Merkmale bzw. Funktionen werden dem Selbstkonzept zugeschrieben:

- Das Selbstkonzept ist dynamisch und aktiv sowie zu Veränderungen fähig.
- Es stimmt Verhaltensabläufe aufeinander ab und reguliert sie.
- Es organisiert und interpretiert Handlungen und Erfahrungen, die eine persönliche Bedeutung besitzen.
- Es beeinflusst das Verhalten eines Menschen in Form von Anreizen, Plänen und Regeln.
- Es reagiert auf Rückmeldungen und Anforderungen aus der Umwelt und passt sich an diese an.

Das Selbstwertgefühl einer Person entspricht der wertenden Einstellung gegenüber dem eigenen Selbst und entwickelt sich aus der Auseinandersetzung des Selbst mit der Umwelt. Die Wertvorstellungen der Umwelt drücken sich in bestimmten Erwartungen aus und fließen in das eigene Selbstwerterleben ein. (Waibel, 1994)

Im Kindergarten werden viele Kinder erstmals mit unterschiedlichen Wertvorstellungen konfrontiert. Diese müssen in einem dialogischen Prozess diskutiert werden. Von großer Bedeutung für die Persönlichkeitsentwicklung ist bereits bei Kleinkindern die Stärkung ihres Selbstwertgefühls als einer positiven Grundeinstellung zu sich selbst.

1.6 Motivation und Selbstwirksamkeit: Neue Ergebnisse der Motivationspsychologie

In der gegenwärtigen Motivationsforschung stehen Begriffe wie Autonomie, Selbstorganisation und Selbstregulierung des Menschen im Mittelpunkt. Die Erfahrung, dass man selbst Handlungen verursachen und Ziele erreichen kann, beeinflusst die Motivation entscheidend. (Vgl. Oerter & Montada, 1987; Oerter, 1995)

Das Handeln des Kindes entwickelt sich über die Erfahrung von Erfolg und Misserfolg in konkreten Situationen. Dabei werden bestimmte Zielvorstellungen und Erwartungen ausgebildet. Wenn das kindliche Handeln immer wieder von diesen Vorstellungen und Erwartungen bestimmt wird, spricht man von Motiven.

Die Hauptmotive menschlichen Handelns sind entweder selbstzentriert oder umweltzentriert: Bei selbstbezogenen Prozessen und Motivationen befindet sich das Selbst des Menschen im Zentrum der Aufmerksamkeit und ist der Zweck jeder Handlung. Umweltbezogene Aktivitäten hingegen sind auf die Umwelt hin ausgerichtet, das Selbst steht dabei im Hintergrund.

Zu den selbstzentrierten Motiven gehören unter anderem die Leistungsmotivation sowie das Bedürfnis nach Macht, Kompetenz und Autonomie. Umweltzentrierte Motive sind etwa das Bedürfnis nach sozialen Beziehungen sowie Neugierde und Interesse.

Motive sind nicht angeboren, sondern werden durch die aktive Auseinandersetzung mit der Umwelt im Laufe der Entwicklung erlernt. Motivation wird also als Ergebnis einer Wechselbeziehung zwischen einer Person und der entsprechenden Situation verstanden. Motivation führt dazu, dass ein bestimmtes Verhalten wegen der erwarteten Folgen gewählt wird, und steuert dieses Verhalten hinsichtlich Richtung, Quantität und Intensität. (Heckhausen, 1989)

Motivation wird auch als Spiralprozess beschrieben: Das Kind erwirbt in der Interaktion mit der Umwelt vorerst Einzelkapazitäten (z. B. das Greifen im Pinzettengriff), die sich dann zu so genannten Programmpaketen entwickeln. Diese befähigen das Kind dazu, sich eigenständig Ziele zu setzen und sein Handeln aktiv zu gestalten. Wichtig ist die Erkenntnis, dass das Kind dabei seine Entwicklung selbst vorantreibt, indem es ständig höhere Kompetenzen entwickelt, die wiederum von der Umwelt durch neue Anforderungen erwidert werden. (White, 1960)

Die Motivationspsychologie zeigt auf, dass Kinder bereits im frühesten Alter ein starkes Bedürfnis haben, konstruktiv und aktiv mit ihrer Umwelt zu interagieren. Neugierde, Freude an der Aktivität und die Ausbildung von Interessen motivieren von Anfang an das kindliche Verhalten.

Das Kind erkundet sein Umfeld mit Hilfe seiner Sinne und seiner Motorik. Es sucht aktiv die Objekte und Situationen seines Interesses auf, erforscht und verändert sie. Diese Form der Auseinandersetzung mit der Umwelt wirkt auf das Kind selbstbelohnend und wird als „Freude am Effekt“ bezeichnet. (White, 1959)

Noch im Laufe des ersten Lebensjahres tritt zur Freude am Effekt das Motiv der Selbstständigkeit in Form des „Selbermachenwollens“ hinzu. Das Kind möchte sich als Urheber eines Handlungseffektes erkennen. Ab dem dritten Lebensjahr verbinden Kinder die Ergebnisse ihrer Handlungen mit der eigenen Tüchtigkeit. Sie zeigen Freude und Stolz, wenn etwas gelungen ist, sowie Enttäuschung über Misserfolge.

Im Kindergarten kann die Entwicklung der Selbstorganisation und Autonomie des Kindes sowohl gefördert als auch gehemmt werden. Für eine positive Motivationsentwicklung sind folgende Faktoren wichtig: eine altersadäquate Förderung der Selbstständigkeit, ein vorbildhaftes und wohlwollendes Verhalten der Bezugspersonen, eine anregungsreiche, aber nicht überfordernde Umwelt sowie die Anerkennung der Individualität des Kindes.

1.7 Entwicklung von Selbst-, Sach- und Sozialkompetenz

Die psychologische Forschung kennt verschiedene Erklärungsansätze für die Ursachen menschlichen Verhaltens: Die Lernpsychologie geht z. B. davon aus, dass Lob und Verstärkung die Auftrittswahrscheinlichkeit bestimmter Verhaltensweisen beeinflussen. Für die Psychoanalyse hingegen sind Unlust und Lust verhaltensbestimmend.

Das Phänomen, dass Kinder beim Explorieren und Spielen ständig aktiv sind, hat dazu geführt, nach weiteren Ursachen für dieses Verhalten zu suchen. Die Erklärungen, dass die Handlungsmotivation ausschließlich auf Lob und Belohnung bzw. auf Lust und Unlust beruht, wurden als unzureichend betrachtet und führten zur Einführung des Begriffs der Kompetenz:

Kompetenz ist die Kapazität einer Person, mit den Ansprüchen und Möglichkeiten der Umwelt auf eine aktive und wirkungsvolle Weise umzugehen.

Kompetent zu sein, ist nach White (1959) ein Grundbedürfnis der Menschen, das befriedigt wird, wenn sie aktiv und unternehmungslustig sind und wenn sie zielgerichtet und beharrlich auf ihre Umwelt einwirken, um ein bestimmtes Ziel zu erreichen. Das Gefühl der Kompetenz hängt eng mit dem Erleben der Effektivität der eigenen Handlungen zusammen.

Kompetenz ist ein Persönlichkeitsmerkmal, das eng auf die Grundmotive der Neugier und Leistung bezogen ist, wie z. B. auf den Wunsch des Kindes, Probleme zu meistern und seine Fähigkeiten und Fertigkeiten zu verbessern (Effektivitätsmotivation nach White).

Wenn White von Kompetenz spricht, meint er jedoch nicht Einzelkapazitäten, sondern auch das immer effektiver werdende Programm oder Programmpaket, das eine aktive Gestaltung des eigenen Handelns erlaubt. Die kompetente Person kann sich selbst „weiterprogrammieren“; sie hat die Möglichkeit, Ziele selbst zu setzen. (White, 1959, S.109)

Van Aken (1992) geht von einer zu Grunde liegenden allgemeinen Kompetenz als Persönlichkeitsmerkmal aus. Diese allgemeine Kompetenz manifestiert sich in verschiedenen bereichsspezifischen Kompetenzen, die in direkter Beziehung zu bestimmten Aufgaben und Situationen stehen, wie z. B. schulische Leistungen in bestimmten Fächern oder Sozialverhalten im Kontakt mit Gleichaltrigen. Bereichsspezifische Kompetenzen können auch als adäquate Bewältigung von Entwicklungsaufgaben definiert werden.

Die neuere entwicklungspsychologische Forschung hebt die transaktionale Perspektive hervor und sieht die Entwicklung der Kompetenz in einer dynamischen und wechselseitigen Beziehung zwischen Kind und Umwelt:

Informationen und Anregungen aus dem Kindergarten dienen Kindern zur Verbesserung ihrer Kompetenzen. Die Möglichkeiten, mitzugestalten und Entscheidungen zu treffen, sind wichtig dafür, dass Kinder sich selbst als effektiv und kompetent erleben können. Dies hat wiederum Auswirkungen auf die Umwelt: Höhere kindliche Kompetenzen erfahren Bestätigung von der Kindergartenpädagogin und werden mit gesteigerten Erwartungen konfrontiert. In diesem spiralförmig fortlaufenden Prozess zeigt sich, dass das Kind sehr wohl im Stande ist, seine eigene Entwicklung voranzutreiben.

Kompetenz bezieht sich somit auf die Fähigkeiten von Kindern zu aktiven und konstruktiven Begegnungen mit sich verändernden Herausforderungen vonseiten der Umwelt. Das Kind entwickelt dabei Handlungskompetenz im Sinne von Selbst-, Sach- und Sozialkompetenz. Anders ausgedrückt, bedeutet Kompetenz die Aneignung von Fähigkeiten zur Lebensbewältigung. Gleichzeitig bewirkt Kompetenz auch die Veränderung und Weiterentwicklung der eigenen Bewältigungskapazitäten.

In der pädagogischen Forschung hat sich in Anlehnung an Roth (1968) die Unterteilung in Sach-, Sozial- und Selbstkompetenz durchgesetzt. Ausgehend vom Konzept der Mündigkeit, definiert Roth Kompetenz als Grad der Verhaltenssicherheit, der zum Handeln befähigt. Dabei stehen die drei Formen der Kompetenz in ständiger Wechselwirkung miteinander:

- Die Sachkompetenz „ist die Fähigkeit, für Sachbereiche urteils- und handlungsfähig und damit zuständig sein zu können“ (S.170). Damit das Kind Sachkompetenz erwirbt, muss es Sacherfahrungen sammeln sowie die Fähigkeit entwickeln, diese Erfahrungen zu verbalisieren und denkend nachzuvollziehen. Dem Kind muss demnach ein explorierender Umgang mit Gegenständen sowie ein sprachlich-begriffliches Erfassen der Sachwelt, das dieses Handeln begleitet, ermöglicht werden. Weiters sollten die Fantasie und die Lust an gedanklichen Entwürfen, das Vorwegnehmen von Möglichkeiten sowie das utopische Denken unterstützt werden.
- Die Sozialkompetenz „ist die Fähigkeit, für sozial, gesellschaftlich und politisch relevante Sach- oder Sozialbereiche urteils- und handlungsfähig und zuständig zu sein“ (S.170). Damit das Kind Sozialkompetenz erwerben kann, muss es selbst vielfältige soziale Lernsituationen kennen lernen. Es soll die Erfahrung machen können, selbst jemand zu sein, der Anerkennung findet, der einer Gruppe angehört, der Mitverantwortung tragen kann, der Regeln akzeptiert etc.
- Die Selbstkompetenz „ist die Fähigkeit, für sich selbst verantwortlich handeln zu können“ (S.170). Voraussetzung für die Ausbildung der Selbstkompetenz ist die Auseinandersetzung mit ethischen Prinzipien, um diese im jeweiligen Fall erkennen und verstehen zu können.

In jüngster Zeit lassen sich Ansätze erkennen, die die Entwicklung der Kompetenz aus der Perspektive der Resilienzforschung beleuchten. Die Resilienzforschung beschäftigt sich hauptsächlich mit den schützenden Faktoren in der kindlichen Entwicklung. Resilienz bedeutet in diesem Zusammenhang Widerstandsfähigkeit, also die Fähigkeit, Risiken zu reduzieren, mit ihnen erfolgreich umzugehen und Kompetenzen zu entwickeln, die dabei helfen, die eigene Entwicklung in eine positive Richtung zu lenken.

Manche Forscher/innen, wie Block und Block (1980), bezeichnen Resilienz als Äquivalent für Kompetenz. Eine hohe Widerstandsfähigkeit besteht in einer erfolgreichen Anpassung an sich ändernde Umstände und im flexiblen Abrufen des verfügbaren Repertoires an Persönlichkeitsstrategien.

In der Entwicklungspsychologie wird der systematischen Erforschung von Bewältigungsfaktoren bei schwierigen frühen Lebensbedingungen besondere Bedeutung zugemessen. Zu den Faktoren, die die Aufrechterhaltung von Kompetenzen unter aktuellen Belastungen ermöglichen, gehört unter anderem die Erfahrung von Selbstwirksamkeit. Damit ist die innere Überzeugung, dass man einem Problem gewachsen ist und Kontrolle darüber hat, gemeint. Weitere Faktoren sind Empathie, Selbstvertrauen, ein positives Selbstbild und die Fähigkeit, richtige Entscheidungen zu treffen. In diesem Zusammenhang kann Kompetenz im Sinne von Lebensmeisterung verstanden werden.

1.8

Der soziokulturelle Ansatz nach Vygotskij

Einen entscheidenden Beitrag zum neuen Bild des Kindes in der psychologischen Forschung liefert die kulturhistorische Schule unter Lev S. Vygotskij, der das Verständnis vom Menschen als aktivem Gestalter seiner Entwicklung einführte. Vygotskij war in den Zwanziger- und Anfang der Dreißigerjahre am Psychologischen Institut der Universität Moskau tätig. Seine Überlegungen werden in Westeuropa und den USA aber erst seit den Siebzigerjahren intensiver diskutiert. (Vygotskij, 1985, 1987, 1992)

Im Mittelpunkt des soziokulturellen Ansatzes von Vygotskij steht die Auseinandersetzung mit der Verbindung von Individuum und Gesellschaft. Vygotskij kritisiert an der Kinderpsychologie seiner Zeit, dass die kulturelle Entwicklung des Kindes auf die rein biologische Entwicklung reduziert wird. Nach Vygotskij müssen diese beiden Entwicklungsebenen zwar getrennt, aber nicht unabhängig voneinander betrachtet werden. Sie fließen in der „soziobiologischen Persönlichkeitsbildung des Kindes“ ineinander: „Da sich die organische Entwicklung in einem kulturellen Milieu vollzieht, wird sie zu einem historisch determinierten biologischen Prozess. Andererseits ist die kulturelle Entwicklung etwas Außerordentliches und mit nichts Vergleichbares, da sie gleichzeitig mit der organischen Reifung stattfindet und mit ihr verschmilzt und da ihr Träger der wachsende, sich verändernde, reifende Organismus des Kindes ist.“ (Vygotskij, 1992, S. 63)

Vygotskij ist der Ansicht, dass sich der Mensch nicht nur entwickelt, sondern sich auch selbst konstruiert.

Vygotskij (1992) fordert eine Humanisierung der Psychologie und misst der sozialen Umwelt eine immense Bedeutung für die Entwicklung bei: „Nicht die Natur, sondern die Gesellschaft muss in erster Linie als determinierender Faktor des menschlichen Verhaltens angesehen werden.“ (S. 146). Jede Handlung eines Menschen sieht Vygotskij als soziokulturell geprägt an. Kultur definiert er dabei als das Produkt des sozialen Lebens und der sozialen Aktivitäten des Menschen. Er geht dabei so weit zu formulieren, „dass wir erst durch andere wir selbst werden“. (Vygotskij, 1992, S. 235)

Einige Aspekte der Entwicklung sieht Vygotskij ähnlich wie Piaget: Kindliche Entwicklung erfolgt durch lebendige und aktive Anpassung an die Umwelt. Auf der anderen Seite nimmt das Individuum Einflüsse aus der Umwelt auf, die je nach der Stufe seiner psychischen Entwicklung entsprechend assimiliert werden.

Von Vygotskij wird erstmals der Einfluss der Umwelt – also der Kultur – auf die Entwicklung des Kindes betont. Im Vorschulalter stellt der Kindergarten als Ort des sozialen Lebens und sozialer Beziehungen einen wichtigen Bestandteil dieser Kultur dar.

Vygotskij beschäftigt sich besonders mit der Entwicklung höherer psychischer Funktionen, in denen nach seiner Ansicht die Persönlichkeit direkt zum Ausdruck kommt:

Reflexe und Konditionierungsprozesse stellen die untere Ebene des psychischen Geschehens dar. Erst mit der Entwicklung höherer geistiger Prozesse, wie Problemlösungskompetenzen oder kulturell-historischer Fertigkeiten, wird die Verwendung von Zeichen und Symbolen möglich. Höhere geistige Funktionen entstehen durch soziale Interaktionen und dadurch, dass kulturelles Wissen, Werthaltungen und Handlungen internalisiert (verinnerlicht) werden. Die Leistung des Individuums besteht darin, diese kulturellen Einflüsse zu verarbeiten, sie in Form von „Externalisierungen" wieder in die soziale Umwelt einzubringen und auf diese Weise seine Welt mitzugestalten. Dabei stellt die Sprache eines der wichtigsten Werkzeuge dar: Sie hat eine zentrale Funktion im gesellschaftlich-kulturellen Verhalten des Menschen.

Entwicklung lässt sich in Form von zwei dialektischen Prozessen beschreiben, die ineinander verwoben sind: Diese sind einerseits die Beziehung zwischen einer Person und ihrer sozialen Umwelt, andererseits das innerpsychische Geschehen. Jede höhere geistige Funktion in der kulturellen Entwicklung des Kindes tritt dabei nach Vygotskij zuerst auf der zwischenmenschlichen – also gesellschaftlichen – Ebene und erst dann auf der innerpsychischen Ebene auf: Das bedeutet, „dass die psychische Natur des Menschen die Gesamtheit der gesellschaftlichen Beziehungen darstellt, die nach innen verlagert [wurde] und zu Funktionen der Persönlichkeit ... geworden ist." (Vygotskij, 1992, S. 237)

Bekannt ist vor allem Vygotskijs (1987) Konzept der „Zone der nächsten Entwicklung". Die Kindergartenpädagogin muss dabei zwei Komponenten berücksichtigen:

- Der aktuelle Entwicklungsstand und die Problemlösungsfähigkeiten des Kindes sollten durch Beobachtungen in Situationen, in denen sich das Kind alleine beschäftigt, festgestellt werden.
- Das Entwicklungspotenzial erkennt man, wenn das Kind unter kompetenter Anleitung mit einem Erwachsenen zusammenarbeitet.

Die „Zone der nächsten Entwicklung" beschreibt den Unterschiedsbereich zwischen diesen beiden Niveaus.

Für die Entwicklung des Kindes ist vor allem die Interaktion mit Erwachsenen wichtig. Voraussetzung für die Förderung der Entwicklung ist die Kenntnis der aktuellen Fähigkeiten und Fertigkeiten des Kindes durch die Kindergartenpädagogin. Sie sollte das Kind in gemeinsame Aktivitäten einbinden, die etwas höhere Ansprüche stellen, als das Kind gerade allein bewältigen kann. Dadurch kann sie jene Fähigkeiten des Kindes wecken und fördern, die sich gerade im Entwicklungsprozess befinden.

2 Die Umwelt als neue Variable in der Kindheitsforschung

2.1 Die ökopsychologische Perspektive

Seit den Publikationen von Urie Bronfenbrenner (1978, 1981) ist die ökologische Perspektive nicht mehr aus der Kindheitsforschung wegzudenken. Die Ökopsychologie geht von einem systemtheoretischen Ansatz aus: „Umwelt“ und „Persönlichkeit“ sind Systembestandteile und bedingen einander gegenseitig.

Der Begriff Ökopsychologie bezieht sich auf die sozialen, kulturellen, biologischen und räumlich-materiellen Aspekte der Interaktion zwischen Mensch und Umwelt. Bronfenbrenner geht von der Grundannahme aus, dass der Mensch kein passives Produkt seiner Umwelt ist, sondern sich zielgerichtet mit ihr auseinander setzt, auf sie einwirkt und gleichzeitig von ihr beeinflusst wird.

Bronfenbrenner (1978) betrachtet die Umwelt des Kindes als eine verschachtelte Anordnung von Strukturen bzw. Ebenen, von denen jede wiederum in der nächsten enthalten ist. Er unterscheidet vier Bereiche, die sich in zunehmender Entfernung vom einzelnen Menschen befinden, und zwar das Mikrosystem, das Mesosystem, das Exosystem und das Makrosystem. Der zeitliche Aspekt der Umwelt wird als Chronosystem bezeichnet.

- Mit Mikrosystem meint Bronfenbrenner alle Tätigkeiten, Aktivitäten, zwischenmenschlichen Beziehungen und Rollen im engsten Lebensraum des Menschen. Das Mikrosystem umfasst auch physikalische und materielle Rahmenbedingungen. Ein Beispiel für ein Mikrosystem ist die Familie und ihre konkrete Wohnsituation.
- Das Mesosystem bezieht sich auf die Wechselbeziehungen zwischen allen Lebensbereichen, an denen der sich entwickelnde Mensch aktiv beteiligt ist, wie etwa die Institutionen Kindergarten und Schule.
- Im Exosystem finden Ereignisse statt, die das Individuum in seinem Lebensbereich und in seiner Entwicklung beeinflussen. Das Individuum ist jedoch an diesen Veränderungen nicht als handelnde Person beteiligt. So bildet beispielsweise die Arbeitsplatzsituation der Eltern ein Exosystem für das heranwachsende Kind.
- Das Makrosystem schließlich bezieht sich auf die jeweilige Kultur, auf Weltanschauungen, Ideologien sowie Wert- und Normensysteme. Diese betreffen alle Individuen eines Systems. Als Beispiele können die Zugehörigkeit zu einer bestimmten Religionsgemeinschaft oder die Achtung vor der Würde des Menschen angeführt werden.

Der ökopsychologische Ansatz geht von einem Menschen aus, der sich seine Umwelt aktiv und kreativ aneignet. Da aber auch die Umwelt Einflüsse auf den Menschen ausübt, beginnt ein Prozess der wechselseitigen Anpassung im Sinne einer echten Gegenseitigkeitsbeziehung. Gemeint ist eine fortschreitende wechselseitige Angleichung zwischen dem Individuum und seinen verschiedenen, sich ändernden Umgebungen. Umweltausschnitte werden je nach ihrer subjektiven Bedeutsamkeit unterschiedlich wahrgenommen und genutzt.

Entwicklung bedeutet nach Bronfenbrenner die Art und Weise, wie ein Individuum seine Umwelt wahrnimmt und sich mit ihr auseinander setzt. Aus ökopsychologischer Perspektive wird Entwicklung als lebenslanger Prozess gesehen und bezieht sich auf das sich verändernde Individuum in einer sich wandelnden Welt.

Auch Alfred Lang (1988, 1992) betont, dass sich die Psychologie mit dem Menschen in seiner Umwelt – das heißt in Natur und Kultur – auseinander setzen muss. Weder Person noch Kultur existieren, wirken oder entwickeln sich separat.

Lang (1988) fordert eine „kopernikanische Wende" in der Psychologie. Die Umwelt muss als unentbehrlicher und gleichberechtigter Entwicklungspartner anerkannt werden. Bisher wurden die Wirkungen des Individuums auf seine Entwicklungspartner von der psychologischen Forschung zu wenig berücksichtigt.

Als Beispiel für eine ökologisch orientierte Entwicklungspsychologie führt Lang die Wohnpsychologie an: Verschiedene Studien machen deutlich, dass es nicht gleichgültig ist, in welcher Wohnsituation Kinder aufwachsen. Wohnumwelten werden verändert – parallel zu den Lebensphasen ihrer Bewohner/innen, auf Grund von Modeströmungen oder Geschmacksänderungen – und haben wiederum Auswirkungen auf die Menschen, die in ihnen wohnen. Weiters beschreibt Lang die Entwicklung des Bezuges von Jugendlichen zu ihrer Wohnumwelt, die sich – ausgehend von ihrem Zimmer und der Wohnung – nach und nach die nähere Wohnumgebung, den Bezirk und schließlich die ganze Stadt aneignen, wodurch sich ihnen neue Lebenshorizonte eröffnen. (Lang et al., 1987)

Kinder wachsen in verschiedenen Umweltsystemen auf. Der Kindergarten stellt eines dieser Systeme dar, ist aber zugleich in andere Umweltsysteme integriert. Eine seiner Aufgaben ist es, die Vielzahl dieser Systeme für die Kinder transparent zu machen und sie in die Bildungsarbeit einzubeziehen. Kind und Kindergarten befinden sich in einem wechselseitigen Anpassungsprozess: Das bedeutet, dass sich die Bildungs- und Erziehungsarbeit im Kindergarten immer wieder an die wechselnden Bedürfnisse und Fähigkeiten der Kinder anpassen muss.

2.2 Das Konzept der Transaktion als neuer Ansatz zur Erforschung der Beziehungen zwischen Mensch und Umwelt

Die wissenschaftlichen Fortschritte in der Entwicklungs- und Persönlichkeitspsychologie haben zur Überwindung von einfachen, monokausalen Ursache-Wirkungs-Erklärungen geführt. Derzeit stehen die Austauschprozesse, die zwischen dem Individuum und seiner Umwelt stattfinden, im Blickpunkt der Forschung. (Altman & Rogoff, 1987; Lang, 1988; Fuhrer, 1994; Wolf, 1995)

Dieses mehrdimensionale Denken führte zum integrativen Forschungsansatz der Transaktion, der Mensch und Umwelt als Entwicklungspartner und als unauflösliche Einheit betrachtet.

Der Begriff Transaktion umschreibt den Wechselwirkungsprozess, der für die Auseinandersetzung des Menschen mit seiner Umwelt typisch ist: Der Mensch verändert die Umwelt, die wiederum gleichzeitig verändernd auf den Menschen einwirkt. Diese ständige wechselseitige Anpassung kann mit einem Reißverschlussprinzip verglichen werden: Mensch und Umwelt wirken wechselseitig und ineinander verflochten aufeinander ein. „Der Mensch ist stets an der Ausformung der Umwelt beteiligt, aber ebenso beeinflusst die Umwelt stets gleichzeitig die Gestaltung des Menschen. Nach dieser Auffassung sind Mensch und Umwelt nur in einem andauernden, prinzipiell nicht endenden und gegenseitigen Austauschprozess begreifbar." (Wolf, 1995, S.10)

Mit Transaktion ist nach Wolf (1995) ein Prozess gemeint, der über die breiteren Begriffe wie Interaktion oder gegenseitige Abhängigkeit hinausgeht. Wolf fordert eine Dezentrierung von der isolierten Betrachtung des sich entwickelnden Individuums hin auf die Auseinandersetzung mit Mensch-Umwelt-Beziehungen.

Transaktionale Prozesse können nur in Kontexten erforscht werden. Der Kontext beschränkt sich allerdings nicht nur auf die physikalische und soziale Umwelt, sondern erstreckt sich auch auf die Verbindung der menschlichen Handlungen mit der Umwelt und der Kultur.

Aus ökologischer Perspektive stellt der Kindergarten mit seiner strukturellen und prozessualen Qualität eine soziale und kulturelle Lebensumwelt für Kinder dar, in der transaktionale Prozesse stattfinden.

2.2.1

Kultur als vom Menschen geschaffene Umwelt

Kultur ist in der neueren Sozialisationsforschung und in der Entwicklungspsychologie zu einem zentralen Begriff geworden. Natur und Kultur stellen gemeinsam ein Ökosystem dar. Ökosysteme sind Gemeinschaften von Organismen, die miteinander leben und aufeinander bezogen sind.

Ein wesentliches Kennzeichen menschlicher Ökosysteme ist die kulturell geformte Umwelt: Kultur stellt nach Oerter (1995) das Bindeglied zwischen Mensch und Umwelt dar. „Menschliche Entwicklung und Sozialisation besteht unter diesem Ansatz darin, den ‚richtigen' Umgang mit den Gegenständen zu lernen und damit in mehr oder minder großem Umfang die Gegenstände, die eine Kultur bereithält, kennen zu lernen." (Oerter, 1995, S. 96). Dabei stellt die Handlung eines Menschen das Bindeglied zwischen ihm und seiner Umwelt dar.

Aus transaktionaler Perspektive ist Kultur die Gesamtheit aller gesellschaftlich erzeugten und definierten Objekte; sie umfasst den vom Menschen gemachten und genutzten Teil der Umwelt (vgl. Herskovits, 1948). Der Begriff Objekt beinhaltet eine große Bandbreite: gemeint sind materielle, geistige und psychologische Objekte.

- „Materielle Objekte" sind z. B. Werkzeuge, Straßen, Geschäfte, Spielplätze, Kindergärten.
- Zu den „geistigen Objekten" zählen unter anderem angesammeltes Wissen, kulturell etablierte Normen sowie kulturelle Produkte aus Literatur, Kunst und Musik. Dieses Wissen ist in Bibliotheken, Museen, Theatern und Schulen verfügbar und kann durch materielle Objekte – wie Bücher oder Videos – vermittelt werden.
- „Psychologische Objekte" sind etwa die Konzepte des kognitiven und emotionalen Bewusstseins und Verhaltens. Solche Konzepte sind z. B. Intelligenz und Motivation zur Erklärung von Leistung oder soziale Motivation und soziale Kompetenz zur Erklärung von Sozialverhalten (Oerter, 1998). „Psychologische Objekte" sind also kulturelle Konstrukte zur Beschreibung und Erklärung von menschlichen Verhaltensweisen und Bedürfnissen, die Auswirkungen auf das Leben der Mitglieder einer Kultur haben.

Im Laufe der kindlichen Entwicklung werden konkrete Bezüge zu materiellen, geistigen und psychologischen Objekten aufgebaut. Diese Gegenstandsbezüge werden z. B. in den ersten drei Lebensjahren in einer Reihe von Aufgaben, die das Kind sukzessive erfolgreich bewältigt, deutlich. Solche Leistungen sind etwa das Treppensteigen, das selbstständige Essen oder das Symbolspiel. Diese Aufgaben sind nicht losgelöst von der kulturellen Umwelt zu betrachten. Entwicklung wird also im handlungstheoretischen Forschungsansatz als Aneignung der Vielfalt kultureller Produkte verstanden.

2.2.2

Austauschprozesse zwischen kultureller Umwelt und Individuum

Entwicklung ist stets auch Veränderung im kulturellen Kontext: Der Mensch verändert die Kultur immer wieder und passt sie an sich an. Andererseits muss er sich in Form des lebenslangen Lernens auch immer wieder an die Kultur angleichen.

Diese Austauschprozesse lassen sich mit den Begriffspaaren der Subjektivierung und Objektivierung bzw. der Vergegenständlichung und Aneignung beschreiben.

Der Prozess der **Subjektivierung** (engl. subjectivation) ermöglicht die Umgestaltung der Realität und erlaubt es dem Individuum, sein bisheriges Wissen und Können zu neuen Eindrücken in Beziehung zu setzen. Durch Subjektivierung werden Handlungsergebnisse an den persönlichen Bedürfnissen, Ideen, Wissensstrukturen und Zielen einer Person orientiert. Typisch für Kinder ist die Subjektivierung im Symbolspiel, wie etwa die Anpassung von Objekten der Umwelt an die eigenen Spielbedürfnisse (Umdeutung eines Stockes in ein Pferd oder einer Schachtel in ein Auto). Ein weiteres Beispiel stellt das Zeichnen dar, durch welches das Kind seine Erfahrungen und Wünsche ausdrückt.

Subjektivierung spielt bei der Bildung von Bewusstsein und Identität eine zentrale Rolle. Subjektivierung kann auch als Assimilation, als Anpassung der Umwelt an die eigenen Bedürfnisse bezeichnet werden. Prozesse der Subjektivierung stärken und bauen die Identität aus, bewahren vor Entfremdung, bewirken Vertrautheit und ein Gefühl der Geborgenheit.

Objektivierung (engl. objectivation) bedeutet Akkomodation und Orientierung an der Realität. Die eigenen kognitiven Strukturen und Verhaltensweisen werden an die soziale und kulturelle Realität angepasst und damit verändert. Dies geschieht z. B. beim Hören einer Geschichte, beim Lernen eines Liedes oder Gedichtes sowie beim Bauen, das sich an physikalischen Gesetzen orientieren muss, wenn das Bauwerk nicht einfallen soll.

Objektivierung vermittelt ein Bewusstsein von der Existenz einer äußeren Welt, einer Realität, die unabhängig von der eigenen Person und dem eigenen Handeln besteht. Dieses Realitätsbewusstsein schafft zugleich ein Bewusstsein von der eigenen Existenz. Das Kind erfährt, dass es eine Welt mit Eigengesetzlichkeiten gibt, die nicht den eigenen Wünschen gehorcht. Schule und Beruf verlangen vorwiegend Prozesse der Objektivierung. (Vgl. Oerter, 1995)

Mit **Vergegenständlichung** (engl. reification) ist Folgendes gemeint: Individuen verändern ihre Umwelt durch ihre eigenen Handlungen so, dass persönliche Ideen und Ziele in die Umwelt transportiert und dort verwirklicht (vergegenständlicht) werden. Vergegenständlichung beinhaltet somit alle zielgerichteten Aktivitäten, die die Umwelt verändern, wie Herstellung, Gebrauch und Veränderung von Objekten. Als Teil der vom Menschen gestalteten Umwelt haben diese Produkte wiederum Wirkungen auf die Menschen.

Vergegenständlichung bedeutet auch Mitgestaltung und Mitbeteiligung, Veränderungen bewirken, ein Produkt schaffen und dadurch Selbsterweiterung und Selbstvergrößerung erleben sowie Ausdruck in Worten und Werken.

Vergegenständlichungen von Kindern sind etwa ihre Bauwerke und ihre Zeichnungen oder ihre schriftlichen und mündlichen Schulleistungen. Bei Erwachsenen sind darunter unter anderem die Produkte des Arbeitsprozesses zu verstehen. Erfindungen, die dabei entstehen, dienen der Erhaltung oder der Veränderung der Kultur.

Der Wert der Vergegenständlichung liegt darin, dass das Kind sich als Akteur erfährt und Macht und Kontrolle über die Umwelt gewinnt. Der Prozess der Vergegenständlichung garantiert dem Kind das Überleben in einer kulturell geformten Umwelt.

Aneignung (engl. internalization) bedeutet das Gegenteil von Vergegenständlichung: Sie bezieht sich auf die Verinnerlichung, Internalisierung und Integration von Objekten in die subjektive Struktur des Individuums. Prozesse der Aneignung sind Wahrnehmen, Lernen, Erwerb von Vorstellungen, Begriffen und Wissen. Weiters bezieht sich Aneignung auf geistigen und materiellen Besitz sowie das Konsumieren von Gütern und Medienkonsum.

Die grundlegende Art der Aneignung bei Kindern ist die Exploration, wodurch Neues vertraut wird. Aneignung ermöglicht Orientierung in der Umwelt und erzeugt Sicherheit. Der Erwerb von Wissen und von materiellen Gütern führt auch zur Selbsterweiterung.

2.2.3 Die Selbst-Umwelt-Beziehung vor dem Hintergrund der Motivationspsychologie

Bei der Auseinandersetzung des Kindes mit seiner Umwelt spielt der Begriff der Motivation eine entscheidende Rolle: Die positiven oder negativen Erlebnisse und Ergebnisse, die erwartet werden, beeinflussen die Annäherung des Kindes an die Umwelt und sein Verhalten. Aber auch die transaktionalen Austauschprozesse zwischen Selbst und Umwelt können vor dem Hintergrund der Motivationspsychologie betrachtet werden und sind mit jenen motivationalen Grundrichtungen, die das Handeln eines Menschen steuern, zu vergleichen:

- Aneignung kann mit dem Streben nach Inkorporation (Einverleiben) gleichgesetzt werden. (Plutchik, 1991)
- Vergegenständlichung meint umgekehrt das Bedürfnis des Menschen, sich nach außen in die Umwelt zu projizieren, etwas von sich in der Umwelt auszudrücken, was phylogenetisch eine relativ neue, nur für den Menschen typische Motivation darstellt.
- Der Subjektivierung liegt die Motivation zu Grunde, sich die Außenwelt gleich bzw. ähnlich zu machen und dadurch mit ihr vertraut zu werden.
- Objektivierung entspringt hingegen dem Bedürfnis, die eigenen Verhaltensweisen und Werke an die Gesetzmäßigkeiten der Umwelt anzupassen.

Ebenso wie Motivationsprozesse können auch die transaktionalen Prozesse der Aneignung und Vergegenständlichung sowie der Subjektivierung und Objektivierung unter dem Aspekt der Selbstzentrierung bzw. Umweltzentrierung betrachtet werden.

Selbstzentrierung ist beim Kindergartenkind besonders als Abgrenzung, als Rückzug in die eigene Welt sowie als Selbstschutz gegen Reizüberflutung und zu starken Sozialisationsdruck zu beobachten.

Als Beispiele für umweltzentrierte Motivationen, die bereits im Kleinkindalter von großer Bedeutung für die Handlungssteuerung sind, nennt Oerter (1995) das Interesse und die

Neugier des Kindes: Der transaktionale Prozess der Aneignung richtet sich in diesem Zusammenhang darauf, wissen zu wollen, wie beispielsweise ein bestimmter Gegenstand beschaffen ist. Bei der Vergegenständlichung strebt das Kind danach, die Umwelt nachzuformen oder neu zu gestalten. Bei der Subjektivierung bedient sich das Kind seiner bereits vorhandenen Erfahrungen, um Neues einzuordnen und zu verstehen, während die Objektivierung darauf abzielt, die eigenen Handlungsstrukturen dem interessierenden Objekt anzupassen, um ihm besser gerecht zu werden. Dies ist z. B. beim Bau eines Turmes aus verschieden großen Bechern der Fall, der nur gelingen kann, wenn das Kind die kleineren auf die größeren Becher stellt.

3 Die Wechselwirkung zwischen Kind und Umwelt als neue Perspektive für ein zeitgemäßes Konzept zur Optimierung von Bildungsqualität

In der interdisziplinären Kindheitsforschung haben sich in den letzten Jahrzehnten tief greifende Entwicklungen vollzogen: Sozialisation wird heute als aktive Auseinandersetzung des Individuums mit seiner Umwelt verstanden.

Bahnbrechend dafür sind die Erkenntnisse über das Kind als aktiven Gestalter seiner Entwicklung. In diesem Prozess stellt das Selbst das zentrale Organisationsprinzip dar. Neugier, Bedürfnisse und Interessen veranlassen das Kind zur Auseinandersetzung mit sich selbst und der Umwelt.

Somit sieht man die Sozialisation des Kindes heute viel komplexer als früher: Die Kompetenzen des Kindes und die Umwelteinflüsse werden in ihrem systemischen Zusammenhang betrachtet. Besonders für die Kleinkindforschung bedeutet dies eine stärkere Berücksichtigung der wechselseitigen Beeinflussungen zwischen Entwicklungsprozessen und kulturellen, biologischen sowie räumlich-materiellen Umweltelementen.

Im transaktionalen Forschungsansatz werden die Wechselwirkungen und die Austauschprozesse zwischen Kind und Umwelt aufgegriffen und näher analysiert. Diese transaktionalen Prozesse zwischen dem Menschen und seiner kulturellen Umwelt finden schon im Kleinkindalter statt und bestimmen auch das Bildungsgeschehen im Kindergarten wesentlich mit.

Teil 3

VI Der Transaktionsansatz im Kindergarten als Beitrag zur Bildungsqualität

Die neuen pädagogischen, soziologischen und psychologischen Erkenntnisse, die in den vergangenen Kapiteln ausgearbeitet wurden, führen dazu, dass die frühkindliche Sozialisation heute viel komplexer als früher betrachtet wird. Dadurch kommt es zu einem veränderten Verständnis der Erziehung und Bildung im Kindergarten.

Die wechselseitige Beeinflussung der Entwicklungsprozesse von Kleinkindern und ihrer Umwelt setzt eine veränderte Planung und Analyse der Bildungsprozesse im Kindergarten voraus. Zeitgemäße Erziehungs- und Bildungsarbeit erfordert heute eine systemische Betrachtungsweise von Kind und Umwelt.

> Transaktionale Bildungsprozesse basieren auf der Wechselwirkung und gegenseitigen Veränderung von Kind, kultureller und sozialer Umwelt innerhalb und außerhalb des Kindergartens. Im Vordergrund steht dabei nicht ausschließlich das Erreichen von bestimmten Bildungszielen, sondern der Blick richtet sich verstärkt auf die Qualität der transaktionalen Lernprozesse. Dabei kommt den Prozessen der Objektivierung, Subjektivierung, Aneignung und Vergegenständlichung eine zentrale Bedeutung zu.

Ziel des Transaktionsansatzes ist es, diese veränderte Betrachtungsweise für die Kindergartenpraxis durchschaubar zu machen, indem die Erziehungs- und Bildungsarbeit aus verschiedenen Perspektiven beleuchtet wird:

- Aus **psychologischer Sicht** werden die transaktionalen Prozesse im Kindergarten transparent gemacht. Weiters gilt es festzustellen, welche Lern- und Entwicklungsprozesse im Bildungsgeschehen ermöglicht werden.
- Aus der **Sicht der Qualitätsforschung** erfolgt eine Analyse der strukturellen Rahmenbedingungen im Kindergarten.
- Aus **pädagogischer Sicht** werden das neue Bild vom Kind, die Funktionen und Aufgaben des Kindergartens, das erweiterte Bildungsverständnis sowie das Rollenverständnis der Kindergartenpädagogin dargestellt.
- Aus **didaktisch-methodischer Sicht** wird die Planung und Reflexion der pädagogischen Arbeit näher beleuchtet.

Selbstverständlich wirken alle oben angeführten Sichtweisen ineinander. Eine „Trennung“

dient der Kindergartenpädagogin ausschließlich zur Bewusstmachung der verschiedenen Perspektiven, aus denen die Bildungs- und Erziehungsarbeit betrachtet werden kann. Dadurch wird eine bessere Planung und Reflexion der pädagogischen Arbeit ermöglicht.

Aus diesen vier Perspektiven werden im Kapitel VII **Kriterien zur Planung und Reflexion der pädagogischen Arbeit** entwickelt. Diese Kriterien werden auf Praxisberichte von Erziehungs- und Bildungssituationen im Kindergarten angewendet.

Eine solche Analyse kann die Verflechtung der Bildungsbereiche und der Entwicklungsmöglichkeiten des Kindes transparent machen und gleichzeitig einen Transfer auf andere Bildungssituationen ermöglichen.

1 Transaktionale Prozesse als Grundlage für die pädagogische Arbeit

In der Transaktionsforschung werden folgende Austauschprozesse zwischen Individuum und kultureller Umwelt beschrieben:

- **Objektivieren** bedeutet Orientierung an der Realität. Dadurch erfährt das Kind die Eigengesetzlichkeiten der Welt, die oft nicht seinen eigenen Wünschen und Bedürfnissen entgegenkommen.
- **Subjektivieren** bezieht sich auf die Anpassung der Umwelt an die persönlichen Bedürfnisse, Ideen und Ziele im Sinne der Assimilation. Prozesse des Subjektivierens stärken die Identität des Kindes und schützen vor Entfremdung.
- **Aneignen** hingegen betrifft das Wahrnehmen und Lernen und seine Verinnerlichung sowie das „Konsumieren" von Gütern. Aneignen basiert auf Exploration und ermöglicht Orientierung und Sicherheit in der Umwelt.
- **Vergegenständlichen** bezieht sich auf Mitgestalten, Mitbeteiligen und das Schaffen von Produkten. Wenn Kinder vergegenständlichen können, erleben sie sich als Gestalter und Erfinder und gewinnen dadurch Macht und Kontrolle über ihre Umwelt.

Die vier transaktionalen Austauschprozesse hängen eng miteinander zusammen; sie ergänzen einander und bilden bei jedem Handeln ein integriertes Ganzes. (Oerter, 1995)

Ein praktisches Beispiel soll dies verdeutlichen:

Einige Kinder möchten sich aus bunten Decken und alten Kartons eine gemütliche Räuberhöhle im Gruppenraum bauen (Subjektivieren). Die Kindergartenpädagogin ist mit dem Bauvorhaben einverstanden. Bevor die Kinder zu arbeiten beginnen, bespricht sie mit ihnen Regeln und Abmachungen, die die Kinder bei ihrem Spiel berücksichtigen müssen (Objektivieren; z. B. darf die Höhle nur im hinteren Teil des Gruppenraums gebaut werden, andere spielende Kinder dürfen nicht gestört werden). Beim Umsetzen ihrer Ideen erleben sich die Kinder als Schöpfer/innen (Vergegenständlichen). Sie passen den Gruppenraum ihren eigenen Bedürfnissen an (Subjektivieren; z. B. dem Bedürfnis nach Rückzug, dem Bedürfnis nach Abenteuer). Gleichzeitig machen die Kinder Erfahrungen hinsichtlich der Eigengesetzlichkeiten des vorhandenen Baumaterials (Aneignen). Sie erkennen, dass sie sich bei ihrem Bauvorhaben an die Materialgegebenheiten sowie an die ausgemachten Regeln anpassen müssen (Objektivieren; z. B. an die Anzahl der Schachteln, an das Gewicht der Decken).

Jede Transaktionskomponente ist in unterschiedlichem Ausmaß am Prozess und am Ergebnis einer Handlung beteiligt. Situationen oder Aktivitäten, in denen sich die vier Transaktionsprozesse in Balance befinden, sind die Basis für die psychische Gesundheit des Menschen.

Der Einblick in die Vernetzung dieser Austauschprozesse ist grundlegend für ein tieferes Verständnis der Handlungsmotivation, das über die Erklärung von Motivation durch Lust- und Unlustgefühle hinausgeht.

Je nach kulturellen Bedingungen können Ungleichgewichte im Kräfteverhältnis des Selbst-Umwelt-Bezuges auftreten. So stehen in unserer Konsumgesellschaft die Prozesse des Aneignens im Vordergrund, während die Prozesse des Vergegenständlichens und Mitgestaltens nicht in ausreichendem Maße ermöglicht werden. Dadurch wird die Kreativität der Menschen blockiert und die persönliche Kontrolle über ihren Lebensraum verringert.

Gerade der soziale und kulturelle Lebensraum Kindergarten sollte Kindern ausreichend Möglichkeiten des Vergegenständlichens bieten, indem sie ihre Umwelt aktiv gestalten dürfen und ihre Wünsche, Ideen und Bedürfnisse verwirklichen können.

Die folgende Übersicht 1 soll das Zusammenspiel der transaktionalen Prozesse im Bildungsgeschehen des Kindergartens transparent machen. Dadurch kann die Komplexität dieses Bildungsgeschehens besser dargestellt werden. Die Vernetzung des Verhaltens der Kinder mit den Überlegungen, Impulsen und Handlungen der Kindergartenpädagogin in der pädagogischen Arbeit wird durch die schematische Darstellung sichtbar gemacht.

Die Pfeile in der Grafik verdeutlichen die Dynamik und Bewegung zwischen den einzelnen Bildungsprozessen. Bildungsprozesse können in jedem Feld der Tabelle beginnen, aber auch abbrechen.

Für die Kindergartenpädagogin stellt die Übersicht über das Zusammenspiel der transaktionalen Prozesse ein geeignetes Instrument dar, ihre Bildungsarbeit zu planen, zu kontrollieren und festzustellen, ob ein Bildungsprozess gelungen ist. Weiters hat sie die Möglichkeit zu reflektieren, warum ein Bildungsvorhaben nicht umsetzbar war.

Übersicht 1: Das Zusammenspiel der transaktionalen Prozesse

	Objektivieren (Akkomodation, Orientierung an der Realität)	**Subjektivieren** (Assimilieren, Anpassen an die eigenen Bedürfnisse)
Aneignen (Verinnerlichen, Internalisieren)	**A** **Die Kinder rezipieren und verinnerlichen den Bildungsinhalt** Es finden Prozesse der Wahrnehmung und Umwelterkundung durch die Kinder statt (Sehen, Hören, Tasten, Riechen, Anschauen, Angreifen, Explorieren, Konsumieren ...). Diese Bildungsprozesse werden durch die Umwelt des Kindes ausgelöst oder in Gang gehalten: durch die Kindergartenpädagogin (Raumgestaltung, Bildungsangebote, vorbereitete Umgebung), durch Eltern und andere Erwachsene (Mitbringsel aus dem Urlaub), durch Materialien und durch die Natur.	**B** **Die Kinder bringen ihre eigenen Erfahrungen ein und verarbeiten dadurch die Bildungsinhalte** Die Kinder stellen Fragen, vergleichen, assoziieren und bringen ihre Erfahrungen mit eigenen Erlebnissen in Zusammenhang. Sie entwickeln Ideen, schmieden Pläne, stellen Hypothesen auf und suchen Spielpartner/innen. Sie treffen Entscheidungen und sind damit selbst Auslöser für Prozesse der Auseinandersetzung mit der Umwelt.
Vergegenständlichen (Mitgestalten, Produkte schaffen, sich selbst erweitern)	**C** **Die Kinder sind Ausführende** Die Kinder haben die Möglichkeit, nach den Anregungen der Kindergartenpädagogin die Prozesse und Produkte mitzugestalten.	**D** **Die Kinder schaffen ein eigenes Produkt** **Sie erleben sich als Schöpfer** Die Kinder gestalten Spiele nach ihren eigenen Erfahrungen und Ideen (z. B. Rollenspiel, Konstruktionsspiel). Sie entwickeln Ideen weiter, erfinden Neues und produzieren eigene Werke (z. B. Zeichnungen, plastische Gebilde, Verkleidungen). Sie übertragen ihre Ideen auf neue Materialien und Situationen.

Zum besseren Verständnis werden die vier transaktionalen Austauschprozesse des Objektivierens, Subjektivierens, Aneignens und Vergegenständlichens an einem praktischen Beispiel in der Übersicht 2 „Zusammenspiel der transaktionalen Prozesse am Beispiel des Rollenspiels“ schematisch dargestellt:

Übersicht 2: Zusammenspiel der transaktionalen Prozesse am Beispiel des Rollenspiels

	Objektivieren (Akkomodation, Orientierung an der Realität)	**Subjektivieren** (Assimilieren, Anpassen an die eigenen Bedürfnisse)
Aneignen (Verinnerlichen, Internalisieren)	**A** **Die Kinder rezipieren und verinnerlichen den Bildungsinhalt** Die Kinder sehen ein Handpuppenspiel zu einem aktuellen Thema, das die Kindergartenpädagogin vorspielt. Die Kindergartenpädagogin kann auch ein bereits laufendes Rollenspiel durch Bereitstellung von Materialien, wie z. B. Verkleidungsutensilien, in Gang halten oder durch ihre Impulse bereichern.	**B** **Die Kinder bringen ihre eigenen Erfahrungen ein und verarbeiten dadurch die Bildungsinhalte** Die Kinder reflektieren den Inhalt des Rollenspiels, bringen ihn mit ihren persönlichen Erfahrungen in Verbindung und entwickeln Ideen für eigene Rollenspiele.
Vergegenständlichen (Mitgestalten, Produkte schaffen, sich selbst erweitern)	**C** **Die Kinder sind Ausführende** Die Kindergartenpädagogin bereitet ein Rollenspiel an einem bestimmten Ort und zu einer bestimmten Zeit vor. Sie gibt die Rollen und Requisiten vor. Die Kinder führen das Rollenspiel aus.	**D** **Die Kinder schaffen ein eigenes Produkt** **Sie erleben sich als Schöpfer** Die Kinder erfinden das Thema und den Inhalt eines Rollenspiels selbstständig, verteilen die Rollen und gestalten die Requisiten selbst. Sie erleben Selbsterweiterung und Kompetenzstärkung durch die Identifikation mit verschiedenen Rollen und durch die selbstständige Gestaltung der Spielhandlung.

In diesem Beispiel wird deutlich, dass es sowohl von der Kindergartenpädagogin als auch von den Rahmenbedingungen abhängt, in welch unterschiedlichem Ausmaß die einzelnen transaktionalen Prozesse in der Bildungssituation Rollenspiel zur Wirkung kommen:

- In Feld A überwiegt die Anpassung an vorgegebene Strukturen.
- In Feld B lässt die Kindergartenpädagogin den Kindern Raum und Zeit, um ihre persönlichen Erfahrungen einbringen und verarbeiten zu können. Tauchen bei dieser Reflexion neue Themen auf, die die Kinder beschäftigen, kann die Kindergartenpädagogin diese für weitere Bildungsimpulse nützen.
- In Feld C ist die Spielsituation durch die Planung der Kindergartenpädagogin vorherbestimmt, die Mitgestaltung durch die Kinder bei der Spielhandlung jedoch möglich. Falls das Rollenspiel durch Initiative der Kinder zu Stande gekommen ist, kann die Kindergartenpädagogin durch ihre Anregungen zum Spielverlauf beitragen.
- In Feld D wird den Kindern ein Maximum an Gestaltungsmöglichkeiten und Kreativität ermöglicht. Dies trägt zu ihrer Kompetenzstärkung und Selbstständigkeit bei. Sie machen die Erfahrung, eine Spielsituation zu beherrschen und zu kontrollieren.

2 Erkenntnisse der Qualitätsforschung

Die Qualität von Kinderbetreuungseinrichtungen steht im Mittelpunkt der jüngsten pädagogischen und psychologischen Forschung, da sie die kognitive, soziale und emotionale Entwicklung der Kinder entscheidend beeinflusst. Eltern und Expert/innen fordern daher in zunehmendem Maße die Einhaltung von Qualitätsstandards für die Arbeit im Kindergarten ein.

Pädagogische Qualitätsstandards spiegeln keine objektive Realität wider: Sie sind immer in unmittelbarer Beziehung zum kulturellen und politischen Kontext der jeweiligen Gesellschaft zu sehen. Qualitätsstandards sind das Ergebnis der Auseinandersetzung mit Werten, Normen und Interessen der Gruppen, die in die institutionelle Kinderbetreuung involviert sind. Damit werden pädagogische Qualitätsansprüche auch durch das Bild vom Kind und das Verständnis von Erziehung, das in einer Gesellschaft vorherrscht, beeinflusst. Die Qualität der Bildungsprozesse im Kindergarten ist sowohl von strukturellen und prozessualen Aspekten als auch von der pädagogischen Orientierung abhängig. Diese Qualitätsmerkmale stehen in einer ständigen Wechselbeziehung.

- **Strukturqualität** bezieht sich auf situationsabhängige Rahmenbedingungen, wie Raumgröße und Raumausstattung, Gruppengröße, Erzieher/in-Kind-Relation und Ausbildung der Betreuungspersonen.
- Die **Prozessqualität** ist Ausdruck der sozialen Interaktionen zwischen den einzelnen Kindern, der Beziehung zwischen den Kindergartenpädagog/innen und den Kindern sowie der Bildungsangebote und des Bildungskonzepts einer Einrichtung.
- Die **Orientierungsqualität** drückt sich in den pädagogischen Vorstellungen und Überzeugungen der Kindergartenpädagog/innen aus. Sie spiegelt neben deren Auffassungen über die kindliche Entwicklung, das Bild vom Kind und die Aufgaben des Kindergartens auch die Werte und Zielvorstellungen wider, die das fachliche Handeln der Erzieher/innen beeinflussen. (Tietze et al., 1997)

Im Rahmen der Qualitätsdiskussion wurden vom Charlotte Bühler-Institut Qualitätsstandards und Zukunftsperspektiven für den Kindergarten entwickelt: Dabei wurden Mindeststandards und Vorschläge zur Qualitätsoptimierung formuliert sowie Überlegungen zur Weiterentwicklung der österreichischen Kindergartenpädagogik angestellt. (Hartmann & Stoll, 1996)

In der internationalen Forschung werden Kinderbetreuungseinrichtungen mit ihren strukturellen und prozessualen Qualitätsmerkmalen vor allem aus der Sicht von Erwachsenen – zumeist pädagogischen Expert/innen – betrachtet. Dies wird unter anderem von Katz (1993) und Tietze (1994) als einseitig kritisiert. Bei der Beurteilung der Erziehungs- und Bildungsarbeit im Kindergarten müssen neben der Perspektive der Wissenschaftler/innen ebenso die Sichtweisen der Kinder und der Eltern, des pädagogischen Personals sowie die gesellschaftliche Perspektive berücksichtigt werden.

Die Relevanz der unterschiedlichen Qualitätskriterien ist abhängig vom geplanten Bildungsgeschehen. Die Kindergartenpädagogin muss die Qualitätsstandards und Ressourcen, die in ihrem Kindergarten zur Verfügung stehen, genau kennen und analysieren, um die Bildungsarbeit planen zu können. Für ein transaktionales Bildungsgeschehen muss die Einhaltung von Mindeststandards hinsichtlich der wesentlichsten Qualitätskriterien unbedingt eingefordert werden.

Einige Aspekte der Strukturqualität, die für die Analyse von Bildungsprojekten im Kindergarten von besonderer Bedeutung sind, werden im Folgenden näher dargestellt. Als Grundlage dafür dienen die Qualitätsstandards, die vom Charlotte Bühler-Institut erarbeitet wurden. (Vgl. Hartmann & Stoll, 1996)

Gruppengröße und Gruppenzusammensetzung

Nach Ansicht von Eltern, Erzieher/innen sowie pädagogischen und psychologischen Expert/innen gilt die Gruppengröße als eine zentrale Rahmenbedingung im Kindergarten. Eine angemessene Gruppengröße trägt wesentlich dazu bei, dass Kinder im Kindergarten den nötigen Freiraum zum selbsttätigen Lernen und Erkunden der Umwelt erhalten. Die Kindergartenpädagogin hat nur in einer kleinen Gruppe die Möglichkeit, adäquat auf die Bedürfnisse der Kinder nach Nähe und Zuwendung einzugehen. Eine zu große Gruppe kann eine Fülle an Einschränkungen hinsichtlich der Bewegungsfreiheit, der Individualität und der Spontaneität der Kinder mit sich bringen und die Qualität der pädagogischen Arbeit gefährden.

Anzustreben ist daher eine maximale Gruppengröße von 20 Kindern. Bei Ganztagsbetreuung wird die Reduzierung der Gruppe auf 15 Kinder empfohlen. (Vgl. Hayes, Palmer & Zaslow, 1990; Scarr, 1990)

Hinsichtlich der Gruppenzusammensetzung kann das Bildungsgeschehen in altershomogenen Gruppen leichter auf die einheitlichen Bedürfnisse und Fähigkeiten der Kinder abgestimmt werden. Darüber hinaus ist es der Kindergartenpädagogin besser möglich, auf die individuellen Stärken und Schwächen der Kinder einzugehen. Die altersgemischte Gruppe mit Kindern zwischen 3 und 6 Jahren hingegen erweist sich als besonders förderlich für die soziale Entwicklung der Kinder. Sie begünstigt die gegenseitige Anregung der Kinder auf Grund ihrer unterschiedlichen Erfahrungen und ihres unterschiedlichen Entwicklungsstandes. Weiters wirkt die altersgemischte Gruppe dem Entstehen von Leistungsdruck entgegen und kommt eher den Bedürfnissen jüngerer Kinder entgegen.

Bei der Zusammensetzung einer Kindergartengruppe müssen außerdem der Anteil ausländischer Kinder sowie die Integration von Kindern mit besonderen Bedürfnissen beachtet werden. Dabei gilt wieder, dass eine günstige Personalstruktur, ein adäquates Materialangebot und die regelmäßige Fortbildung der Kindergartenpädagog/innen notwendige Voraussetzungen für eine qualitativ hochwertige Bildungsarbeit darstellen.

Erzieher/in-Kind-Relation

Eine angemessene Personalstruktur im Kindergarten ist entscheidend dafür, dass auf die individuellen Bedürfnisse, Interessen und Probleme der Kinder adäquat reagiert werden kann. Auch die Möglichkeiten der Entspannung und eine anregende Atmosphäre im Kindergarten hängen eng mit der Erzieher/in-Kind-Relation zusammen. Vor allem für jüngere Kinder, für Kinder mit besonderen Bedürfnissen und für jene, die täglich lange Zeit im Kindergarten verbringen, ist die Zuwendung einer vertrauten Bezugsperson besonders wichtig.

Internationale Expert/innen empfehlen eine Erzieher/in-Kind-Relation von 1:8 (Hassenstein & Hassenstein, 1990; Scarr, 1990). Vor allem in den Randzeiten, wenn die Kinder noch müde oder bereits erschöpft und emotional gereizt sind, sollte die Personalstruktur so weit optimiert werden, dass auf jedes Kind individuell eingegangen werden kann.

Raumausstattung und Spielräume im Freien

Einen Großteil ihres Kindergartentages verbringen die Kinder im Gruppenraum. Dies ist der Ort, wo sie spielen, lernen und soziale Beziehungen pflegen. In vielen Kindergärten halten sich die Kinder auch während der Mahlzeiten und der Ruhezeit im selben Raum auf. Der Gruppenraum sollte daher ausreichend groß und durchdacht gestaltet sein.

Empfohlen wird die Gliederung in verschiedene Aktivitätsbereiche, wobei ein ausgewogenes Gleichgewicht zwischen fix vorgegebener Raumordnung und flexiblen Gestaltungsmöglichkeiten anzustreben ist. Die einzelnen Bereiche sollten so ausgestattet sein, dass sie die Kinder zur selbstständigen Nutzung anregen und eine Vielzahl an Lernaktivitäten ermöglichen.

Möglichkeiten für Entspannung und Rückzug, zusätzliche Plätze für Spiel- und Beschäftigungsangebote außerhalb des Gruppenraumes sowie Bewegungsräume stellen unbedingt notwendige Ergänzungen zum Aufenthalt im Gruppenraum dar. Sie ermöglichen den Kindern, ihren individuellen Bedürfnissen nachzukommen und den Tag im Kindergarten abwechslungsreich zu gestalten. Vor allem die Möglichkeit zur ausreichenden Bewegung ist für eine ganzheitliche Persönlichkeitsentwicklung wesentlich.

Das Bedürfnis der Kinder nach Bewegung wird durch Spielräume im Freien zusätzlich befriedigt. Weiters ist der Garten der geeignete Ort für die Erziehung zu Umweltbewusstsein und Naturverständnis. Die Spielräume im Freien sollten kreativ, naturnah und vielfältig gestaltet sein und täglich genutzt werden.

Ausstattung mit Spiel- und Lernmaterialien

Für die Entwicklung ihrer Selbstständigkeit und Autonomie benötigen Kinder eine reichhaltige Ausstattung mit Spiel- und Lernmitteln. Die durchdachte Materialausstattung begünstigt ein transaktionales Bildungsgeschehen, indem Kinder vielfältige Anregungen durch das Material erhalten und ihre Umgebung schöpferisch und produktiv verändern können. Dies trägt wesentlich zu einem positiven Entwicklungsverlauf bei.

Das Angebot an Materialien muss so differenziert sein, dass es auch Kindern mit besonderen Bedürfnissen und Interessen gerecht wird. Wichtig ist, dass die verschiedenen Materialien von der Kindergartenpädagogin gezielt eingesetzt werden und dass die Auswirkungen auf das Verhalten der Kinder kritisch reflektiert werden.

Audiovisuelle Medien gehören heute zur Grundausstattung von Kindergärten. Die Erprobung von Computern im Modellversuch wird den veränderten Ansprüchen gerecht, die heute durch die fortgeschrittene Technisierung unserer Gesellschaft an die Kinder gestellt werden.

Öffnung des Kindergartens nach außen

Die ökologische Perspektive steht heute in der psychologischen und pädagogischen Forschung im Vordergrund und muss auch im Kindergarten berücksichtigt werden. Ein intensiver Austausch zwischen den verschiedenen Sozialisationswelten, in denen Kinder aufwachsen, ist für ihre Persönlichkeitsentwicklung wichtig. Kinder erleben, wie ihr kulturelles Umfeld aufgebaut ist, und machen die Erfahrung, auf dieses Umfeld Einfluss zu haben und Veränderungen bewirken zu können.

Deshalb sollte der Kindergarten sowohl mit den Familien der Kinder als auch mit der Gemeinde – sei es im kommunalen oder im kirchlichen Bereich – zusammenarbeiten. Der lebendige Austausch mit den Eltern und die gemeindeorientierte Arbeit des Kindergartens stellen sicher, dass die Kluft zwischen den verschiedenen Lebenswelten der Kinder verringert wird. Der Kindergarten kann so zu einem Informations-, Freizeit- und Bildungszentrum für die ganze Gemeinde werden und ein ganzheitliches Bildungskonzept verwirklichen. (Becker-Textor, 1994)

Die Qualität der transaktionalen Prozesse ist mit den Qualitätsstandards im Kindergarten eng verknüpft. Kinder benötigen Raum und Zeit, damit sie mit ihrer kulturellen Umwelt in Austausch treten können.

Zusätzlich zu den genannten Merkmalen der Strukturqualität kommen der Prozessqualität sowie der Orientierungsqualität besondere Bedeutung zu. Die pädagogische Einstellung der Kindergartenpädagogin, ihre Vorstellungen vom Kind und ihr Bildungsverständnis tragen wesentlich dazu bei, ob Kindern Handlungs- und Mitgestaltungsmöglichkeiten in ihrer Umwelt ermöglicht werden.

3 Die Qualität der pädagogischen Orientierung als Basis transaktionaler Prozesse

3.1 Das Bild vom Kind

Bei innovativen pädagogischen Denker/innen, wie Jean-Jacques Rousseau, Ellen Key und Maria Montessori, hat sich im Laufe der Jahrhunderte ein Konzept von Kindheit herauskristallisiert, in dem das Kind als Subjekt und selbstbestimmtes Individuum gesehen wird. Diese Entwicklung hat dazu geführt, Kindern Rechte zuzusprechen, die in der UN-Konvention über die Rechte des Kindes international verankert wurden.

Auch die neueren Erkenntnisse der Entwicklungspsychologie gehen davon aus, dass sich das Kind seine innere Wirklichkeit durch eigene Initiative und mit eigenen Mitteln selbst schafft.

Parallel dazu hat dieses neue Verständnis vom Kind auch in der pädagogischen Praxis bereits Fuß gefasst, wie das folgende Beispiel verdeutlicht:

Die Atmosphäre ist freier und offener geworden. Die Kinder spielen und agieren in den verschiedenen Räumen in kleinen überschaubaren und selbst gewählten Freundesgruppen. Sie übernehmen zusehends mehr die Verantwortung für ihr Tun und geben diese nicht an den Erwachsenen ab.

Das Selbstvertrauen wächst dabei enorm, und die Kinder leben ihr Verantwortungsbewusstsein, indem sie darauf achten, dass die vereinbarten Regeln und Grenzen auch von anderen eingehalten werden. Nicht alle Kinder können dieses Angebot an Freiheit annehmen, weil es ein sehr hohes Maß an Eigen- und Sozialkompetenz erfordert und viele Kinder auf Grund ihrer bisherigen Lebenserfahrungen zu wenig oder nicht die Möglichkeit hatten, diese Kompetenzen zu erwerben. Diese Kinder bevorzugen das Tätigsein im weitgehend sicheren Gruppenraum, wo ein Erwachsener durch seine stete Anwesenheit Schutz bietet und Geborgenheit vermittelt. Im Konfliktfall oder bei Konfrontationen mit den Interessen anderer Kinder ist dort sofort Hilfe durch die Kindergartenpädagogin zur Stelle. Erst ganz langsam wagen diese Kinder auch ohne Erwachsene Schritte in die Welt der Kinder, in der häufig ein anderer Umgangston und auch andere Gesetze als in der Welt der Großen das Zusammenleben bestimmen.[1]

Das Bild vom Kind, das dem transaktionalen Konzept für die Optimierung von Bildungsqualität im Kindergarten zu Grunde liegt, basiert auf innovativen Konzepten für die Kleinkinderziehung der Gegenwart sowie auf neuen entwicklungspsychologischen Forschungsergebnissen und umfasst folgende Überzeugungen:

- Kinder spielen eine aktive Rolle bei der Gestaltung ihrer eigenen Entwicklung und werden heute oft als „Regisseure" ihrer Entwicklung bezeichnet.
- Kinder sind keine Mängelwesen, sondern verfügen über Kompetenz und sind zur Lebensbewältigung bestens ausgestattet.
- Kindsein hat seine eigene Qualität unabhängig vom Erwachsenenleben. Kinder sind keine kleinen Erwachsenen, sondern eigenständige Persönlichkeiten: Sie haben ein Recht auf Andersartigkeit und eine Identität als selbstbewusste Individuen.
- Kinder schaffen ihre eigene Kultur.
- Kinder haben physische und psychische Grundbedürfnisse: Sie streben sowohl nach Unabhängigkeit als auch nach Zugehörigkeit. Sie haben ein Recht darauf, ihre Gefühle und Bedürfnisse zu äußern und dabei ernst genommen zu werden.
- Kinder wollen als gleichberechtigte Partner/innen akzeptiert werden.
- Kinder sind lernfreudig, neugierig und spontan. Sie wollen alles erforschen, entwickeln eigene Lösungsstrategien und stellen viele Fragen – dies trägt zu ihrer kognitiven Entwicklung bei.
- Kinder sind als Forscher und Gestalter aktiv und kreativ.
- Kinder sind selbstständig und handlungsfähig, unternehmungslustig, einfallsreich und begeisterungsfähig.
- Kinder brauchen Lebensräume, die sie gestalten können, die vielfältige Erfahrungen, Denkprozesse und Kreativität ermöglichen.
- Kinder haben ein Bedürfnis nach Kommunikation.
- Kinder haben ein großes Bedürfnis nach Bewegung.
- Kinder sind fähig zur Selbstbestimmung und verfügen über Selbstkompetenz.
- Kinder sind fähig, Verantwortung zu übernehmen, wenn Handlungsspielräume und

[1] Gerti Reischl, Kindergartenpädagogin, persönliche Mitteilung

Entscheidungsmöglichkeiten kindgerecht dargeboten werden.

- Kinder brauchen Zeit und Muße.
- Kinder brauchen Freiräume, in denen sie nicht ständig von Erwachsenen kontrolliert werden.
- Kinder sind kritisch und eigenwillig. Kritisches Fragen ist eine bedeutsame Leistung des sich entwickelnden Ich.
- Kinder machen sich die Welt im Spiel verfügbar.
- Kind und Umwelt stehen in einer transaktionalen Wechselbeziehung.

3.2 Funktion und Aufgabe des Kindergartens

Der Kindergarten stellt als eigenständige Sozialisationsinstanz und als kulturelle Umwelt einen wesentlichen Teil des Mesosystems des Kindes im Sinne des ökologischen Ansatzes von Bronfenbrenner (1981) dar. Er versteht sich als Einrichtung, die bildungspolitischen und sozialpädagogischen Aufgaben gleichermaßen gerecht wird und dadurch zur optimalen Entwicklung jedes einzelnen Kindes beiträgt. Nach den Österreichischen Landesgesetzen zur Regelung des Kindergartenwesens hat der Kindergarten die Aufgabe, die Familienerziehung der Kinder ab dem vollendeten dritten Lebensjahr bis zum Schuleintritt zu unterstützen und zu ergänzen.

Auch die Ergebnisse der Delphi-Befragung 1996/1998 – einer Erhebung an pädagogischen Expert/innen hinsichtlich der zukünftigen Entwicklungen des Bildungswesens – betonen die wichtige Rolle der ersten, sehr lernintensiven Lebensjahre im Bildungsprozess. In der postindustriellen Gesellschaft muss das Ziel der Bildung und Erziehung im Kindergarten die Anleitung zu eigeninitiativem, selbstgesteuertem und teamintensivem Lernen sein. Zu den Aufgaben der Kindergartenpädagog/innen zählt es, den Kindern Schlüsselerfahrungen mit dem Lernen zu ermöglichen. Die Kinder sollen zum Experimentieren und zum spielerischen Lernen angeregt werden. Möglichkeiten der positiven Selbsterfahrung hinsichtlich des Ergründens, Hinterfragens und Gestaltens von „Neuem" zählen zu den wesentlichen Lernfeldern im Kindergarten. (bmb+f, 1998a)

Aus transaktionaler Sicht soll sich der Kindergarten durch Offenheit, Transparenz, Flexibilität und Veränderungsbereitschaft auszeichnen. Intensive Wechselbeziehungen mit den Familien und den außerfamiliären Lebensräumen der Kinder tragen dazu bei, die Abschottung des Kindergartens von der gesellschaftlichen Wirklichkeit zu vermeiden. Die Strukturen des Kindergartens müssen heute außerdem die vielfältigen Lebensformen von Familien berücksichtigen.

Kinder benötigen eine fördernde Umwelt sowie einen Aktivitäts- und Aktionsradius, der ihrem Entwicklungsstand entspricht. Dadurch wird es ihnen möglich, neue Erfahrungen zu machen und Kompetenzen und Fertigkeiten zu erwerben. Auch Normen und Bedeutungen, Sinn und Wertigkeit der Umwelt werden für die Kinder durchschaubar, und sie erleben, dass sie die Umwelt aktiv verändern können. Dieses Wechselspiel von Kind und Umwelt ist eine wesentliche Komponente seiner Sozialisation. (Dippelhofer-Stiem, 1995)

Der Kindergarten stellt einen Lebens- und Erfahrungsraum mit vielfältigen Handlungsmöglichkeiten dar, der zur Eroberung der Umwelt und deren Um- und Mitgestaltung anregt. Somit eröffnet er dem Kind Wege zur Aneignung seiner Umwelt und gibt ihm Orientierungshilfen und Unterstützung. Dabei spielt für Kinder die Balance zwischen den transaktionalen Prozessen der Aneignung, Vergegenständlichung, Objektivierung und

Subjektivierung eine wichtige Rolle. Kinder stehen durch ihre Aktivität und Selbstständigkeit in ständigem Austausch mit ihrer Umgebung und tragen zu deren Formung und Veränderung bei.

Transaktionale Prozesse spielen sich nicht nur in Bildungssituationen, sondern auch bei der Betreuung von Kindern ab. Bei der Gestaltung der Jause, einer typischen Betreuungssituation, kann die Kindergartenpädagogin z. B die Selbstständigkeit der Kinder fördern, indem sie den Wunsch der Kinder aufgreift, selbst zu entscheiden, wann, was und wie viel sie essen möchten. Dieses Zugeständnis von Autonomie an die Kinder erfordert eine bewusste Verhaltensänderung der Kindergartenpädagogin sowie eine neue Planung der Jausensituation. Die größere Selbstständigkeit der Kinder kann wiederum zu einer veränderten Beziehungsqualität zwischen Kindern und Kindergartenpädagogin führen.

Auf Grund ihrer fachlichen Kompetenz sollte sich die Kindergartenpädagogin der Bedeutung der transaktionalen Prozesse bewusst sein, die zwischen ihr, den Kindern und den Umweltbedingungen stattfinden.

Aus transaktionaler Sicht können folgende Funktionen des Kindergartens angeführt werden:

- Der Kindergarten ist ein eigenständiger Lebensraum, in dem Kinder und Umwelt ständig in Wechselwirkung stehen.
- Im Kindergarten haben die Kinder Raum und Zeit, ihre Entwicklung selbst voranzutreiben.
- Der Lebensraum Kindergarten bietet Kindern die Gelegenheit, Bildungsangebote zu nützen, die auf ihre individuellen Bedürfnisse und Begabungen abgestimmt sind, unter anderem im Bereich der Motorik, der Wahrnehmung, des Denkens und Lernens, der Sprache und Kommunikation, des Sozialverhaltens, der emotionalen Entwicklung und der Kreativität.
- Der Kindergarten als Teil der Kultur ist mit seinem gesellschaftlichen Umfeld vernetzt und bemüht sich um gemeindeorientiertes Arbeiten sowie um größtmögliche Transparenz.
- Im Zuge der Qualitätsentwicklung im Kindergarten ist die Entwicklung einer eigenen Konzeption erforderlich, um die pädagogische Arbeit der Öffentlichkeit zu präsentieren.
- Im Kindergarten werden Eltern in ihrem Bemühen unterstützt, die Entwicklungsmöglichkeiten ihrer Kinder innerhalb der Familie zu fördern.

3.3 Das umfassende Bildungsverständnis im transaktionalen Ansatz

Die Begriffe „Erziehung“ und „Bildung“ werden in der pädagogischen und psychologischen Literatur häufig synonym verwendet. Während im Englischen das Wort „education“ für die Gesamtheit des pädagogischen Handelns steht, ist die Trennung von Erziehung und Bildung ein Charakteristikum des deutschen Sprachraumes.

Auf wissenschaftlicher Ebene wird heute eine umfassende und ganzheitliche Sicht des pädagogischen Geschehens im Kindergarten diskutiert, in der nicht zwischen Erziehung, Bildung und Betreuung unterschieden wird.

Der Transaktionsansatz basiert auf einem erweiterten Bildungsbegriff, der folgendermaßen definiert wird:

- Bildung bezieht sich auf den Erwerb und die Ausdifferenzierung von Sachkompetenz, Selbstkompetenz und Sozialkompetenz.
- Bildung basiert auf Austauschprozessen zwischen Kind, Kindergartenpädagogin und Umwelt.
- Diese müssen sich in Balance befinden, um eine optimale Bildungsqualität zu ermöglichen.
- Transaktionale Prozesse finden in Bildungs-, Erziehungs- und Betreuungssituationen gleichermaßen statt.

Kinder setzen sich von Anfang an aus eigenem Antrieb mit ihrer Umwelt in transaktionalen Prozessen auseinander. Sie handeln, forschen und lernen selbsttätig und sind Akteure ihrer Entwicklung. Bildung kann nicht allein von außen erfolgen, sondern bedarf einer aktiven Auseinandersetzung des Kindes mit den Bildungsangeboten. (Schäfer, 1994)

Hohe Bildungsqualität ist dann gewährleistet, wenn es dem Kind gelingt, die Bildungsinhalte in seine Denk- und Erfahrungswelt zu integrieren. Dabei ist es wesentlich, dass die Kinder Bildungsinhalte rezipieren, verinnerlichen, mit ihren Erfahrungen verknüpfen und eigene Produkte schaffen dürfen. Die Aufgabe der Erwachsenen besteht darin, Kindern Erfahrungsmöglichkeiten zur Verfügung zu stellen, die ihre Entwicklung optimal fördern.

Eine ganzheitliche Bildung ist Voraussetzung für die Entwicklung der Persönlichkeit und bietet die entscheidende Grundlage für die individuelle Lebensqualität.

Auch im UNESCO-Bericht zur Bildung für das 21. Jahrhundert wird Bildung als Kern der Persönlichkeitsentwicklung und der Gemeinschaft gesehen (Delors, 1997):

- „Bildung ist der Kern der Persönlichkeitsentwicklung und der Gemeinschaft. Ihre Aufgabe ist es, jeden von uns, ohne Ausnahme, in die Lage zu versetzen, all unsere Talente voll zu entwickeln und unser kreatives Potenzial, einschließlich der Verantwortung für unser eigenes Leben und der Erreichung unserer persönlicher Ziele, auszuschöpfen." (S. 15)
- Bildung soll jedem Menschen während seines ganzen Lebens ermöglichen, seine Entwicklung selbst zu gestalten und aktiv an der Zukunftsgestaltung der Gesellschaft mitzuwirken.
- Bildungsangebote sollen individuell gestaltet sein und Selbstständigkeit, Kreativität sowie Neugierde fördern.
- Bildung bezieht sich nicht allein auf den Erwerb von Wissen. Bildung bedeutet auch, lernen zusammenzuleben, Verständnis für die Mitmenschen und ihren persönlichen und kulturellen Hintergrund zu entwickeln, die Gleichberechtigung der Geschlechter zu fördern und Konflikte konstruktiv zu lösen. Ein weiterer Aspekt von Bildung bezieht sich auf die Flexibilität und Kompetenz im Umgang mit unvorhergesehenen Situationen und Anforderungen. Dies beinhaltet auch die Fähigkeit zur Teamarbeit. Nicht zuletzt ist jede/r Einzelne gefordert, Eigenständigkeit, Urteilsvermögen und persönliche Verantwortung zu zeigen.
- Pädagog/innen werden im Rahmen eines ganzheitlichen Bildungsverständnisses als Begleiter/innen gesehen, die zu Eigenständigkeit und Kritikfähigkeit anregen, aber auch jene Grundwerte vermitteln, die für die Orientierung in einer pluralistischen Gesellschaft notwendig sind.

In Übereinstimmung mit dem Bildungsverständnis der UNESCO kann der Bildungsauftrag für den Kindergarten folgendermaßen umrissen werden: Bildung fängt mit dem Beginn des Lebens an und geht über die reine Wissensvermittlung im Sinne von Sachkompetenz hinaus. Sie schließt die Förderung einer alters- und entwicklungsgemäßen Selbst- und Sozialkompetenz ein:

- Der Erwerb von **Sachkompetenz** befähigt Kinder dazu, sich mit der materiellen Umwelt auseinander zu setzen, sie für sich selbst verfügbar zu machen und nach eigenen Ideen und Plänen zu gestalten. Im Kindergarten wird unter anderem die Fähigkeit gefördert, sich Informationen zu verschaffen und sie sprachlich-begrifflich zu erfassen. Sachkompetenz bedeutet auch, Sachzusammenhänge zu erkennen, zu beurteilen und damit verbundene Probleme zu lösen.

- **Selbstkompetenz** bedeutet, sich selbst und seinen Körper emotional zu erleben und kognitiv zu erfahren. Um Kinder bei der Entwicklung ihrer Identität zu unterstützen, sollten Bildungsangebote im Kindergarten den individuellen Bedürfnissen und Interessen der Kinder entsprechen und ihre Selbstständigkeit, Kreativität und Neugierde fördern.

- **Sozialkompetenz** stellt die Basis dafür dar, miteinander zu leben und Verständnis und Toleranz für die Individualität anderer Menschen zu entwickeln. Zum Bildungsauftrag des Kindergartens gehört es, partnerschaftliches Rollenverständnis und die Akzeptanz anderer Kulturen zu fördern, Flexibilität im Umgang mit unvorhergesehenen Situationen zu vermitteln und konstruktive Konfliktlösungsstrategien anzubahnen. Dies beinhaltet auch die Fähigkeit zur Teamarbeit.

Nach den Ergebnissen der Delphi-Befragung 1996/1998 erwarten Bildungsexpert/innen aus Österreich und Deutschland in ihrer Einschätzung der zukünftigen Entwicklungen, die die postindustrielle Wissensgesellschaft bestimmen werden, einen tief greifenden Wandel des Bildungswesens: Das lebenslange und lebensbegleitende Lernen wird zum obersten Bildungsprinzip der postindustriellen Gesellschaft werden. Bildung wird dabei im Sinne von Selbstorganisation verstanden: Der lernende Mensch bildet sich selbst. (bmb+f, 1998b; bm:wv, 1998)

3.4 Das Rollenverständnis der Kindergartenpädagogin

Wenn Kinder als aktiv, kompetent und gleichberechtigt anerkannt werden, dann besteht die Aufgabe der Kindergartenpädagogin darin, die Kinder im pädagogischen Prozess zu begleiten und zu unterstützen. Jede Kindergartenpädagogin kann dabei ihre eigenen Schwerpunkte setzen, wenn diese fachlich begründet und kritisch reflektiert sind. Im Folgenden wird dafür ein Beispiel aus der Kindergartenpraxis angeführt:

Basierend auf meinen Erfahrungen mit Kindern auf ihrem Weg zu mehr Unabhängigkeit hat sich für mich ein pädagogisches Konzept herauskristallisiert, das sich als „Lebensbewältigung im Alltag" beschreiben lässt: Die Kinder gestalten ihren Alltag zunehmend aktiv und autonom. Ich bin für sie als Person und Ansprechpartnerin präsent. Die Kinder spüren, dass ihre Selbstständigkeit erwünscht ist und wissen sich in ihren Spielprojekten anerkannt und unterstützt. Viel mehr als bisher rückt das einzelne Kind in den Mittelpunkt des Interesses. Beobachtung, gepaart mit Empathie, wird zur Grundhaltung dem Kind gegenüber. Die Beobachtung bleibt dabei nicht an Oberflächlichkeiten und einzelnen

Fertigkeiten hängen. Wesentlich sind vielmehr Fragen wie: Wie geht es dem Kind jetzt in diesem Moment, in dieser Situation? Wie fühlt es sich in der Beziehung mit anderen?
Die Sensibilisierung für die Bedürfnisse der Kinder wird wesentlich. Wenn die Erzieherin diese Bedürfnisse ernst nimmt – z. B. sich bemüht, eine entsprechende Spielumgebung für das Rollenspiel zu schaffen –, fühlen sich die Kinder absolut ernst genommen. Ich habe erfahren, dass durch diese Art von Begegnung und echter Anteilnahme zwischen Kind und Erzieherin eine sehr ehrliche und echte Beziehung entsteht, die das „Freilassen" der Kinder ohne Kontrolle durch den Erwachsenen erst möglich macht.[1]

In Zusammenhang mit dem veränderten Bild vom Kind ergeben sich:

- eine veränderte Einstellung der Kindergartenpädagogin den Kindern gegenüber
- die Forderung nach einem partnerschaftlichen Erziehungsstil
- die Notwendigkeit der Auseinandersetzung der Kindergartenpädagogin mit ihrer eigenen Persönlichkeit
- fachspezifische pädagogische Anforderungen

3.4.1

Die Einstellung der Kindergartenpädagogin

Die Auseinandersetzung mit dem veränderten Bild vom Kind hat Konsequenzen für die Einstellung der Kindergartenpädagogin, wie die folgende Aussage einer Kindergartenpädagogin verdeutlicht:

Als Kindergartenpädagogin möchte ich für die Kinder in erster Linie Mensch, Begleiterin, Gegenüber und Vermittlerin zwischen Außenwelt und Innenwelt sein. Ich bin bestrebt, dass die Würde der einzelnen Kinder nicht verletzt wird und weise, wenn nötig, auf Grenzen und deren Einhaltung hin. Ich möchte meine pädagogischen Vorgaben einschränken und die Entwicklung der Kinder zulassen. Das Alltägliche ist „Lernort" und bietet den Kindern die ständige Chance, ihr Leben eigenständig zu bewältigen und zu gestalten. So erleben die Kinder den Kindergarten nicht als künstliche, sondern als reale Welt.[2]

Die empathische Einstellung der Pädagogin wird unter anderem in folgenden Aspekten ihrer Arbeit sichtbar:

- Die Kindergartenpädagogin erlebt ihre Arbeit mit den Kindern als persönliche Bereicherung.
- Die Kindergartenpädagogin ist bemüht, im Kindergarten eine Atmosphäre des Vertrauens, der Geborgenheit und der Akzeptanz zu schaffen.
- Sie hat Achtung vor der Würde der Kinder, respektiert ihre Rechte und bemüht sich, die Kinder in ihrer Individualität anzunehmen.
- Die Pädagogin nimmt die Kinder mit ihren Fähigkeiten, Bedürfnissen und Gefühlen ernst und wertet diese nicht.
- Sie akzeptiert die persönlichen Vorstellungen der Kinder, ermöglicht ihnen selbstständiges Denken und Handeln und stärkt dadurch ihr Selbstbewusstsein.

[1] Gerti Reischl, Kindergartenpädagogin, persönliche Mitteilung

[2] Gerti Reischl, Kindergartenpädagogin, persönliche Mitteilung

- Sie bemüht sich um Gelassenheit, dennoch steht sie den Kindern nicht gleichgültig gegenüber.
- Ihr partnerschaftliches Rollenverständnis zeigt sich darin, dass sie für die Kinder Vorbild ist und nichts verlangt, was sie selbst nicht einhält.

3.4.2

Der Erziehungsstil der Kindergartenpädagogin

Um das Bild vom kompetenten Kind in der Praxis zu verwirklichen, ist eine Reduktion des Erziehungsanspruchs im Sinne einer „Entpädagogisierung" notwendig. (Braunmühl, 1989)

Dazu folgendes Praxisbeispiel:

Ich orientiere mich in meiner pädagogischen Arbeit an den Erlebnissen, Erfahrungen, Interessen, Eindrücken, Bedürfnissen und Wünschen der Kinder. Für viele Kinder ist nicht das Schwerpunktthema der Kindergartenpädagogin von Belang, sondern die Frage: „Wie komme ich an den Bagger ran, der bereits seit heute morgen besetzt ist?" oder: „Weshalb ist Sebastian nicht mehr mein Freund?" Oft werden solche Themen ohne meine Mithilfe, mit einfachsten Mitteln, irgendwo ausgespielt. Die Vielfalt an Ideen ist enorm, aber nicht alles lässt sich realisieren. Ich bespreche mit den Kindern, welches Material sie benötigen oder wo eine Umgestaltung bereits vorhandener Materialien oder Spielbereiche für die Umsetzung ihrer Pläne vorgenommen werden muss. Dabei treten oft Probleme auf, die wiederum das kreative und soziale Potenzial der Kinder fördern. So werden fehlende Dinge am nächsten Tag von zu Hause mitgebracht oder eigens angefertigt. Ich zeige den Kindern die Handhabung von Werkzeugen, Geräten und Techniken, um ihre Selbstständigkeit zu erhöhen. Die Realisierung eines gemeinsam gesteckten Zieles mobilisiert alle zur Verfügung stehenden Kräfte der Beteiligten. Die Kinder sind in ihrer Ganzheitlichkeit gefordert: Sinne, Bewegung, Kreativität, Fantasie und Werthaltungen – alles kommt zum Tragen.
Zur Klärung oder Vertiefung der Interessen und Spielideen der Kinder biete ich Erzählungen, Bilderbücher, Lexika oder Bewegungslandschaften an. Diese Angebote können angenommen oder abgelehnt werden. Ich bin als Person und Ansprechpartnerin für die Kinder präsent. Manchmal muss ich mich ganz bewusst zurücknehmen, z. B. beim Einhalten der Ordnung. Diese halte ich zwar im Sinne der Sozialerziehung für sehr wichtig, aber in ihren selbst gestalteten Spielbereichen bestehen die Kinder oft auf die Beibehaltung ihrer eigenen Ordnungsvorstellungen.
Gelegentlich müssen „Akteure" auch in ihre Grenzen gewiesen werden, weil sie zu laut sind und damit andere Kinder stören. Konflikte werden aber meist sehr selbstständig gelöst. Ich habe eher die Funktion eines „Sprachrohrs" für Einzelne, helfe den Kindern, sich zu artikulieren, und kläre, wenn nötig, Missverständnisse auf. Oft werden Konflikte in der täglichen Abschlussrunde noch einmal zur Sprache gebracht. Gemeinsam suchen wir die Gründe für die Streitereien und besprechen Verhaltensalternativen und Lösungen. Dabei lernen die Kinder, für sich selbst zu sprechen und anderen zuzuhören.[1]

[1] Gerti Reischl, Kindergartenpädagogin, persönliche Mitteilung

Der Erziehungsstil der Kindergartenpädagogin ist unter anderem durch folgende Merkmale geprägt:

- Erziehung ist ein dialogischer Prozess im Sinne einer partnerschaftlichen Pädagogik. Der Erziehungsstil ist argumentativ, demokratisch und kindorientiert. Der Freiheit eines Kindes werden nur dort Grenzen gesetzt, wo die Bedürfnisse anderer zu respektieren sind.
- Die Kindergartenpädagogin unterstützt die Eigeninitiative und die Lernprozesse der Kinder und begleitet sie in einer prozessorientierten Arbeit.
- Sie ermutigt die Kinder, ihre eigenen Fähigkeiten zu erproben, Neues zu entdecken, an Grenzen zu stoßen und diese zu überwinden.
- Anregung, Motivierung und Vertrauen gehören zum Erziehungsstil der Kindergartenpädagogin.
- Sie ermöglicht den Kindern durch ihre Zurückhaltung und Zurücknahme, eigene Lösungen für Probleme zu finden, statt vorgefertigte Lösungen anzubieten.
- Durch ihren Erziehungsstil und ihre persönliche Einstellung ermöglicht sie den Kindern, den Kindergartenalltag als lustvoll und angstfrei zu erleben.
- Die Kindergartenpädagogin unterstützt Selbstentfaltungswerte wie Autonomie, Selbstverwirklichung und Kritikfähigkeit, während Pflicht- und Akzeptanzwerte wie Disziplin, Ordnung und Fleiß eher in den Hintergrund treten.
- Indem sich die Kindergartenpädagogin auf die Interessen und Aktivitäten der Kinder einlässt, wird auch sie zur Lernenden und Forschenden.
- Risikobereitschaft, Neugier und der Mut zur Unvollkommenheit machen die Pädagogin offen für Veränderungen.

3.4.3

Die Auseinandersetzung der Kindergartenpädagogin mit ihrer eigenen Persönlichkeit

Für die Arbeit als Kindergartenpädagogin ist es notwendig, sich als Person in die Erziehungs- und Bildungsarbeit einzubringen. Dies setzt eine ständige Auseinandersetzung mit der eigenen Identität und Professionalität voraus:

- Die Kindergartenpädagogin bemüht sich in ihrem Verhalten den Kindern gegenüber um Echtheit und Empathie.
- Im Bewusstsein ihrer pädagogischen Verantwortung an einer Schlüsselstelle der Gesellschaft muss die Kindergartenpädagogin ihre Wertorientierungen und ihr Erzieher/innenverhalten immer wieder hinterfragen.
- Die Reflexion ihrer eigenen Wahrnehmungen, Wünsche und Lernprozesse macht ihr bewusst, dass sich diese möglicherweise von denen der Kinder unterscheiden. Sie ist bereit, auch die Sichtweisen der Kinder zu akzeptieren und zu verwirklichen.
- Die Auseinandersetzung mit ihrer eigenen Kindheit befähigt die Kindergartenpädagogin dazu, Ängste und ungelöste Konflikte nicht auf die Beziehung zu den Kindern zu übertragen.
- Zu den pädagogischen Qualifikationen der Kindergartenpädagogin zählt die Fähigkeit, mit Kritik an ihrer eigenen Person umzugehen. Im Bewusstsein der eigenen Grenzen kann sie auch Ratlosigkeit und Ängste zulassen und ist bereit, sich – gegebenenfalls unter fachlicher Anleitung – damit zu konfrontieren.

3.4.4

Fachspezifische Anforderungen an die Kindergartenpädagogin

Die täglich neuen Ansprüche und Aufgaben im Kindergarten erfordern viel pädagogisches Know-how und Geschick und machen die Arbeit abwechslungsreich, herausfordernd und auch intellektuell anspruchsvoll. Die fundierte Ausbildung verleiht der Kindergartenpädagogin Professionalität und qualifiziert sie für folgende fachspezifische Anforderungen:

- Durch ihr berufliches Selbstverständnis und ihr professionelles Handeln gestaltet die Kindergartenpädagogin die Atmosphäre und die pädagogische Qualität des Kindergartens.
- Sie nutzt die Strukturqualität des Kindergartens optimal für die Arbeit mit den Kindern.
- Zu den Grundlagen der pädagogischen Arbeit im Kindergarten zählen die Beobachtung und Situationsanalyse sowie die Vorbereitung und Reflexion.
- Auf Grund ihres fachspezifischen Wissens setzt sie sich mit Bildungssituationen und Bildungszielen auseinander, die Austauschprozesse zwischen dem Kind und seiner kulturellen Umwelt ermöglichen. Sie wählt mit fachlicher Kompetenz und Professionalität Ziele, Inhalte, Methoden und Medien aus.
- Sie stellt Zeit, Raum und vielfältige Anregungen für die ganzheitliche Entwicklung der kindlichen Fähigkeiten und Begabungen zur Verfügung, um den Kindern Erfolgserlebnisse im handelnden Umgang mit der Umwelt zu ermöglichen.
- Die Kindergartenpädagogin ermuntert die Kinder, an der Erarbeitung der Gruppenregeln teilzunehmen. Dabei vermittelt sie den Kindern, dass die Abmachungen ausschließlich dazu dienen, jedes einzelne Kind und die Gemeinschaft zu schützen. Gültige Regeln werden immer wieder auf ihren Sinn hin geprüft und – wenn notwendig – verändert.
- Sie gewährt den Kindern Freiräume, um sich abzugrenzen, und bestärkt sie damit, ihre eigenen Grenzen, Bedürfnisse und Gefühle anderen gegenüber zu artikulieren.
- Sie fördert die Konfliktkultur im Kindergarten, indem sie bei Bedarf Konflikte aufgreift und die Kinder unterstützt, selbst Bewältigungsstrategien zu finden.
- Sie bemüht sich, zu den Kindern und innerhalb der Gruppe zuverlässige und stabile Beziehungen herzustellen, und bringt sich als Person in die pädagogische Arbeit ein.
- Die Kindergartenpädagogin vermittelt den Kindern Kulturtechniken und Kulturgut, hinterfragt Traditionen aber auch auf ihre Aktualität und Sinnhaftigkeit hin.
- Einstellung und Verhalten der Kindergartenpädagogin sind Orientierungshilfen in einer pluralistischen Welt. Sie ermöglicht allen Kindern – unabhängig von Religion und Kultur – gleiche Entwicklungsmöglichkeiten.
- Sie kann ihre Arbeit den Eltern, der Leitung und dem Träger gegenüber fachlich begründen und berücksichtigt die gesetzlichen Bestimmungen.
- Sie besitzt Beratungskompetenz für Eltern in Erziehungs- und Entwicklungsfragen.
- Teamfähigkeit und Kooperation sind für die Arbeit im Kindergarten notwendig.
- Die Kindergartenpädagogin ist daran interessiert, sich durch Fort- und Weiterbildung über den neuesten Stand der Forschung zu informieren. Interdisziplinäre und institutionsübergreifende Zusammen-

arbeit mit der Schule, mit Psycholog/innen, Sozialarbeiter/innen etc. gehören zu ihrem Aufgabenfeld.

- Die Auseinandersetzung der Kindergartenpädagogin mit verschiedenen pädagogischen Konzepten ist durch Offenheit und kritische Reflexion geprägt.

Entsprechend dem veränderten Bild vom Kind stellt Beobachten den Grundstein der Arbeit im Kindergarten dar: Aufgabe der Pädagogin ist es, Kinder in ihren Tätigkeiten und Handlungen intensiv und gezielt zu beobachten und dies zu dokumentieren. Im Gespräch mit Kolleg/innen werden Beobachtungsergebnisse und Handlungsmöglichkeiten diskutiert, reflektiert sowie für weitere methodisch-didaktische Planungsschritte verwertet.

Eine umfassende Beobachtung bezieht sich auf:

- die vorurteilsfreie Wahrnehmung der Individualität der Kinder
- die Erfassung des körperlichen, kognitiven, sozialen und emotionalen Entwicklungsstandes der Kinder in der Gruppe
- das Kennen- und Verstehenlernen der kindlichen Aktivitäten

4 Bausteine für eine Didaktik und Methodik aus transaktionaler Sicht

Bildung und Betreuung im Kindergarten bedürfen didaktischer und methodischer Überlegungen, die auf den transaktionalen Prozessen des Aneignens und Vergegenständlichens, des Subjektivierens und Objektivierens aufbauen müssen. Das heißt, Ziele, Inhalte, Prinzipien und Methoden sowie das Schaffen von geeigneten Rahmenbedingungen sind darauf ausgerichtet, Austauschprozesse zwischen dem Kind und seiner Umwelt zu ermöglichen.

Das Leben im Kindergarten ist durch die wechselseitige Anregung von Kindern und Kindergartenpädagogin charakterisiert: Dabei ergänzen einander die Selbsttätigkeit der Kinder und die Bereitstellung von Bildungsangeboten durch die Kindergartenpädagogin. Austauschprozesse zwischen dem Kind und seiner Umgebung finden sowohl bei Betreuungssituationen als auch bei gezielten Bildungsangeboten statt. Ausschlaggebend ist die Einsicht der Kindergartenpädagogin in das Gefüge der Austauschprozesse, um die Handlungsmotivation der Kinder optimal anzuregen.

4.1 Grundsätzliche Überlegungen zur Planung der pädagogischen Arbeit

Die Bewusstmachung der eigenen pädagogischen Orientierung – das heißt Reflexion über das persönliche Bild vom Kind, über das Erziehungs- und Bildungsverständnis und über die eigene Rolle – stellt im Transaktionsansatz den ersten Schritt zur Planung dar. Weiters muss die Kindergartenpädagogin die kindliche Lebenswelt und die entwicklungspsychologischen Voraussetzungen der Kinder in die Planung der Bildungsarbeit im Kindergarten mit einbeziehen.

Im Folgenden schildert eine Kindergartenpädagogin, wie sie auf Grund der kritischen Reflexion ihrer Arbeit zu einer grundlegenden Änderung der Planung kam:

Als Kindergartenpädagogin mit langjähriger Berufserfahrung fand ich es an der Zeit, die eingefahrene Arbeitsweise völlig neu zu überdenken. Beweggründe dafür waren:

- *Die Unzufriedenheit mit der üblichen Planung: Diese wurde zum Großteil von uns Erwachsenen bestimmt und enthielt wenig Spielraum für Spontanes.*

- *Zu wenig Mitspracherecht der Kinder: Kinder haben das Recht, gehört und beachtet zu werden, z. B. durch ein Mitspracherecht bei der Wochenplanung oder durch die Beachtung individueller Anliegen. Außerdem sollte sich kein Kind gegen seinen Willen verpflichtet fühlen, an bestimmten Aktivitäten teilzunehmen.*

Da neue Wege nur gemeinsam gefunden werden können, beschlossen wir – Kindergartenpädagogin, Helferin und Kinder –, die bisherige Arbeit im Kindergarten zu reflektieren und neu zu planen. Maßstab für die Konzeptänderung sollten die Bedürfnisse und Anliegen der Kinder sein. Die Kinder sollten erfahren, dass sie an Entscheidungen real beteiligt werden und dass sie für die Atmosphäre im Kindergarten mit verantwortlich sind.[1]

Wichtige Bestandteile der Planung sind außerdem die Auseinandersetzung mit Fachliteratur – um sich beispielsweise aktuelles Wissen über den selbst gesetzten Arbeitsschwerpunkt anzueignen –, der Besuch von Fortbildungsveranstaltungen und bei Bedarf die Inanspruchnahme professioneller Hilfe, etwa durch Psycholog/innen, Supervisor/innen, Sozialarbeiter/innen, Sonderkindergartenpädagog/innen oder Fachberater/innen.

4.1.1

Eigene pädagogische Orientierung

Je konkreter die Kindergartenpädagogin Zielvorstellungen hinsichtlich ihrer eigenen pädagogischen Position formuliert, umso leichter kann sie ein adäquates methodisches Vorgehen für deren Realisierung finden. So kann die Kindergartenpädagogin das eigene Verständnis der Arbeit im Kindergarten den Kindern, aber auch den Eltern und der Öffentlichkeit klarer vermitteln.

Zur Reflexion der eigenen pädagogischen Orientierung können die Ausführungen in Kapitel 3 dienen oder folgende Fragen herangezogen werden:

Die Kindergartenpädagogin fragt sich:

- Wie ist mein persönliches Bild vom Kind?
- Welche Rolle hat für mich das Kind im Bildungsgeschehen?
- Welche Vorstellungen von Erziehung und Bildung liegen meiner pädagogischen Arbeit zu Grunde?
- Wodurch muss mein Verhalten gegenüber den Kindern gekennzeichnet sein, damit es diesen Vorstellungen entspricht?
- Gibt es Erziehungs- und Bildungsziele, die für mich besondere Priorität haben? Welche Ziele erscheinen mir nicht so wichtig?
- Wie verstehe ich meine eigene Rolle?
- Für welche Aspekte der Kindergartenarbeit fühle ich mich verantwortlich? Wo will ich mich abgrenzen?
- In welchen Bereichen der Arbeit liegen meine Stärken? Bin ich mir meiner Schwächen bewusst?
- Wo benötige ich professionelle Hilfe?

4.1.2

Analyse der kindlichen Lebenswelt und der entwicklungspsychologischen Voraussetzungen

Aus transaktionaler Sicht stellt der Kindergarten einen Lebensraum dar, in dem Kinder und Umwelt ständig in Wechselwirkung stehen. Damit die Austauschprozesse zwischen Kind

[1] Maria Steinmetz, Kindergartenpädagogin, persönliche Mitteilung

und Umwelt optimal gelingen können, muss die Bildungsarbeit sorgfältig geplant werden. Eine wesentliche Voraussetzung dafür ist die Reflexion der Rahmenbedingungen im Kindergarten.

Die Kindergartenpädagogin analysiert, welche Bedingungen durch die Kinder, die Eltern, das Kolleg/innenteam, die Kindergartensituation und das gesellschaftliche Umfeld gegeben sind, wie etwa:

- Merkmale der Gruppenzusammensetzung, wie z. B. Anzahl der Kinder, Alter, Kindergartenerfahrung, Geschlecht, Geschwisteranzahl und Nationalität der Kinder
- Körperlicher, sozialer, emotionaler, sprachlicher und kognitiver Entwicklungsstand der Kinder, Begabungen bzw. besondere Bedürfnisse, Interessen, Lernfähigkeit, Status innerhalb der Gruppe, emotionale Befindlichkeit und Beziehung zu den anderen Kindern bzw. zur Kindergartenpädagogin
- Berufe bzw. Tätigkeitsfelder und Interessen der Eltern, sozioökonomische Verhältnisse, Familienformen, Wohnverhältnisse und Möglichkeiten der Eltern zur aktiven Mitarbeit im Kindergarten
- Standort des Kindergartens (Stadt, Land, Fremdenverkehrsgebiet, Industriegebiet ...), Einzugsgebiet und Infrastruktur (nahe gelegene Geschäfte, Schwimmbad, Bildungseinrichtungen, Ausflugsziele, Verkehrslage und Verkehrsverbindungen ...)
- Strukturelle Rahmenbedingungen des Kindergartens wie Gruppengröße, Personalstruktur, Räumlichkeiten, Ausstattung, Öffnungszeiten, Regelung der Bring- und Abholzeiten
- Vorhandensein eines pädagogischen Konzepts
- Besondere Aufgaben des Kindergartens, kulturelle Gegebenheiten, Vernetzung des Kindergartens mit der Gemeinde
- Möglichkeiten des Gedankenaustausches, Unterstützung und Anregungen zwischen den Kolleg/innen, Teamarbeit, gruppenübergreifendes Arbeiten bzw. offene Gruppenarbeit

Die Kindergartenpädagogin bezieht ihr Wissen über Qualitätsstandards ein und überlegt, wie sie Veränderungen der Struktur- und Prozessqualität bewirken kann, etwa durch Einbeziehen von Nebenräumen, durch Verlagerung von Spielbereichen oder durch verstärkte Beteiligung der Helferin und der Eltern an der pädagogischen Arbeit etc.

4.2 Planungsschritte aus transaktionaler Sicht

Der Kindergarten stellt einen Lebens- und Erfahrungsraum dar, in dem die Kinder die Möglichkeit haben, das Bildungsgeschehen aktiv mitzugestalten. Ihre Ideen und Impulse sind wichtige Bestandteile der Planung der Kindergartenarbeit.

4.2.1 Anlässe und Kriterien für die Planung

Die Ausgangssituationen für die konkrete Planung des lebensnahen Lernens können vielseitig sein:

- Impulse von den Kindern (z. B. sexuelle Neugier: Fragen nach der Herkunft von Babys oder nach den Unterschieden zwischen Mädchen und Buben)
- Bedürfnisse der Kinder, die durch Beobachtung und Reflexion gewonnen wurden (z. B. besondere Bildungsangebote für hoch begabte Kinder)
- Impulse von der Kindergartenpädagogin, die bestimmte Erziehungs- und Bildungs-

ziele verfolgt (z. B. Angebote, um die sprachliche Ausdrucksfähigkeit von Kindern zu fördern, Angebote zur Medienerziehung, kritisches Konsumverhalten oder Gesundheitserziehung)

- Bildungsinhalte zum Jahreskreis (Weihnachten, Fasching, Ostern, St. Martin ...)
- Impulse von der Umwelt (z. B. kommen auf Grund der Osterweiterung immer wieder Ausländer/innen nach Österreich, dadurch ist das Thema Integration und Minderheiten auch im Kindergarten aktuell)
- Impulse von den Eltern (z. B. äußert eine allein erziehende Mutter den Wunsch, unterschiedliche Familienformen zu thematisieren)
- Mitentscheidungen der Eltern (z. B. hinsichtlich der Ess- und Ruhesituation)

4.2.2 Bildungsinhalte

Auf Grund ihrer Fachkompetenz sowie ihres didaktischen und entwicklungspsychologischen Wissens entscheidet die Kindergartenpädagogin, welche dieser Anlässe und Impulse aufgegriffen und in einem bestimmten Bildungsinhalt konkretisiert werden. Folgende Aspekte werden dabei berücksichtigt:

- Die Ausgewogenheit der transaktionalen Prozesse: Haben die Kinder genügend Möglichkeiten, Neues kennen zu lernen, die Inhalte mit eigenen Erfahrungen in Zusammenhang zu bringen und zu vergegenständlichen?
- Kindliche Lernformen, wie Spielen, Arbeiten, Gestalten, Erfinden und Forschen (Niederle, 1995)
- Didaktische Prinzipien, wie sie von Charlotte Niederle (1995) als Grundsätze formuliert wurden. Georg Zeissner (1993) nennt außerdem die Prinzipien der Kindgemäßheit, der Teilschritte, der Übung, der Anschauung, der Lebensnähe, der Aktivität und das Prinzip der Individualisierung und Differenzierung
- Der sachlogische Aufbau des geplanten Bildungsinhaltes

4.2.3 Überlegungen zur methodischen Umsetzung

Bei der konkreten Umsetzung der Bildungsinhalte müssen die methodischen Entscheidungen so getroffen werden, dass das Kind durch die Balance der transaktionalen Prozesse bestmöglich motiviert ist.

Die Kindergartenpädagogin trifft folgende methodische Entscheidungen:

Entscheidungen hinsichtlich der Zielgruppe

Welche Kinder sollen angesprochen werden? (Z. B. alle Kinder, die interessiert sind; Kinder mit einem ausgeprägten Bewegungsbedürfnis; Kinder mit großem technischen Interesse; nicht nur Kinder der eigenen Gruppe, sondern gruppenübergreifende Arbeit)

Bei der Wahl der Zielgruppe gilt es zu überlegen, welche Kinder von diesem Bildungsangebot auf Grund ihres Entwicklungsstandes profitieren können: Sind die Kinder im Stande, den Bildungsinhalt zu verstehen; können sie ihn mit eigenen Erfahrungen in Zusammenhang bringen und weiterentwickeln?

Entscheidungen hinsichtlich der Durchführung

Zur Umsetzung des Bildungsinhalts können unter anderem folgende Möglichkeiten gewählt werden:

- Individuelle Förderung (Begabtenförderung, Angebote für Kinder mit besonderen Bedürfnissen)
- Kurzfristige Kleingruppenarbeit oder Gesamtgruppenarbeit (z. B. Bewegungsangebot)
- Langfristige Kleingruppen- oder Gesamtgruppenarbeit (methodische Reihen oder Methodenmodelle)
- Durchführung in Form eines langfristigen Bildungsprozesses, bei dem das Bildungsgeschehen für längere Zeit auf ein Projektthema abgestimmt ist (z. B. Friedensprojekt, Umgang mit Außenseiter/innen, Auseinandersetzung mit Wut und Aggression)
- Gruppenübergreifende Arbeit im Team mit anderen Kindergartenpädagoginnen (z. B. besteht als Ausklang des Vormittags für die Kinder aller Gruppen die Möglichkeit, den Bewegungsraum frei zu benutzen)

Entscheidungen hinsichtlich der Konkretisierung

Längerfristige Aktivitäten und Projekte setzen sich aus vielen einzelnen Bildungsangeboten zusammen. Für jedes konkrete Angebot sind folgende Überlegungen notwendig:

- Welche Räumlichkeiten bzw. Orte sind geeignet? (Z. B. der Garten, ein bestimmter Gruppenbereich, der Waschraum)
- Welcher Zeitrahmen und welche Tagesphase sind für die Aktivitäten am besten geeignet? Das Gelingen von Bildungsprozessen hängt wesentlich vom Zeitbudget ab. Damit sich Subjektivierungsprozesse entwickeln können, muss genügend unverplante Zeit zur Verfügung stehen.
- In welcher Sozialform kann die Auseinandersetzung mit dem Bildungsinhalt am intensivsten erfolgen?
- Welche Medien werden als Impuls benötigt? Können durch ein zusätzliches Materialangebot weiterführende Anregungen für die Bildungsprozesse gesetzt werden?
- Durch sorgfältig ausgewählte Medien werden die transaktionalen Prozesse der Vergegenständlichung und Subjektivierung begünstigt. Die Kinder werden in lustbetonter und individueller Weise angeregt, sich eigenständig mit den Materialien und Inhalten auseinander zu setzen und diese mit eigenen Erfahrungen in Verbindung zu bringen, um dann neue Spielideen oder Produkte zu erfinden.
- Wie erfolgt die Motivierung der Kinder? (Z. B. durch die Vorbereitung der Umgebung; durch ein Materialangebot, das die Neugierde und das Interesse der Kinder weckt; durch einen Überraschungseffekt; durch verbale Ermunterung)
- In welchen Schritten erfolgt der Ablauf des Bildungsangebots? Leitlinien sind dabei die Teilschritte der Kindgemäßheit, der Übung, der Anschauung, der Lebensnähe, der Aktivität und das Prinzip der Individualisierung und Differenzierung. Ebenso werden die entwicklungspsychologischen Grundlagen miteinbezogen.
- Wie wird der Ausklang gestaltet? Welche Möglichkeiten gibt es, dass die Kinder das Bildungsangebot als abgerundet erleben? Anzustreben ist ein gleitender Übergang zu anderen Aktivitäten.
- Wie kann das Bildungsangebot in weiterer Folge vertieft werden? Gibt es Möglichkeiten zur Übung, Wiederholung, zum Transfer und zur Verselbstständigung der erworbenen Kompetenzen und Inhalte?

Entscheidungen hinsichtlich der Eltern- und Öffentlichkeitsarbeit

Für Kinder, die einen großen Teil des Tages im Kindergarten verbringen, ist ein intensiver

Austausch zwischen der Familie und dem Kindergarten wichtig. Folgende Entscheidungen sind zu treffen:

- Können die Eltern bei dem geplanten Bildungsvorhaben zur Mitarbeit motiviert werden? Auf welche Weise können sie mitwirken? (z. B. durch das Vorstellen ihrer besonderen Talente)
- Auf welche Weise wird den Eltern und der Öffentlichkeit der professionelle Hintergrund des Bildungsvorhabens transparent gemacht? (Z. B. durch eine Elternzeitung, eine öffentlich zugängliche Ausstellung, Gespräche, Berichte in der Lokalpresse)

4.3 Reflexion der pädagogischen Arbeit

Im transaktionalen Konzept zur Optimierung von Bildungsqualität kommt nicht nur der Planung, sondern auch der Reflexion der Bildungsarbeit durch die Kindergartenpädagogin große Bedeutung zu. Reflexion wird als rückblickende und kritische Betrachtung der Bildungsarbeit verstanden, aus der sich neue Planungsaspekte, Ideen und Impulse ergeben können.

Durch die Reflexion können Einflussfaktoren und ursächliche Zusammenhänge bewusst gemacht werden, die das Bildungsgeschehen mitbestimmt haben.

Die Kindergartenpädagogin überlegt rückblickend, ob und wie die Prozesse der Aneignung, Subjektivierung, Objektivierung und Vergegenständlichung zum Tragen gekommen sind:

- Wurden die Bildungsangebote von den Kindern aufgenommen und verinnerlicht?
- Haben die Kinder die Anregungen der Kindergartenpädagogin subjektiviert, das heißt, mit ihren eigenen Erfahrungen und Bedürfnissen in Verbindung gebracht und weiterentwickelt?
- Ist es gelungen, den Bildungsprozess durch verschiedene Impulse – z. B. durch zusätzliche Materialangebote – in Gang zu halten und den Prozess der Vergegenständlichung bei den Kindern zu initiieren?
- Hatten die Kinder die Möglichkeit, ihre eigenen Ideen weiterzuentwickeln und selbstständig Produkte und Ergebnisse zu schaffen?

Die Kindergartenpädagogin analysiert weiters, welche wechselseitigen Veränderungen bei den Kindern, bei ihr selbst und in der Umwelt stattgefunden haben:

- Welche Auswirkungen hatte die Bildungsarbeit auf die Kinder, auf ihre eigene Person und auf die Gruppenatmosphäre?
- Auf welche Weise wurden die Eltern und die Umgebung beeinflusst?
- In welcher Form wurden diese Auswirkungen sichtbar, eventuell weiter aufgegriffen und/oder in die Arbeit eingebunden?
- Wer hat am meisten zu diesen Veränderungen beigetragen?

Die Kindergartenpädagogin reflektiert, ob ihre Auffassung von Erziehung und ihr Bild vom Kind im Bildungsgeschehen realisiert wurden. Sie überprüft auch, ob ihr Verhalten ihrem eigenen Rollenverständnis entsprochen hat:

- Waren die Auswahl der Angebote, die aufgegriffenen Impulse und Wünsche der Kinder sowie die Zielsetzungen, die verfolgt wurden, auf das eigene Bild vom Kind und auf das eigene Erziehungsverständnis abgestimmt?
- Hat das tatsächliche Verhalten gegenüber den Kindern den eigenen Rollenvorstellungen und Zielsetzungen entsprochen, oder hat es Abweichungen von den Idealvor-

stellungen gegeben? Welche Gründe waren dafür verantwortlich?

- Wie wurden die eigenen Vorstellungen realisiert? In welchen Aktionen, Tätigkeiten und Umgangsformen wurden sie konkret ausgedrückt?

In diese Analyse fließt außerdem die Reflexion der Lern- und Entwicklungsprozesse ein:

- Welche Lern- und Entwicklungsprozesse wurden bei den Kindern, bei der Kindergartenpädagogin und eventuell bei den Eltern und anderen Personen gefördert?
- Haben sich diese Lern- und Entwicklungsprozesse in eine andere als die ursprünglich überlegte Richtung entwickelt?
- Haben alle Kinder oder nur einige von dem Bildungsangebot profitiert?
- Waren die Methoden und die Vorgangsweise angemessen?

All diese Überlegungen führen schließlich noch zur folgenden Frage:

- Welche Erkenntnisse kann man für weitere Bildungsvorhaben gewinnen?

5 Bildungsqualität – eine vernetzte Sichtweise

Bildungsqualität wird als ein umfassender Begriff verstanden, der in einer vernetzten Sichtweise verschiedenste Aspekte der pädagogischen Qualität mit einbezieht:

Grundlegend für die Bildungsqualität ist die Auseinandersetzung mit dem Bild vom Kind, mit dem Bildungsverständnis, mit dem Rollenverständnis der Kindergartenpädagogin sowie mit den Funktionen des Kindergartens. Das Wissen über die kindliche Lebenswelt und über entwicklungspsychologische Voraussetzungen der Kinder sowie über die strukturellen Rahmenbedingungen des Kindergartens beeinflussen die Qualität der Bildungsprozesse ebenso wie didaktische und methodische Überlegungen. Die bewusste Auseinandersetzung mit den transaktionalen Austauschprozessen verleiht der Bildung im Kindergarten eine neue Qualität.

Die folgende Grafik soll dieses Modell illustrieren und die Vernetzung der einzelnen Aspekte transparent machen.

Die Grafik zeigt auch auf, dass die Qualität der Bildungsprozesse nicht nur einseitig beeinflusst wird: So kann beispielsweise die Reflexion eines Bildungsgeschehens wiederum zu Veränderungen im Rollenverständnis der Kindergartenpädagogin oder in ihren didaktisch-methodischen Überlegungen führen.

Ziel des Transaktionsansatzes ist die Optimierung der Bildungsqualität, um für Kinder die bestmöglichen Entwicklungschancen zu schaffen.

Bildungsqualität – eine vernetzte Sichtweise

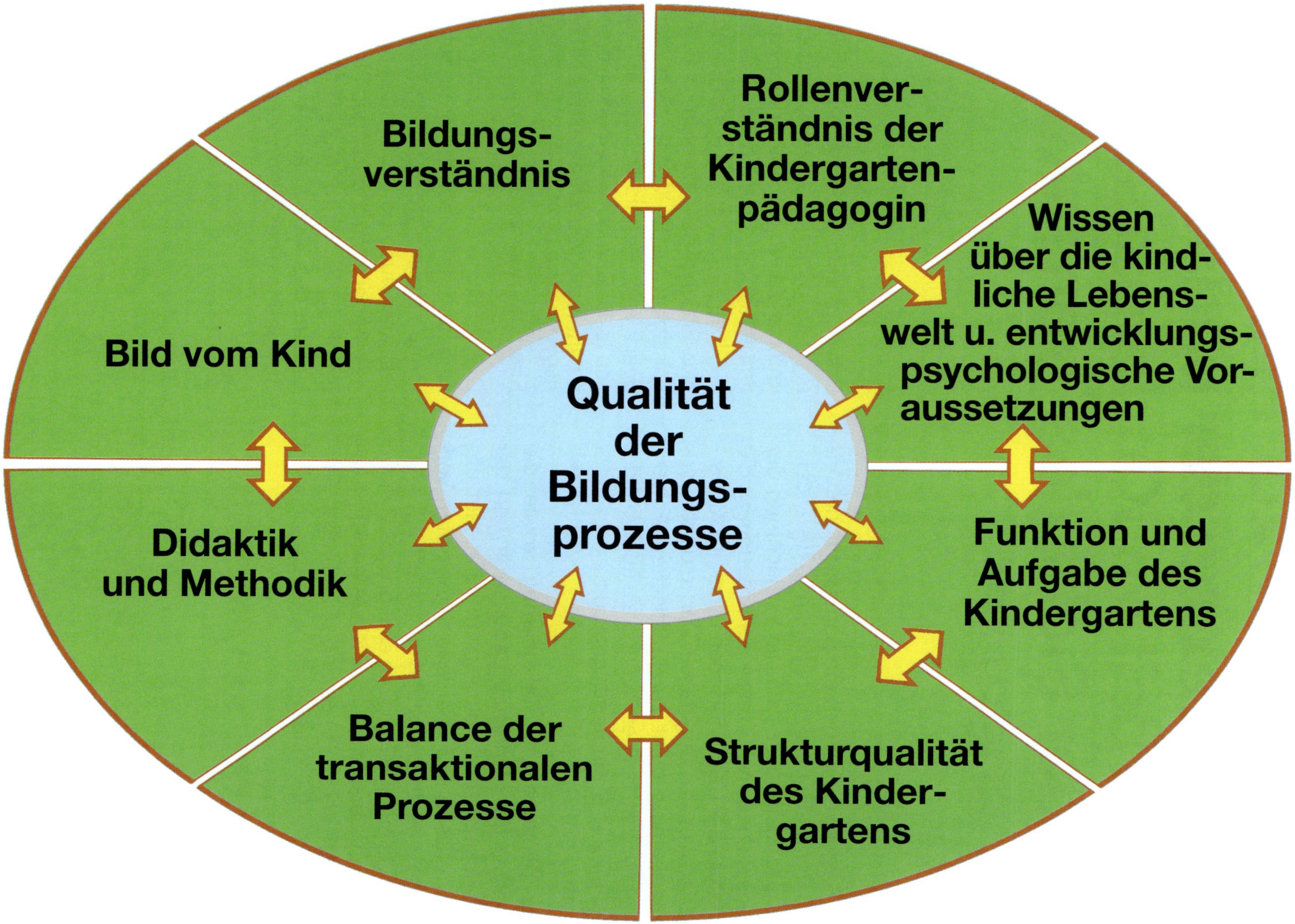

VII Kriterien zur Planung und Reflexion der pädagogischen Arbeit im Kindergarten aus der Sicht des Transaktionsansatzes

Im Folgenden werden die pädagogische Orientierung, die Qualitätsstandards, die Didaktik und Methodik sowie die Verflechtung der transaktionalen Prozesse als Kriterien für die Analyse der pädagogischen Arbeit im Kindergarten zusammengefasst. Der folgende Kriterienkatalog dient zur praktischen Anwendung sowohl bei der Planung als auch bei der Reflexion der Kindergartenarbeit.

Die pädagogische Orientierung sowie die Analyse der kindlichen Lebenswelt und der entwicklungspsychologischen Voraussetzungen müssen nicht bei jedem konkreten Vorhaben neu und ausführlich hinterfragt werden. Vielmehr geht es um eine grundsätzliche Auseinandersetzung der Kindergartenpädagogin mit persönlichen und strukturellen Faktoren, die die Kindergartenarbeit nachhaltig beeinflussen.

Beweggründe und Anlässe zur Reflexion der eigenen pädagogischen Orientierung stellen unter anderem die Ausbildung zur Kindergartenpädagogin, der Einstieg ins Berufsleben, die Konfrontation mit innovativen Bildungs- und Erziehungskonzepten (z. B. Erziehungsprinzipien Maria Montessoris und des Ehepaars Wild, Reggio-Pädagogik), Identitätskrisen (z. B. Burnout), Meinungsverschiedenheiten im Kolleg/innenteam hinsichtlich pädagogischer Fragestellungen oder Konflikte mit Eltern der Kinder dar.

Die kindliche Lebenswelt und ihre entwicklungspsychologischen Voraussetzungen sollten am Beginn jedes neuen Kindergartenjahres, aber auch bei plötzlichen oder unvorhergesehenen Veränderungen während eines Arbeitsjahres hinterfragt werden, z. B. beim Umbau des Kindergartens oder im Falle der Scheidung eines Elternpaares.

1. Pädagogische Orientierung

Welches Bild vom Kind liegt der pädagogischen Arbeit zu Grunde?	Siehe Kapitel 3.1
Welches Verständnis von Erziehung und Bildung wird erkennbar?	Siehe Kapitel 3.3
Welches Rollenverständnis hat die Kindergartenpädagogin?	Siehe Kapitel 3.4

2. Analyse der kindlichen Lebenswelt und der entwicklungspsychologischen Voraussetzungen

Sozioökonomische Bedingungen der Familien	Siehe Kapitel 4.1.2
Entwicklungspsychologische Voraussetzungen der Kinder	Siehe Kapitel 4.1.2
Strukturqualität im Kindergarten	Siehe Kapitel 2

3. Didaktisch-methodische Kriterien

Anlässe und Kriterien für die konkrete Planung des Bildungsgeschehens	Siehe Kapitel 4.2.1
Methodische Umsetzung	Siehe Kapitel 4.2.3
Reflexion der Kindergartenarbeit	Siehe Kapitel 4.3

4. Psychologische Prozesse

Welche Lern- und Entwicklungsprozesse kommen zum Tragen?	Siehe Kapitel 3.3
In welchem Ausmaß werden die transaktionalen Prozesse der Vergegenständlichung, Aneignung, Subjektivierung und Objektivierung ermöglicht?	Siehe Kapitel 1

VIII Beispielhafte Analyse von Praxisberichten aus transaktionaler Sicht

Im Folgenden werden verschiedene Bildungssituationen dargestellt und anhand der in Kapitel VII ausgeführten Kriterien zur Planung und Reflexion der pädagogischen Arbeit im Kindergarten aus der Sicht des Transaktionsansatzes analysiert. Dadurch werden die Austauschprozesse zwischen Kind und Umwelt aufgezeigt, um Handlungs- und Mitgestaltungsmöglichkeiten der Kinder besser fördern zu können.

Diese Praxisberichte stammen von Kindergartenpädagog/innen aus ganz Österreich, die durch ihre schriftlichen Aufzeichnungen entscheidend am Entstehen dieses Buches mitgewirkt haben. Ihnen sei an dieser Stelle herzlichst gedankt.

Neben neuen Praxisberichten wurden bewusst auch einige bereits bekannte ausgewählt, um zu verdeutlichen, dass transaktionale Prozesse im Kindergartenalltag schon immer stattgefunden haben. Die Analysen der Bildungsprojekte bzw. Alltagssituationen lenken jedoch zum ersten Mal den Blick darauf, Kindern bewusst Prozesse der Aneignung, Vergegenständlichung, Subjektivierung und Objektivierung zu ermöglichen.

Die in den Analysen aufgezeigte Art der Planung und Reflexion soll nicht im Sinne eines Mehraufwandes in der täglichen Arbeit missverstanden werden. Sie dient der Kindergartenpädagogin vielmehr als Hilfe dabei, die eigene Arbeit an den neuesten psychologischen und pädagogischen Erkenntnissen zu orientieren. Die bestehende Praxis wird zukünftig dahingehend erforscht werden, in welchem Ausmaß transaktionale Prozesse vorhanden sind und ob sich diese in Balance befinden, um eine optimale Entwicklungsförderung von Kindern zu gewährleisten.

1 Multikultureller Kindergarten

1.1 Bericht der Kindergartenpädagogin über das Projekt „Multikultureller Kindergarten“

Die Kindergartenpädagogin Gabi Egger beschreibt ihre Arbeit in einer bilingual geführten Gruppe:

Unser Projekt „Multikultureller Kindergarten“ erstreckt sich bereits über einige Jahre. Auslösend dafür war die hohe Anzahl an Kindergartenkindern mit nichtdeutscher Muttersprache. Mehr als zwei Drittel der Kinder kamen aus der Türkei und aus Exjugoslawien. Die anfängliche Überforderung der Kindergartenpädagoginnen, der Leitung, aber auch der Eltern mündete in die Idee, ein Projekt mit wissenschaftlicher Begleitung zu starten. Eine deutschsprachige Kindergartenpädagogin sollte den Kindergartenalltag gemeinsam mit einer zweiten Kindergartenpädagogin, deren

Muttersprache einer der typischen Einwanderungsgruppen in Österreich entspricht, gestalten.
Meine Kollegin (mit Muttersprache Serbisch und Ungarisch) und ich erlebten mit unserer Ganztagsgruppe einen sehr plötzlichen Einstieg in das muttersprachliche Projekt. So blieb wenig Zeit für schriftliche Vorbereitungen, dafür aber die Chance auf eine schöne und abenteuerliche Auseinandersetzung. Abenteuerlich deshalb, da permanente Spontaneität und Flexibilität erforderlich waren. Dennoch kristallisierten sich schon bald die Schwerpunkte unseres methodischen Vorgehens heraus:
So wussten wir z. B., dass Rhythmik und Musik Hauptelemente unserer Arbeit sein sollten. Unseren ersten Zugang zur zweisprachigen Arbeit mit den Kindern stellte ein sehr rhythmisches Lied zum Thema Gemeinschaft dar. Meine Kollegin dichtete in ihrer Sprache passende Strophen dazu. Wir sangen unser zweisprachiges und selbst erfundenes Lied, das sich nach und nach zum Jahreshit der Kinder entwickelte. Wir bemerkten, dass es gar nicht wichtig war, alles wortwörtlich zu übersetzen. Vielmehr stand die Gleichberechtigung der verschiedenen Sprachen im Vordergrund. Wichtig waren das erstmalige „Platzmachen" für andere Kulturen und Muttersprachen sowie das Zuhören und Mitmachen.
Weiters sollte der kontinuierliche Kontakt zu den Eltern unsere Arbeit sehr unterstützen. Wir bemühten uns, Termine für Feste, Ausflüge oder besondere Informationen rechtzeitig zweisprachig anzukündigen. Um den Austausch mit den Eltern von Anfang an zu intensivieren, gestalteten wir beispielsweise drei knapp aufeinander folgende Elternabende. Wir motivierten die Kinder und Eltern, Fotos von zu Hause mitzunehmen und im Gruppenraum zu präsentieren. Gegenseitig zeigten sie einander voller Stolz die darauf abgebildeten Verwandten.
Unser Kindergarten ist nun zu einem Ort der Begegnung geworden, wo die Eltern stark in die Arbeit einbezogen sind und dazu ermutigt werden, Kompetenzen wahrzunehmen. Wir laden die Eltern ein, uns tagsüber in der Gruppe zu besuchen. Meine Kollegin oder ich selbst nehmen uns dann auch die Zeit, uns zu den Eltern zu setzen, um ins Gespräch zu kommen.
Wir bemerkten, dass die Kinder durch die Auseinandersetzung mit anderen, ihnen völlig fremden Kulturen spontan viel mehr über ihre eigene Herkunft erzählten, als wenn wir sie direkt darauf ansprachen. Also beschlossen wir, den Kindern Einblick in verschiedenste Kulturen zu ermöglichen, damit sie auf diesem Weg ihre eigene Identität finden konnten. Wir nennen diese Vorgehensweise „positives Befremden". Gemeinsam mit den Kindern beobachten und besprechen wir Dinge und Situationen, die uns allen fremd sind. Dabei fangen die Kinder auf ganz natürliche Weise an, über die Bräuche und Sitten der eigenen Heimat zu sprechen und sie mit den Erfahrungen anderer Kinder zu vergleichen. Wir schauen uns Bilder an, kochen exotische Speisen oder singen dazu passende Lieder. Oft sind unsere „Reisen" in ferne Länder auch Anlass für ein typisches Fest, wie z. B. für ein venezianisches Faschingsfest.
Das gemeinsame Feiern ist uns im Laufe der Zeit immer wichtiger geworden. Neben den von den Kindern sehr geliebten traditionellen Festen finden wir viele zusätzliche Gelegenheiten, gemeinsam zu feiern: sei es, dass wir ein Kürbisfest feiern, bei dem uns unsere türkischen Kinder mit dem geschickten Öffnen gerösteter Kürbiskerne beeindrucken, sei es ein Kartoffelfest oder ein Hausschuhfest, das wir gemeinsam gestalten.
Die bilinguale Bildungsarbeit veränderte unseren ganzen Tagesablauf. Wir gingen dazu über, wieder viele Angebote im Kollektiv durchzuführen, da die Kinder das ge-

meinsame Spielen besonders genossen. Auf der anderen Seite setzten wir viele Montessorimaterialien ein, die sich für die Einzelförderung besonders eignen. Auch die strukturellen Rahmenbedingungen passten wir unserer Arbeit an, indem wir beispielsweise unseren Gruppenraum umgestalteten. So vergrößerten wir den Puppenbereich, um das Rollenspiel besonders zu fördern. Wir versuchten, eine möglichst große Fläche für spontane Tanz-, Turn- und Singspiele freizuhalten, die die Kinder ganz besonders lieben. Viele dieser traditionellen Spiele, wie z. B. „ringel, ringel, reia", lassen sich in den verschiedensten Kulturen finden. Auch unsere Frühstückszeit passten wir dem Rhythmus der Kinder an. Da viele Kinder aus Gastarbeiterfamilien stammen, deren Eltern sehr früh zu arbeiten beginnen, organisierten wir bereits um 6.30 Uhr ein kleines Frühstück.

Ich möchte nun unsere Arbeit an einem konkreten Beispiel demonstrieren:

Wir haben in unserer Gruppe ein indisches Mädchen, das sehr schüchtern, eher distanziert und beherrscht ist und selten Emotionen zulässt. Sie beschäftigt sich meistens mit Mädchen, bleibt aber auch oft alleine. Zu uns Erzieherinnen hat sie jedoch einen guten Zugang. Durch Zufall geriet uns das Kinderbuch „Salim und der Bäcker" in die Hände, das in Indien spielt und sich mit dem Thema Gerechtigkeit auseinander setzt.

Unser indisches Mädchen konnte sich an den Bildern kaum satt sehen, plauderte viel mit uns und zeigte sich deutlich zugänglicher. So beschlossen wir, ab November Indien für einige Monate zum Schwerpunkt unserer Bildungsarbeit zu machen. Wir präsentierten das Bilderbuch vor einem indischen Vorhang, richteten unsere Adventfeier danach aus, übten die Geschichte als Bühnenstück ein und kosteten indische Backwaren. Natürlich hatten neben dieser intensiven Auseinandersetzung mit dem Themenkreis Indien auch die österreichischen Feste und Brauchtümer, wie z. B. unsere Nikolausfeier, Platz. Dennoch wurde das Thema Indien für uns im Lauf der Zeit immer attraktiver. Eltern, Kinder, Kolleginnen, Bekannte und Freund/innen sammelten für uns typisch indisches Material. Stoffe, Gewürze und Kerzenleuchter schmückten unseren Gruppenraum. In mitgebrachten Büchern studierten wir die Kleidung und Schminke der indischen Frauen und Männer und die Verteilung besonderer Arbeiten und Verantwortungen. Auffallend in der Auseinandersetzung mit fremden Kulturen ist immer wieder das damit verbundene geschlechtsspezifische Verhalten der Kinder: Die Mädchen bewunderten vorwiegend den Schmuck und den Sari der Mutter unseres indischen Mädchens. „Die indischen Frauen sind alle so schön geschmückt und geschminkt", stellten sie fest. Sie verglichen die Kopfbedeckungen der türkischen und indischen Frauen miteinander. Unser Angebot, sich mit Hilfe der mitgebrachten Stoffe selbst indisch zu verkleiden und zu schminken, nützten anfänglich nur die Mädchen. Die Burschen waren erst dazu bereit, sich zu schminken, als ich sie motivierte, eher männliche Symbole, wie etwa einen Drachen oder eine Schlange, auf Stirn und Wange zu malen. Seitdem sind sie allerdings mindestens ebenso oft vor dem Spiegel zu finden wie die Mädchen.

Die Burschen interessierten sich hingegen eher für die in den Büchern abgebildeten indischen Gurus. Sie fragten unser indisches Mädchen, wie lange man nach Indien fliegen würde, und machten das ferne Land mit meiner Hilfe auf dem Globus ausfindig.

Schon bald beobachteten wir, dass die Mutter unseres indischen Mädchens immer mehr in der Gruppe anwesend war, und auch der Vater kam öfter als sonst in den Gruppenraum. Wir bemerkten, dass sie

sich von uns angenommen fühlten – und genau das wollten wir ja erreichen.
Im Zuge unserer Auseinandersetzung mit Indien beschlossen wir, mit den Kindern ein indisches Frühlingsfest zu feiern. Gemeinsam verkleideten und schminkten wir uns. Danach dekorierten wir einen Tisch mit all den Utensilien, die wir im Lauf der Zeit gesammelt hatten, wie z. B. Globus, Bücher oder Kerzenständer. Auch der Puppenbereich wurde mit einem schönen Tischtuch und einem Sari indisch gestaltet.
Eine Neuigkeit für die Kinder stellten die typischen kulinarischen Köstlichkeiten dar. Auf einem Tisch wurden verschiedenes Kochgeschirr und Fleisch hergerichtet. Mit einem Mörser konnten die Kinder gut duftende Gewürze zermahlen. Auf einem anderen Tisch gab es die verschiedensten Früchte zu naschen. Die Kinder pressten selbst Orangensaft aus, was ihnen besonders viel Spaß machte. Hin und wieder besuchten uns Kolleginnen mit Kindern aus den anderen Gruppen und fanden eine sehr stimmungsvolle Atmosphäre vor.
Man könnte sich fragen, warum wir unsere Bildungsarbeit gerade dem Themenkreis Indien gewidmet haben, da ja nur ein einziges Kind unserer Gruppe aus diesem Land kommt. Gerade diese Einzigartigkeit beinhaltet ein enormes Lernpotenzial, das für die multikulturelle Erziehung genützt werden kann. Denn das „noch Fremde“ anzunehmen bedeutet auch eine Sensibilisierung für all das andere Fremde bei uns. In der Begegnung mit dem Fremden findet Gemeinsamkeit statt. Unser Ziel ist es, den Kindern und Familien einen Lebensraum zu bieten, der es ihnen erleichtert, in die Auseinandersetzung mit anderen Kulturen einzusteigen. Sie sollen Lust bekommen, die bei uns gesammelten Erfahrungen und Informationen weiterzutragen.
Seit dem Beginn unseres Projekts können wir gute Erfolge verbuchen. Schon nach einem Jahr konnten wir beobachten, dass die Kinder mit mehr Selbstvertrauen und Selbstständigkeit in der Gruppe agierten. Die Kinder sind plötzlich stolz auf ihre Herkunft, und sie erlernen auf ganz natürliche Weise Deutsch, ohne ihre Muttersprache zu verlernen, mit Deutsch zu vermischen oder zu verdrängen. Besonders gute Rückmeldungen bekommen wir von den Lehrer/innen der nahe gelegenen Volksschulen, die beobachten, dass unsere ehemaligen Kindergartenkinder sprachlich sehr gefestigt, aber auch emotional und sozial besonders weit entwickelt sind. Die Kinder agieren gegenüber Fremden oder gegenüber Unterschiedlichkeiten zwischen den Kindern wesentlich toleranter und verständnisvoller als so manche Klassenkamerad/innen.
Auch wir Kindergartenpädagoginnen haben von der neuen Arbeitsweise persönlich sehr profitiert. Wir haben viel an Information über die Familien der Kinder gewonnen und einander besser kennen gelernt. Neben der Präsentation unserer Projektarbeit auf Wandtafeln, in Schaukästen und in den Gruppenräumen sowie unserer schriftlichen Projektdokumentation betreuen wir Arbeitskreise, laden Schüler/innen der Bildungsanstalten für Kindergartenpädagogik ein, halten Vorträge und dokumentieren viele Situationen mit Video. Durch die externe Projektevaluation haben wir weiters tiefere Einblicke in die wissenschaftliche Arbeit und Forschung bekommen. Derzeit sind wir gerade damit beschäftigt, ein Netzwerk zur multikulturellen Erziehung in den Wiener Kindertagesheimen aufzubauen. Möglicherweise gelingt es uns auch, ein EU-Projekt zu starten.
Mit unserem Projekt möchten wir einen Grundstein für eine funktionierende „Integrationspolitik“ setzen und eine Basis dafür schaffen, dass Kinder, Erzieher/innen und Eltern verschiedener Kulturen nebeneinander und miteinander leben lernen.

1.2

Analyse des Projekts „Multikultureller Kindergarten“

1.2.1

Pädagogische Orientierung

1 Das Bild vom Kind

Die Kinder sind neugierig, spontan und offen für Neues. Unabhängig von der eigenen Herkunft haben die Kinder die Möglichkeit, Neuem und Fremdem zu begegnen. Die Kinder wollen angenommen und geliebt werden und suchen Geborgenheit. In einem sicheren Rahmen können sie eigene Ängste überwinden und Vorurteile gegenüber anderen Kulturen abbauen. Sie haben auf der einen Seite ein starkes Bedürfnis nach Unabhängigkeit und Individualität sowie auf der anderen Seite nach Zugehörigkeit und Kommunikation. Die Kinder werden in ihren Wünschen, wie z. B. dem Wunsch nach Bewegung und gemeinsamen Sing- und Tanzspielen, ernst genommen. Der Gruppenraum wird ihren Bedürfnissen entsprechend gestaltet.

2 Das Verständnis von Erziehung und Bildung

Kinder sollen in ihrer eigenen Identität gestärkt werden. Durch die bilinguale Erziehung werden Kinder ermuntert, neben ihrer eigenen Muttersprache auch Deutsch zu lernen. Ein besonderer Schwerpunkt liegt in der Erziehung zur Toleranz sowie in der Förderung des Verständnisses für die Mitmenschen und ihren persönlichen und kulturellen Hintergrund. Damit wird nicht nur der Fremdenfeindlichkeit vorgebeugt, sondern auch echtes Demokratieverständnis vermittelt. Mit Hilfe von Informationen über fremde Völker, deren Lebensweise und Brauchtümer, werden das Urteilsvermögen der Kinder gestärkt und die Flexibilität im Umgang mit unvorhergesehenen Situationen gefördert. Durch die starke Einbindung der Eltern in die Bildungs- und Erziehungsarbeit wird die Kluft zwischen den verschiedenen Lebenswelten der Kinder verringert.

3 Das Rollenverständnis der Kindergartenpädagoginnen

Die Kindergartenpädagoginnen haben Achtung vor der Würde der Kinder, respektieren ihre Rechte und bemühen sich, die Kinder in ihrer Individualität anzunehmen. Sie nehmen ihren gesellschaftlichen Auftrag sehr ernst und setzen sich durch ihre Bildungsarbeit für einen toleranteren Umgang der Kinder und Eltern aus verschiedenen Kulturen ein. Sie überprüfen eingefahrene Strukturen, wie z. B. die zeitliche Gestaltung der Jause, und passen diese ihrer Bildungsarbeit an. Die Kindergartenpädagoginnen bemühen sich, innerhalb der Gruppe zuverlässige und stabile Beziehungen herzustellen und bringen sich als Person in die pädagogische Arbeit ein. Sie sind fähig zur Teamarbeit und bemühen sich, die gewonnen Erkenntnisse an andere Kolleginnen weiterzugeben, indem sie beispielsweise Arbeitskreise und Vorträge mitgestalten. Sie sind interessiert, Neues auszuprobieren und sich auf ein umfangreiches Projekt einzulassen.

1.2.2

Analyse der kindlichen Lebenswelt und der entwicklungspsychologischen Voraussetzungen

1 Sozioökonomische Bedingungen der Familien

Der Anteil an Kindern bzw. Familien aus anderen Kulturen ist sehr hoch. So gibt es in der Gruppe zwei albanische, ein indisches, elf exjugoslawische, ein ägyptisches und drei türkische Kinder sowie ein österreichisch-türkisches bzw. österreichisch-jugoslawisches Elternpaar. Viele Kinder besitzen bereits die österreichische Staatsbürgerschaft. Besonders die moslemischen Kinder leben in sehr großen Familienverbänden in relativ schlechten Wohnverhältnissen. Viele Eltern haben Berufe mit Schicht- oder Nachtdiensten. Die Kinder mit österreichischer Muttersprache kommen aus Familien mit eher hohem Bildungsniveau.

2 Entwicklungspsychologische Voraussetzungen der Kinder

In die Gruppe sind 25 Kinder im Alter von 3 bis 6 Jahren eingeschrieben. Davon sind 11 Mädchen und 14 Buben, von denen insgesamt mehr als die Hälfte ein oder zwei Geschwister hat. Einige Kinder wurden bereits in anderen Institutionen betreut, bevor sie in die Gruppe kamen. Viele der Kinder mit nichtdeutscher Muttersprache kennen nur ihre nahe Umgebung, da sie kaum Ausflüge mit ihren Familien machen. Das führt dazu, dass diese Kinder hinsichtlich Kindergartenausflügen und sportlichen Aktivitäten nicht sehr belastbar sind bzw. auf Grund kultureller Differenzen einige Angebote, z. B. Eislaufen, nicht wahrnehmen dürfen. Teilweise besitzen die Kinder sehr viel Spielmaterial, das aggressives Verhalten auslösen kann. Die Kinder erleben zu Hause einen besonders hohen Druck hinsichtlich der „Schulvorbereitung". Großteils sind die Kinder aber sehr selbstständig.

3 Strukturqualität im Kindergarten

Der Gemeindekindergarten liegt in einem dicht besiedelten und verkehrsreichen Stadtgebiet mit wenig Grünflächen. Durch die nahe gelegene U-Bahn können verschiedenste Ausflugsziele relativ schnell erreicht werden. Der Kindergarten hat von 6.30 Uhr bis 17.30 Uhr geöffnet. Im Haus sind eine Halbtags- und eine Ganztagsgruppe sowie drei Hortgruppen untergebracht. Eine Kindergartengruppe und eine Hortgruppe werden – neben einer österreichischen Kindergartenpädagogin – zusätzlich durch eine zweisprachige Kindergartenpädagogin betreut. Derzeit sind weiters eine Leiterin, eine Kindergartenpädagogin und eine Helferin sowie zwei Springerinnen angestellt, die in den übrigen Gruppen tätig sind. Zusätzlich ist eine mobile Sonderkindergartenpädagogin verfügbar.

1.2.3

Didaktisch-methodische Kriterien

1 Anlässe und Kriterien für die Planung des Bildungsgeschehens

Das Projekt zur multikulturellen Erziehung startet auf Grund der hohen Anzahl von Kindern mit nichtdeutscher Muttersprache. Das Bildungsthema Indien ergibt sich aus Beobachtungen über ein indisches Kind in der Gruppe und aus der Entdeckung eines passenden Kinderbuches über Indien.

2 Bildungsinhalt

Multikulturelle Erziehung im Kindergarten

3 Methodische Umsetzung

- **Zielgruppe:** Alle Kinder der Gruppe und ihre Familienmitglieder
- **Form der Durchführung:** Langfristige Gesamtgruppenarbeit
- **Entscheidungen hinsichtlich der Konkretisierung:**

  Medien: Musik aus anderen Ländern und aus dem eigenen Land, Bücher über die einzelnen Kulturen, diverses Material zum Themenkreis Indien, wie Stoffe, Kerzenhalter und Gewürze, Fotos der Kinder von ihren nahen Verwandten.

  Zeit und Ort: Das Projekt bestimmt über das ganze Jahr hinweg die tägliche Bildungsarbeit. Sowohl der Gruppenraum als auch der Garderobenbereich werden – abgestimmt auf das jeweilige Thema – umgestaltet und einbezogen.

Motivierung: Da die Familien der meisten Kinder selbst aus einer anderen Kultur stammen, ist die Auseinandersetzung mit anderen Lebensweisen und Bräuchen nahe liegend. Durch die Aufbereitung der Themen mit Hilfe rhythmischer Lieder und Rollenspiele, durch Feste mit Verkleidungen oder die Zubereitung exotischer Speisen werden die Kinder sehr angesprochen.

Durchführung: Den ersten Zugang stellt ein Bilderbuch über Indien dar, das mittels verschiedener Gespräche und eines Bühnenstückes aufbereitet wird. Gemeinsam mit den Kindern, den Eltern und Kolleginnen werden Materialien, passend zu diesem Land, gesammelt. Schminkfarben und Stoffe stehen zum Verkleiden bereit. Zum Abschluss wird ein indisches Frühlingsfest gefeiert, bei dem die Kinder passend kostümiert sind und indische Speisen kosten, Gewürze entdecken und Orangensaft pressen.

Ausklang/Vertiefung: Multikulturelle Erziehung ist ein ständiger Bildungsinhalt. Das „positive Befremden", das Feiern von kleinen, mitunter sehr exotischen Festen ist Bestandteil des Gruppenalltags.

4 Elternarbeit und Öffentlichkeitsarbeit

Die Eltern werden eingeladen, am Gruppengeschehen teilzunehem und mitzuwirken. Sie werden rechtzeitig zweisprachig auf Termine und Vereinbarungen aufmerksam gemacht. Durch drei eher knapp hintereinander gestaltete Elternabende kann der Kontakt von Beginn des Kindergartenjahres an intensiviert werden.

Durch die genaue Dokumentation der Arbeit mit Berichten und Videoaufzeichnungen sowie durch die wissenschaftliche Begleitung findet eine hervorragende Öffentlichkeitsarbeit statt, die sich in Arbeitskreisen, Vorträgen und im geplanten Aufbau eines multikulturellen Netzwerkes in den Kindertagesheimen niederschlägt.

1.2.4

Psychologische Prozesse

1 Lern- und Entwicklungsprozesse

- **Im Bereich der Sachkompetenz:**

  Förderung des Wissens über verschiedene Kulturen, deren Lebensweisen und Brauchtümer.

- **Im Bereich der Selbstkompetenz:**

  Förderung der Kreativität: Der schöpferische Umgang mit Musik und verschiedenen Materialien sowie das Rollenspiel regen die Kreativität der Kinder an.

  Verbesserung der sprachlichen Fähigkeiten durch die bilinguale Erziehung.

  Förderung der Neugierde durch die Technik des „positiven Befremdens".

  Förderung der Individualität: Die Kinder entdecken die Unterschiede und Gemeinsamkeiten mit Kindern aus anderen Kulturen. Sie haben die Möglichkeit, ihre Wurzeln zu stärken, sie hervorzuheben und stolz auf ihre Herkunft zu sein.

- **Im Bereich der Sozialkompetenz:**

  Förderung integrativer Fähigkeiten durch die Thematisierung fremder Kulturen und die gelebte Achtung und Wertschätzung in der Gruppe mit Kindern unterschiedlicher Nationalitäten.

  Förderung der Toleranz durch das Zusammenleben und durch gemeinsame Aktivitäten der Kinder und Eltern aus unterschiedlichen Kulturen und Religionen.

2 Transaktionale Prozesse im multikulturellen Kindergarten

	Objektivieren (Akkomodation, Orientierung an der Realität)	**Subjektivieren** (Assimilieren, Anpassen an die eigenen Bedürfnisse)
Aneignen (Verinnerlichen, Internalisieren)	**A** **Die Kinder rezipieren und verinnerlichen den Bildungsinhalt** ❶ Die Kindergartenpädagoginnen beobachten das schüchterne indische Mädchen. Dieses Mädchen betrachtet ein Bilderbuch über Indien. ❹ Eltern, Kinder und Kolleginnen sammeln Material zum Themenkreis „Indien“, das von den Kindern begutachtet wird. ❺ Die Kinder bewundern den Schmuck der indischen Frauen.	**B** **Die Kinder bringen ihre eigenen Erfahrungen ein und verarbeiten dadurch die Bildungsinhalte** ❷ Das indische Mädchen plaudert mit den Kindergartenpädagoginnen über das Bilderbuch und ihre Erfahrungen. ❻ Die Kinder vergleichen die Kultur und die Menschen ihrer eigenen Herkunft mit jener der indischen Bevölkerung.
Vergegenständlichen (Mitgestalten, Produkte schaffen, sich selbst erweitern)	**C** **Die Kinder sind Ausführende** ❸ Die Kindergartenpädagoginnen machen Indien zum Schwerpunkt der Bildungsarbeit und präsentieren das Buch vor einem indischen Vorhang. ❼ Die Kindergartenpädagoginnen organisieren mit den Kindern ein indisches Fest.	**D** **Die Kinder schaffen ein eigenes Produkt Sie erleben sich als Schöpfer** ❽ Die Mädchen beginnen, sich selbst zu schminken.

Die Nummerierung der einzelnen Szenen in den vier Feldern folgt dem Verlauf des Bildungsgeschehens. Durch eine Beobachtung der Kindergartenpädagoginnen und die Präsentation eines indischen Buches (in Feld A) wird Indien (in Feld C) zum Bildungsschwerpunkt der Gruppe. In Szene ❻ verknüpfen die Kinder das Wissen und ihre Beobachtungen über Indien mit ihrem eigenen Erfahrungshintergrund.

Die Bildungsqualität dieses Praxisberichtes zeigt sich in folgenden Erkenntnissen:

- In diesem Projekt wird die gesellschaftspolitische Aufgabe des Kindergartens besonders deutlich. Kinder verschiedener Nationalitäten lernen, in gegenseitiger Toleranz und Achtung friedlich miteinander zu leben. Damit wird Intoleranz und Fremdenfeindlichkeit vorgebeugt.
- Weiters wird aufgezeigt, wie das persönliche Engagement der Kindergartenpädagoginnen, sich der Ausländerproblematik zu stellen, auch in der Öffentlichkeit und im Kolleginnenkreis honoriert wird. Die am Projekt beteiligten Kindergartenpädagoginnen sind zu Expertinnen geworden, die zu Fortbildungen, Vorträgen und Arbeitskreisen eingeladen werden.

2 Rauf- und Kraftspiele im Kindergarten

2.1 Bericht der Kindergartenpädagogin über das Projekt „Rauf- und Kraftspiele im Kindergarten"

Die Kindergartenpädagogin Petra Hochstöger berichtet, wie sie sich im Rahmen des EU-Projektes „Geschlechtssensible Pädagogik im Kindergarten"[1] mit körperbezogenen Rauf- und Kraftspielen beschäftigt hat:

Der Auslöser eines neuen Aktionsfeldes

Zu Beginn des Jahres beobachtete ich in meiner Gruppe, wie sich zwei Buben und ein Mädchen im multifunktionalen Bereich am Boden herumbalgten und mit offensichtlicher Freude rauften.

Das Raufen an sich störte mich in diesem Moment weniger als der Ort der Handlung, inmitten von spielenden Kindern, Kanten und Ecken. Nach längerem Abwägen der Situation ging ich zu den Kindern und sagte ihnen, dass dieser Platz zum Raufen zu gefährlich ist. Die Kinder sahen ein, dass dieser Ort zu eng und die Verletzungsgefahr bei den Kanten zu groß ist und dass die anderen Kinder nicht in Ruhe spielen können, und beendeten ihre Rauferei.

Einer der beiden Buben fragte mich daraufhin: „Und wo können wir dann raufen?" Den Kindern war es anscheindend sehr wichtig, ihre Rauferei befriedigend zu beenden. Trotz meiner zwiespältigen Gedanken und Gefühle hinsichtlich des Raufens machte ich mich mit den Kindern auf den Weg, um einen geeigneten Ort zu finden.

Wir mussten feststellen, dass es weder in unserer Gruppe noch entlang des Ganges Plätze gab, wo man in Ruhe raufen konnte. Die Kinder meinten daraufhin, dass doch im Bewegungsraum Platz genug wäre, und sie hatten Glück, denn er war gerade nicht besetzt. Auf meinen Wunsch hin legten die Kinder Matten auf und begannen wieder zu raufen, als hätte es keine Unterbrechung

[1] Das EU-Projekt „Geschlechtssensible Pädagogik im Kindergarten" wurde 1998/99 als praxisbegleitende Fortbildung im Rahmen des 4. mittelfristigen Aktionsprogrammes der Gemeinschaft für die Chancengleichheit von Frauen und Männern durchgeführt. Das oben genannte Projekt wurde von Gerda Mühlegger geleitet und wird vom BMUK/Abteilung für geschlechtsspezifische Bildungsfragen sowie vom Frauenbüro des Landes Oberösterreich unterstützt.

gegeben. Ich saß daneben und beobachtete die Rauferei. Auffallend waren die Freude und die Lust an dieser körperlichen Begegnung sowie die Dynamik der Kinder. Manchmal rauften nur zwei Kinder miteinander, während eines mit strahlenden Augen zusah, dann lagen wieder alle drei quer übereinander. Irgendwann sagte einer der Buben: „Ich mag nicht mehr." Daraufhin beendeten alle drei die Rauferei, räumten die Matten weg und gingen mit mir gemeinsam zurück in die Gruppe. Der Konflikt, der der Auslöser für diese Rauferei gewesen war, wurde überhaupt nicht mehr erwähnt, und die Kinder bauten an ihrer Legostadt weiter.
Seit diesem „Vorfall" fragten mich die drei betroffenen Kinder immer wieder – auch ohne bestimmten Anlass –, ob sie raufen gehen können. Wie ein Lauffeuer sprach es sich in der Gruppe herum, dass es erlaubt ist, im Bewegungsraum zu raufen. In dieser Zeit war die häufigste Frage der Kinder: „Kann ich raufen gehen?"
Das Thema „Raufen" löste bei mir sehr unterschiedliche Reaktionen aus. Mir wurde bewusst, wie oft körperliche Auseinandersetzungen unterbrochen und verboten werden sowie dass die Kinder immer dazu angehalten werden, friedvolle Lösungen im Sinne eines gemeinsamen Gespräches zu finden. Vielfach erfolgt auch die Lösung von Konflikten durch die Kindergartenpädagogin.
Im Austausch mit Kolleginnen musste ich erkennen, dass körperliche Auseinandersetzungen und Rangeleien negativ gewertet und als eine Unart der Kinder, die ihre soziale Entwicklung in eine „gefährliche", unerwünschte Richtung lenkt, betrachtet werden. Kinder, die Streitigkeiten körperlich austragen, werden als „Streithanseln" und „Unruhestifter" bezeichnet.
Ich selbst bemerkte, dass ich seit diesem Vorfall keine klare Position finden konnte: Einerseits sprachen die Freude, der Spaß, das Interesse sowie die Häufigkeit, mit der die Kinder die Raufmöglichkeiten nutzten, für die Wichtigkeit dieses Aktionsfeldes. Andererseits spürte ich eine gewisse Ratlosigkeit, die sich auch darauf bezog, wie es weitergehen sollte.
Auf der Suche nach Literatur musste ich erkennen, dass diese Thematik am Büchermarkt wenig präsent ist. Trotzdem fand ich Bücher, die mir in meinem Auseinandersetzungsprozess mit Körperlichkeit und Konfliktbewältigung halfen. Darin werden körperliche Auseinandersetzungen als „Ausdrucks- und Kommunikationsmittel" betrachtet, die außerdem einen wichtigen Beitrag zur Entwicklung von Körperbewusstsein und motorischen Fähigkeiten leisten.

Das gemeinsame Erstellen von Regeln

Das geplante Raufen machte es notwendig, Regeln und Rituale einzuführen.
„Man darf einander nicht weh tun" und: „Wenn einer ‚stopp!' ruft, muss der andere sofort mit dem Raufen aufhören" waren Forderungen der Kinder. Mir war es wichtig, dass die Kinder Matten auflegten, die einerseits Verletzungsgefahren ausschlossen, andererseits das Spielfeld begrenzten. Das Begrüßungszeremoniell und die Verabschiedung am Ende eines Raufspieles entdeckten wir in der Auseinandersetzung mit Kampfsportarten wie etwa Karate.
Schließlich einigten wir uns auf folgende Vereinbarungen:

- *Gerauft wird im Turnsaal auf rutschfesten Matten.*
- *Vor Beginn wird ein Begrüßungsritual durchgeführt: Die Kinder stehen einander gegenüber und reichen sich die Hände. Dabei schauen sie einander in die Augen. Das Ritual ist ein Ausdruck dafür, dass dem anderen Respekt und Achtung entgegengebracht wird und dass ein fairer Kampf stattfinden wird.*
- *Verboten ist es, ein Kind zu verletzen – d.h. zu zwicken, hauen, würgen oder treten.*

- *Wenn eines der beiden Kinder „stopp!" ruft, muss das Raufen sofort unterbrochen werden.*
- *Nach Beendigung wird ebenfalls ein Ritual durchgeführt: Die Kinder stehen einander gegenüber, reichen sich wieder die Hände und schauen einander in die Augen.*
- *Wer die Regeln nicht einhält, erhält „rauffrei".*
- *Der Gong gilt als Signal, dass das Spiel zu Ende ist.*

In der Zeit, in der die Kinder den Bewegungsraum intensiv zum freien Raufen nutzten, wurde der Vorschlag von gezielten „Raufspielen", in denen um Gegenstände gerauft werden kann, mit großer Begeisterung aufgenommen.

Rauf- und Kraftspiele als geführte Angebote

Wir vereinbarten, einmal in der Woche Rauf- und Kraftspiele zu veranstalten. Das Mitmachen beruhte auf dem Prinzip der Freiwilligkeit, das heißt, alle Kinder, die mitmachen oder zusehen wollten, gingen mit mir in den Bewegungsraum. Die anderen Kinder konnten im Gruppenraum weiterspielen und wurden von der Helferin betreut. Ich beobachtete, dass nicht alle Kinder von den Spielen begeistert waren und dass viele Kinder manchmal aktiv mitspielten oder zusahen, ein anderes Mal aber im Gruppenraum blieben.

Zu Beginn der Spiele wurden Partner/innen gesucht. Manchmal konnten die Kinder frei wählen, manchmal mussten sie gleichaltrige, gleich große, gleichgeschlechtliche oder gegengeschlechtliche Partner/innen wählen. Zum Teil war es auch möglich, mit mir die Kräfte zu messen.

Da der Bewegungsraum nicht immer frei war, überlegten wir, auch in unserer Gruppe einen Platz zum Raufen einzurichten. Wir entwickelten die Idee einer Raufecke und stießen dabei immer wieder an unsere räumlichen Grenzen. Daraus entstand unsere „Raufkiste", eine Kartonkiste, die mit einem Teppich, kleinen Pölstern, Reissäckchen, Wutbällen, Papierbällen und Schaumstoffrollen ausgestattet war. In der Garderobe entdeckten wir sogar einen Platz, wo wir einen Boxsack installieren konnten.

Ab nun gab es zahlreiche Möglichkeiten, körperlich aktiv zu werden. Die Raufkiste wurde vielfältig genutzt: Mal wurde eine Polsterschlacht veranstaltet, mal mit den Schaumstoffrollen gekämpft oder auf dem Teppich gerauft. Aus Platzgründen wurde die Kiste allerdings meist mit in den Bewegungsraum getragen bzw. bei Schönwetter in den Garten geholt. Der Boxsack war weniger attraktiv, wurde jedoch von den Kindern aus anderen Gruppen häufig genützt.

Während des Jahres „erraufien" wir uns so ein breites Aktionsfeld. Raufspiele und Kraftspiele gehören in unserer Gruppe mittlerweile zum Alltag, genauso wie Bilderbücheransehen, Musizieren, Kochen und vieles andere.

Meine Beobachtungen während des Jahres

Die Atmosphäre beim freien Raufen und bei den Spielen war meist sehr entspannt und gelöst. Es stand vor allem die Freude am Tun, am Wegnehmen der Gegenstände und am körperlichen Kontakt, am Spaßhaben, Lachen und Sichausleben-Dürfen im Mittelpunkt. Hätte jemand von außen an der Tür gelauscht, hätte er nie vermutet, dass wir raufen. Bemerkenswert war, dass diese Aktionsform eigentlich nie zur Austragung eines Streites angewendet wurde.

Unsere Aktionen rund um die körperbezogenen Spiele lösten in der Gruppe viele Gespräche und Diskussionen aus. Häufige Fragen waren: „Warum raufen Kinder manchmal?", „Warum macht das Raufen Spaß?", „Ist Raufen erlaubt?".

Im Rahmen solcher Diskussionen kam es zu folgendem Wortwechsel:

- *Julian: „Das Wichtigste auf der Welt ist es zu kämpfen."*
- *Christina: „Das Wichtigste auf der Welt ist es zu essen und zu trinken."*
- *Max: „Für mich ist das Wichtigste, faul zu sein."*
- *Markus, ganz leise: „Stimmt nicht, das Wichtigste auf der Welt ist es, schlau zu sein."*

Ein anderer Dialog verlief folgendermaßen:

- *Julian: „Raufen macht den Burschen mehr Spaß. Eigentlich raufen nur Burschen, Mädchen dürfen dies nicht."*
- *Samira und Katharina: „Stimmt gar nicht."*
- *Julian: „Doch, schau, bei den Kriegen ist auch der Mann gewesen und die Frau war zu Hause. Bei den Rittern hat auch der Mann das Schwert in der Hand und die Frau den Fächer. Oder hast du schon einmal einen Mann mit einem Fächer gesehen?"*

Dieser Dialog führte zu einer sehr interessanten Diskussion unter den Kindern, die Geschlechtsstereotypien hinsichtlich der körperlichen Betätigung aufzeigten. Während es den jüngeren Kindern egal war, ob Mädchen raufen dürfen oder nicht, argumentierten die Schulanfänger/innen klischeehaft und hatten Probleme, andere Sichtweisen zuzulassen. Nun, am Ende des Kindergartenjahres, nach bald einjähriger Auseinandersetzung mit körperbezogenen Spielen zeigt sich jedoch, dass die Mädchen ihr Selbstvertrauen gestärkt und Freude am körperlichen Tun entwickelt haben:
Während die Schulanfängermädchen zu Beginn des Jahres vorwiegend Nachlaufen gespielt hatten, treten sie nun mit Raufpartner/innen tatsächlich in Körperkontakt und gehen – wie die Dreijährigen – sofort zu Boden. Außerdem änderten die Mädchen während des Jahres ihre Haltung. Vor allem zwei der Schulanfängermädchen hatten sich anfangs nur wenig zugetraut und waren auch eher desinteressiert gewesen. Jetzt spielen sie mit großem Ehrgeiz und leisten insbesondere den Burschen starken Widerstand bzw. nehmen eine angreifende Position ein.
Außerdem regten die konkreten Erfahrungen bei den Rauf- und Kraftspielen sowohl Mädchen als auch Buben an, Geschlechtsstereotypien zu überdenken. So zeigte sich z. B. in Gesprächen ein neuer Aspekt des „Kräfteverhältnisses" zwischen Mädchen und Buben: „Mädchen sind stark, aber feiger als Buben. Außer die Sabrina, die ist kein feiges Mädchen."
Während des Jahres hat sich die Art des Raufens zum Teil geändert: Je öfter die Kinder die Spiele spielten, desto wichtiger wurde ihnen, wer wem wie oft etwas weggenommen hat, wer stärker und geschickter ist. Verblüffend war, dass es trotz dieser Auseinandersetzungen nie Tränen gegeben hat. Insbesondere die Schulanfängerburschen wurden ehrgeiziger und besprachen oft nach der Spielrunde, wer der Stärkere war, wer eine kluge Taktik hatte oder wer den Ball mit dem Körper gut schützen konnte.
Bei Spielen, in denen das Ziehen und Drücken im Mittelpunkt stand, wie etwa bei unseren „Kraftspielen", hat sich gezeigt, dass die Kinder nach mehrmaligem Spielen und Experimentieren den Körper besser anspannten und sich schwer machen konnten. Zuvor hatten viele Kinder Probleme damit gehabt, Widerstand zu leisten, standhaft zu sein oder ihren Körper anzuspannen.

Warum es mir sinnvoll erscheint, im Kindergarten Rauf- und Kraftspiele anzubieten

Hinsichtlich der Auseinandersetzung mit den Geschlechterrollen bietet der Bereich der körperbezogenen Spiele ein reiches Lern- und Übungsfeld: Die Kindergartenpädagogin erfährt über Aussagen der Kinder zur Rollenverteilung zwischen Buben und Mädchen bzw. Männern und Frauen einiges über geschlechtsspezifische Vorurteile und Rollenklischees. Diese Thematik kann dann in Gesprächen oder mittels entsprechender Bilderbücher aufgearbeitet werden.

Die Mädchen haben die Gelegenheit, ein traditionell männlich besetztes Terrain zu erobern. Sie können Erfahrungen in den Bereichen körperliche Kraft, Widerstand-Leisten, Geschicklichkeit und Stärke, Wendigkeit und Mut sammeln. Diese Erfahrungen stärken sie im Umgang mit anderen, vor allem mit Burschen. Die Burschen wiederum werden mit einem „anderen" Bild von Mädchen konfrontiert: Mädchen sind körperlich geschickt und wendig, sie leisten Widerstand und sind stark.

Der Gewinn durch das Aktionsfeld „Körperbezogene Spiele" liegt für die Kinder vor allem im Bereich der Ganzheitlichkeit: Körper, Geist und Seele werden gleichzeitig angesprochen.

Die Kinder lernen ihren Körper besser kennen, was einen positiven Einfluss auf ihr emotionales Wohlbefinden hat. Die Vertrautheit mit dem eigenen Körper vertieft auch das Selbstvertrauen. Weiters werden körperliche Erfahrungen – wie Standfestigkeit, Stärke und Widerstand – verinnerlicht und können in Konfliktsituationen hilfreich sein, etwa dann, wenn ich mich an das Gefühl erinnere, wie es war, als ich „standfest" war.

Die Kinder können erfahren, was es heißt, Konflikte zu bearbeiten. Sie haben die Gelegenheit, ein Streitklima zu erleben, das sich durch Ärger, Schimpfen, Raufen, Wütend-Sein, aber auch durch Spaßhaben und Versöhnung auszeichnet. Ein Kind, das erfährt, wie reinigend ein Streit sein kann, wird Konflikten auch in der Zukunft offener und konstruktiver begegnen.

Raufen muss also nicht heißen, gewalttätig zu sein und gedankenlos zuzuschlagen oder zu treten, sondern kann auch ein verantwortungsbewusstes „Balgen" bedeuten. Die Kinder lernen, fair und respektvoll miteinander umzugehen und müssen trotzdem nicht auf etwas Lustvolles verzichten – nämlich auf das Raufen.

2.2

Analyse des Projekts „Rauf- und Kraftspiele im Kindergarten“

2.2.1

Pädagogische Orientierung

1 Das Bild vom Kind

Den Kindern wird ein Recht auf Andersartigkeit und auf die Erschaffung ihrer eigenen Kultur, die sich von der Erwachsenenkultur unterscheidet, zugestanden: Kinder möchten ihren Körper sowie ihre Geschicklichkeit erproben und raufen gerne – unabhängig von eventuell vorhandenen Konflikten. Kinder haben ein großes Bedürfnis nach Bewegung und brauchen Raum und Gelegenheit, dieses Bedürfnis auszuleben.

Kinder sind fähig, Verantwortung für sich selbst und für andere zu übernehmen. Sie können gemeinsam mit der Kindergartenpädagogin Regeln erarbeiten, diese einhalten und die Grenzen anderer respektieren.

2 Das Verständnis von Erziehung und Bildung

Beobachtung ist eine Grundlage der pädagogischen Arbeit im Kindergarten, um die kindlichen Aktivitäten und Bedürfnisse kennen und verstehen zu lernen. Die Kindergartenpädagogin respektiert die physischen und psychischen Bedürfnisse der Kinder nach Bewegung und körperlicher Betätigung und ist bemüht, die Umwelt entsprechend diesen Bedürfnissen zu gestalten: Gemeinsam wird ein Platz zum Raufen gesucht, und in der Folge werden eine Raufkiste und ein Boxsack bereit gestellt. Damit ermöglicht sie eine transaktionale Wechselbeziehung zwischen den Kindern und ihrer Umwelt.

Der Erziehungsstil der Kindergartenpädagogin ist demokratisch und partnerschaftlich.

Sie betrachtet die Kinder als selbstbestimmte Persönlichkeiten. Mit Hilfe der Diskussion über Gewalt und körperliche Auseinandersetzungen fördert sie die Konfliktkultur im Kindergarten. Ein zentraler Grundsatz der Erziehungs- und Bildungsarbeit der Kindergartenpädagogin ist die Chancengleichheit für Mädchen und Buben.

3 Das Rollenverständnis der Kindergartenpädagogin

Die Kindergartenpädagogin will die Kinder nicht verändern, sondern ihnen Zeit und Raum gewähren, ihre Bedürfnisse auszuleben und die eigenen Fähigkeiten und Grenzen zu erproben.

Die Kindergartenpädagogin setzt sich mit ihrer eigenen Persönlichkeit sowie ihren Zweifeln, Vorurteilen und ambivalenten Gefühlen hinsichtlich des Raufens auseinander. Sie sucht Rat und Erweiterung ihrer fachlichen Kompetenzen in der Auseinandersetzung mit Kolleginnen, im Studium von Fachliteratur und in der institutionsübergreifenden Zusammenarbeit im Rahmen des EU-Projekts „Geschlechtssensible Pädagogik". Schließlich zeigt sie Risikobereitschaft, Neues zu erproben. Dabei nimmt sie ihre Verantwortung wahr und sorgt dafür, dass keine gefährlichen Situationen entstehen können.

2.2.2

Analyse der kindlichen Lebenswelt und der entwicklungspsychologischen Voraussetzungen

1 Sozioökonomische Bedingungen der Familien

Der Kindergarten befindet sich in einer Landeshauptstadt. Die Berufe der Eltern reichen von Arbeitern und Angestellten bis zu Akademikern. Viele Mütter sind berufstätig, eine Mutter ist allein erziehend. Die Mitarbeit der Eltern ist durch Interesse und rege Beteiligung geprägt.

2 Entwicklungspsychologische Voraussetzungen der Kinder

Die altersgemischte Kindergartengruppe wird von 20 Kindern im Alter von drei bis sechs Jahren besucht, wobei die 5-Jährigen die Hälfte der Gruppe ausmachen. Ein Kind kommt aus Exjugoslawien. Ein Kind mit Hydrozephalus ist in die Gruppe integriert. Zwei Kinder weisen sozioemotionale Probleme auf, ein Kind ist hinsichtlich seiner motorischen Entwicklung verzögert.

3 Strukturqualität im Kindergarten

Der Übungskindergarten verfügt über vier Familiengruppen und ist ganztägig geöffnet. Das Team des Kindergartens besteht aus fünf Kindergartenpädagoginnen, einer Sonderkindergartenpädagogin und vier Helferinnen. Dreimal wöchentlich ist eine Praktikantin anwesend. Einmal wöchentlich findet ein Teamgespräch statt. Zusätzlich zu den Spiel- und Beschäftigungsbereichen in den Gruppenräumen sind ein Malatelier, ein Schüttbereich, ein Bewegungsraum und ein Garten vorhanden.

2.2.3

Didaktisch-methodische Kriterien

1 Anlässe und Kriterien für die Planung des Bildungsgeschehens

Den Auslöser für das Bildungsgeschehen stellt die Beobachtung der Kindergartenpädagogin dar, dass die Kinder ein großes Bedürfnis zu raufen haben.

2 Bildungsinhalt/Thema

Rauf- und Kraftspiele

3 Methodische Umsetzung

- **Zielgruppe:** Alle Kinder der Gruppe, die Interesse haben

- **Form der Durchführung:** Langfristige Kleingruppenarbeit

- **Entscheidungen hinsichtlich der Konkretisierung:**

  Medien: Matten, eine Raufkiste mit einem Teppich, kleinen Pölstern, Reissäckchen, Wutbällen, Papierbällen und Schaumstoffrollen, ein Boxsack.

  Zeit und Ort: Das Projekt zieht sich über mehrere Monate. Die Kinder raufen zumeist im Bewegungsraum, aber auch im Gruppenraum wird eine Raufecke eingerichtet. Außerdem steht der Garten für die Rauf- und Kraftspiele zur Verfügung.

  Motivierung der Kinder: Die Kindergartenpädagogin beginnt das Projekt auf Grund der Beobachtung, dass die Kinder ein großen Bedürfnis nach körperlicher Betätigung haben. Die Kinder, die nicht raufen möchten, dürfen zusehen. Oft beteiligen sie sich später auch an den Rauf- und Kraftspielen, weil sie durch den offensichtlichen Spaß der anderen Kinder motiviert sind.

  Durchführung: Vorerst raufen nur drei Kinder im Bewegungsraum miteinander. Auf Grund des regen Interesses der übrigen Gruppe werden die Rauf- und Kraftspiele zu geführten Angeboten. Dazu werden gemeinsam Regeln aufgestellt und Rituale erarbeitet. Rauf- und Kraftspiele finden ebenso statt wie Diskussionen und Gespräche zum Raufen, zur körperlichen Gewalt oder zu Geschlechtsstereotypien.

  Ausklang/Vertiefung: Rauf- und Kraftspiele gehören auch nach Beendigung des Projektes zum Alltag der pädagogischen Arbeit und wechseln mit anderen Aktivitäten.

4 Elternarbeit und Öffentlichkeitsarbeit

Die Eltern werden bei einem Elternabend über das Projekt informiert und zeigen reges Interesse. Weiters gibt es viele positive Rückmeldungen auf die Elterninformationswand, die die Kindergartenpädagogin über die Rauf- und Kraftspiele gestaltet hat.

2.2.4

Psychologische Prozesse

1 Lern- und Entwicklungsprozesse

- **Im Bereich der Sachkompetenz:**

  Erwerb von Wissen über fernöstliche Kampfsportarten, wie z. B. Karate.

- **Im Bereich der Selbstkompetenz:**

  Förderung des Körperbewusstseins: Die Kinder erproben ihren Körper, lernen ihn anzuspannen und sich schwer zu machen sowie anderen Widerstand zu leisten. Sie erfahren ihre eigene Stärke und werden mit ihrem Körper vertraut.

  Förderung des Selbstbewusstseins und der Identitätsentwicklung durch die Vertrautheit mit dem eigenen Körper.

  Förderung der Fähigkeit zur Abgrenzung: Die Kinder lernen, ihre eigenen Grenzen wahrzunehmen und den anderen mitzuteilen, bleiben aber trotzdem in die Gruppe integriert.

- **Im Bereich der Sozialkompetenz:**

  Förderung der Konfliktkultur: Die Kinder setzen sich mit den Themen „Aggression“ und „körperliche Gewalt“ auseinander. Sie erfahren, dass dies mit dem Raufen, bei dem sie Spaß und Lust empfinden, nicht gleichzusetzen ist.

  Förderung eines partnerschaftlichen Rollenverständnisses: Die Kinder erfahren, dass sowohl Mädchen als auch Buben das Bedürfnis nach körperlicher Betätigung haben, dass beide Geschlechter raufen „dürfen“ und können sowie dass auch Mädchen stark, geschickt und mutig sind.

Förderung der Kommunikationsfähigkeit: Die Kinder stellen gemeinsam Regeln und Rituale für das Raufen auf. Außerdem finden Diskussionen über verschiedene Aspekte des Raufens statt.

Respektvoller Umgang mit anderen: Mit Hilfe der Gruppenregeln und Rituale lernen die Kinder, mit den anderen Kindern fair und respektvoll umzugehen und deren Grenzen nicht zu verletzen.

2 Transaktionale Prozesse bei den körperbezogenen Spielen

	Objektivieren (Akkomodation, Orientierung an der Realität)	**Subjektivieren** (Assimilieren, Anpassen an die eigenen Bedürfnisse)
Aneignen (Verinnerlichen, Internalisieren)	**A** **Die Kinder rezipieren und verinnerlichen den Bildungsinhalt** ❻ Eine Raufkiste mit verschiedenen Materialien wird aufgestellt.	**B** **Die Kinder bringen ihre eigenen Erfahrungen ein und verarbeiten dadurch die Bildungsinhalte** ❹ Gemeinsam werden Regeln und Rituale für das Raufen aufgestellt. ❼ In Diskussionen und Gesprächen setzen sich die Kinder mit den Themen Gewalt, Konfliktlösung und Geschlechtsstereotypien auseinander.
Vergegenständlichen (Mitgestalten, Produkte schaffen, sich selbst erweitern)	**C** **Die Kinder sind Ausführende** ❷ Die Kindergartenpädagogin macht sich mit den Kindern auf die Suche nach einem geeigneten Platz für das Raufen. ❸ Die Kinder dürfen im Bewegungsraum raufen, müssen aber Matten auflegen. ❺ Einmal wöchentlich finden nun Rauf- und Kraftspiele als geführte Angebote statt.	**D** **Die Kinder schaffen ein eigenes Produkt** **Sie erleben sich als Schöpfer** ❶ Drei Kinder raufen im Gruppenraum miteinander.

Die Nummerierungen der einzelnen Szenen in den vier Feldern folgt dem Verlauf des Bildungsgeschehens. Das Bildungsprojekt beginnt (in Feld D), wenn die Kindergartenpädagogin drei raufende Kinder beobachtet. In der Folge finden Rauf- und Kraftspiele als geführte Angebote statt, für die die Kinder (in Feld B) Regeln aufstellen bzw. darüber diskutieren.

Die Bildungsqualität dieses Praxisberichts zeigt sich in folgenden Erkenntnissen:

- In diesem Projekt wird die ganzheitliche Entwicklung der kindlichen Persönlichkeit besonders gefördert: Körper, Geist und Seele werden gleichzeitig angesprochen. Vor allem die Unterstützung des Körperbewusstseins und der Vertrautheit mit dem eigenen Körper sind Aspekte, die in der bewegungsfeindlichen Umgebung vieler Kinder heute zu kurz kommen.
- Die Kinder setzen sich in diesem Projekt mit der Bearbeitung von Konflikten auseinander und lernen, dass man auch im Konfliktfall fair und respektvoll miteinander umgehen kann. Streiten, sich aneinander reiben und messen ist nicht gleichzusetzen mit Gewalttätigkeit und Aggression. Auf der anderen Seite kann das Raufen und Kräftemessen auch mit Spaß und Lustgefühlen verbunden sein.
- Hinsichtlich der geschlechtssensiblen Pädagogik schaffen Rauf- und Kraftspiele einen Raum, wo Klischees überwunden werden können. Vor allem für Mädchen bietet sich die Möglichkeit, traditionell männliche Verhaltensweisen zu erproben.

3 Kinderkonferenz

3.1

Bericht der Kindergartenpädagogin über das Projekt „Kinderkonferenz"

Die Kindergartenpädagogin Maria Steinmetz berichtet über die Kinderkonferenzen, die schon seit mehreren Jahren fixer Bestandteil der Arbeit in ihrem Kindergarten sind:

Als Kindergartenpädagogin mit langjähriger Berufserfahrung fand ich es an der Zeit, die eingefahrene Arbeitsweise völlig neu zu überdenken. Da eine optimale Arbeitsweise nur gemeinsam gefunden werden kann, beschlossen wir – Kindergartenpädagogin, Helferin und Kinder –, bei Kinderkonferenzen unsere Arbeit gemeinsam mit den Kindern zu planen und zu reflektieren.
Die Kinder sollten erfahren, dass sie an Entscheidungen real beteiligt werden. Alle Regeln, die sie betreffen, werden gemeinsam besprochen und diskutiert. Die Kinder machen die Erfahrung, dass Regeln nicht zeitlos Gültigkeit haben, sondern oft besprochen und neu überdacht werden müssen und sollen.
Bei der Kinderkonferenz haben alle Beteiligten – Kindergartenpädagogin, Helferin und Kinder – die Möglichkeit, ihre Wünsche, Bedürfnisse, Anliegen, Sorgen und Probleme zu äußern. Die Kinder erleben dabei, dass sie als Person sehr ernst genommen werden. Bei uns darf jeder sagen, was er denkt, und wird dabei nicht ausgelacht. Die Kinder erfahren auch, dass ihre Meinung uns Erwachsenen sehr wichtig ist und dass sie für die Atmosphäre im Kindergarten mit verantwortlich sind. Gegensei-

tige Toleranz ist der Kernpunkt für ein gemeinsames Leben und Lernen.
Jeden Montag um ca. 8.00 Uhr treffen wir uns alle zur Konferenz, um gemeinsam die Woche zu planen. Konferenzort ist unser Bewegungsraum, in dem ein Rednerpult steht und ein Sesselkreis angeordnet ist. Das Rednerpult wurde uns von einer Mutter, die vom Mitspracherecht der Kinder sehr beeindruckt war, geschenkt. Am Freitag finden Wochenrückschau und Reflexion statt.
Damit unsere Konferenz nicht in ein wildes Geschrei und Durcheinander ausartet, haben wir mit den Kindern soziale Regeln ausgehandelt, an die sich alle Beteiligten halten müssen:

- *Rederecht hat derjenige, der den Sprechstein bekommt und hinter dem Rednerpult steht.*
- *Der Ordner sorgt für einen geregelten Ablauf. Er ist für die Aufmerksamkeit während der Konferenz verantwortlich. Stört ein Kind z. B. durch Zwischenrufe, darf der Ordner mit seiner Glocke zur Ruhe ermahnen.*
- *Die Kinder erkennen, dass ein bestimmter Gesprächston beim anderen eine bestimmte Reaktion hervorruft. Sie lernen, Kritik einfühlsam und angemessen anzubringen.*
- *Die Kinder unterstützen einander gegenseitig, Mehrheitsentscheidungen zu akzeptieren.*

Jede Konferenz hat dieselbe Tagesordnung:

- *Begrüßung durch ein Kind*
- *Lied zur Eröffnung der Konferenz (Wunschlied)*
- *Der Ordner wird durch Auszählreim ausgewählt und bekommt die Glocke.*
- *Die Kindergartenpädagogin gibt Anregungen und Impulse für die laufende Woche und hat dafür Symbole in einen Wochenplan gezeichnet.*
- *Während der Gesprächsrunde für besondere Wünsche der Kinder wird der Sprechstein im Kreis weiter gegeben, die Kindergartenpädagogin fungiert als Moderatorin: Die Kinder haben die Möglichkeit, ihre Bedürfnisse und Wünsche zu äußern. Auf diese Weise planen sie die Woche mit. Ihre Ideen und Meinungen werden ernst genommen, notiert und verwirklicht.*
- *Der Ordner bedankt sich für die Aufmerksamkeit.*
- *Schlusslied*

Am Freitag ist Reflexionstag. Gemeinsam halten wir Wochenrückschau: Genauso wie am Montag sitzen wir nochmals im Sesselkreis. Am Rednerpult hängt unser gemeinsam erarbeiteter Wochenplan. Tage, die uns besonders gut gefallen haben, bekommen mit Hilfe eines Stempels ein Lachgesicht. Womit wir nicht einverstanden waren, wird nochmals besprochen. Gemeinsam suchen wir nach Verbesserungsvorschlägen. So bekommen nochmals alle die Möglichkeit, alle aufgestauten Gefühle, wie Wut oder Ärger, abzulegen und innerlich gelöst ins Wochenende zu gehen.
Wir erleben den Kindergartenalltag nunmehr im dritten Jahr mit mehr Mitspracherecht der Kinder und bedürfnisorientierter Bildungsarbeit.
Seit wir im Kindergarten regelmäßig Kinderkonferenzen durchführen, ist mir aufgefallen, dass die soziale Akzeptanz der Kinder untereinander deutlich zugenommen hat. Die Aufmerksamkeit und Offenheit füreinander ist enorm gestiegen. Die Kinder erleben, dass sie von uns Erwachsenen einen großen Vertrauensvorschuss bekommen und ihre Ideen und Wünsche einen sicheren Platz in der Kindergartenarbeit haben. Deshalb haben unsere Kinder auch gelernt, mit den Bedürfnissen anderer sensibler und toleranter umzugehen.
Unsere Kinderkonferenz ist auch Vorbild für manche Familie geworden. Ein Vater be-

richtete, dass aus der Kinderkonferenz eine Familienkonferenz entstanden ist. Alle wichtigen Familienangelegenheiten müssen genauso besprochen werden wie im Kindergarten.

Es war uns wichtig, dass alle Gemeindebürger Einblick in das Leben im Kindergarten bekommen. So dokumentierten wir das Kindergartenleben anhand von Berichten und Fotos. Die Berichte über unsere Kinderkonferenz fanden großen Anklang. Auch unser Bürgermeister wurde des Öfteren zu unseren Konferenzen eingeladen. Er stellte uns seine Tätigkeiten und Aufgabenbereiche vor und bezog zu wichtigen Fragen und Anliegen der Kinder Stellung. So entstand ein Beziehung zu unserem Bürgermeister, die sich durch Offenheit und gegenseitiges Interesse auszeichnet.

Kinderkonferenzen sind fixer Bestandteil unserer Bildungsarbeit und für uns nicht mehr wegzudenken. Bei Kinderkonferenzen lernen die Kinder nicht nur demokratisches Verhalten. Die Konferenzen erleichtern uns auch das Zusammenleben in der Gruppe und lassen uns sensibler und offener füreinander werden.

3.2

Analyse des Projekts „Kinderkonferenz"

3.2.1

Pädagogische Orientierung

1 Das Bild vom Kind

Die Kindergartenpädagogin nimmt die Kinder als gleichberechtigte Partner/innen ernst: Die Kinder werden ermutigt, ihre Meinung zu sagen und ihre Anliegen und Bedürfnisse vorzutragen. Sie sind kompetent, über die Gestaltung des Wochenplanes mitzuentscheiden. Die kindgerechte Darbietung von Handlungsspielräumen im Rahmen der Kinderkonferenz ermöglicht es den Kindern, Verantwortung zu übernehmen. Die Kinder sind einfallsreich und kreativ und machen selbst Vorschläge für die Kindergartenarbeit.

Die Kinder haben ein Bedürfnis nach Kommunikation und danach, anderen ihre Gedanken und Gefühle mitzuteilen.

2 Das Verständnis von Erziehung und Bildung

Der Erziehungsstil der Kindergartenpädagogin ist durch Achtung vor den Kindern gekennzeichnet. Die Förderung von Selbstbewusstsein und Selbstkompetenz bildet einen Schwerpunkt der pädagogischen Arbeit. Die Kinder werden ermutigt, bei der Gestaltung des Lebensraumes Kindergarten selbst aktiv zu werden. Dadurch haben sie vielfältige Möglichkeiten für Subjektivierungs- und Vergegenständlichungsprozesse.

In der Kinderkonferenz sind der offene Gedankenaustausch und der gegenseitige Respekt von Kindern und Erwachsenen oberstes Ziel. Entscheidungsprozesse werden für die Kinder transparent gemacht. Außerdem wird in den Kindern – etwa durch die Teilnahme des Bürgermeisters an einigen Kinderkonferenzen – das Bewusstsein geweckt, Teil der Gemeinde zu sein und auch dort mitgestalten zu können.

3 Das Rollenverständnis der Kindergartenpädagogin

Die Kindergartenpädagogin ist bemüht, im Kindergarten eine Atmosphäre der Akzeptanz und des Vertrauens zu schaffen. Dadurch ermöglicht sie den Kindern, sich aktiv an der Kinderkonferenz zu beteiligen und ihre Meinung ohne Scheu zu äußern. Sie ist bereit, ihre Arbeit an den Wünschen und Bedürfnissen der Kinder zu orientieren und von den Kindern zu lernen.

Die Kindergartenpädagogin setzt sich mit ihrer eigenen Person auseinander und ist zur Selbstkritik fähig. Sie reflektiert ihre Arbeit – wie etwa die Planung – ständig und ist bemüht, diese auf professionelle Weise zu verbessern. Dabei bezieht sie die Erkenntnisse verschiedener pädagogischer Konzepte mit ein.

3.2.2

Analyse der kindlichen Lebenswelt und der entwicklungspsychologischen Voraussetzungen

1 Sozioökonomische Bedingungen der Familien

Der Kindergarten befindet sich in einer kleinen Landgemeinde. Die meisten Eltern sind als Bauern, Arbeiter und Angestellte tätig. Der Großteil der Kinder hat ein oder zwei Geschwister. Die Eltern haben einen guten Kontakt zum Kindergarten und beteiligen sich aktiv am Bildungsgeschehen.

2 Entwicklungspsychologische Voraussetzungen der Kinder

Die Gruppe ist altersgemischt mit Kindern zwischen vier und sechs Jahren. Zwei Drittel der Kinder sind Mädchen. Der Entwicklungsstand der Kinder ist altersentsprechend.

3 Strukturqualität im Kindergarten

Der eingruppige Kindergarten ist halbtags geöffnet. Die Gruppe setzt sich aus 25 Kindern zusammen. Das Team des Kindergartens besteht aus einer gruppenführenden Leiterin und einer Helferin, die auch als Raumpflegerin tätig ist. Für die integrative Zusatzbetreuung stehen eine Sonderkindergartenpädagogin, eine Logopädin, ein Psychologe und ein Physikotherapeut zur Verfügung.

Im Gruppenraum gibt es neben den üblichen Spiel- und Beschäftigungsbereichen auch einen Sand- und Matschbereich, eine Bewegungsbaustelle und eine Werkstatt. Weiters ist den Kindern jederzeit ausgiebiges Spielen mit Wasser im Waschraum möglich.

Die Kindergartenpädagogin hat Aspekte der Montessori-Pädagogik sowie des Situationsansatzes in ihre pädagogische Arbeit integriert.

3.2.3

Didaktisch-methodische Kriterien

1 Anlässe und Kriterien für die Planung des Bildungsgeschehens

Die Unzufriedenheit der Kindergartenpädagogin mit der üblichen Planung sowie das fehlende Mitspracherecht der Kinder veranlassten die Kindergartenpädagogin dazu, Kinderkonferenzen einzuführen.

2 Bildungsinhalt/Thema

Kinderkonferenzen zur gemeinsamen Diskussion der Planung für die laufende Woche bzw. zur gemeinsamen Reflexion der Woche.

3 Methodische Umsetzung

- **Zielgruppe:** Alle Kinder der Gruppe
- **Form der Durchführung:** Langfristige Gesamtgruppenarbeit
- **Entscheidungen hinsichtlich der Konkretisierung:**

  Medien: Rednerpult und Mikrofon, Sprechstein, Glocke für den Ordner, Wochenplan

  Zeit und Ort: Montag früh und Freitag mittags im Bewegungsraum des Kindergartens

  Motivierung: Die Kindergartenpädagogin betont, dass alle – Kinder ebenso wie Erwachsene – im Kindergarten ihre Meinungen, Wünsche und Anliegen äußern können, ohne ausgelacht zu werden. Die Erfahrung der Kinder, dass ihre Wünsche auch umgesetzt werden und dass sie real an Entscheidungen beteiligt sind, motiviert zur aktiven Beteiligung an der Kinderkonferenz. Weiters haben das Rednerpult und das Mikrofon großen Aufforderungscharakter.

  Durchführung: Am Beginn der Konferenz werden alle Beteiligten durch ein Kind begrüßt, dann folgt ein Wunschlied. Der Ordner wird mittels eines Auszählreimes ausgewählt und bekommt eine Glocke, mit der er zur Ordnung rufen darf, wenn die Regeln nicht eingehalten werden. Die Kindergartenpädagogin macht Vorschläge für die laufende Woche, die dann gemeinsam diskutiert werden. Rederecht hat derjenige, der den Sprechstein hat. Am Ende der Konferenz wird wieder ein Lied gesungen.

  Ausklang/Vertiefung: Die Konferenz wird auch zur gemeinsamen Reflexion der abgelaufenen Woche eingesetzt.

4 Elternarbeit und Öffentlichkeitsarbeit

Die Eltern haben großes Interesse an der Kinderkonferenz. Eine Familie hat dem Kindergarten das Rednerpult geschenkt. Mittels Berichten und Fotodokumentationen wird den Eltern und den Gemeindebürgern Einblick in die Kindergartenarbeit gewährt. Auf Grund der Teilnahme des Bürgermeisters an einigen Kinderkonferenzen haben die Kinder Gelegenheit, dessen Tätigkeiten kennen zu lernen und Fragen zu stellen.

3.2.4

Psychologische Prozesse

1 Lern- und Entwicklungsprozesse

- **Im Bereich der Sachkompetenz:**

  Vermittlung von Sachwissen über den Ablauf von Konferenzen und über Diskussionsregeln, die bei solchen Konferenzen gelten. Damit wird auch das Demokratieverständnis der Kinder gefördert.

- **Im Bereich der Selbstkompetenz:**

  Förderung der Sprache und der Kommunikationsfähigkeit: Die Kinder lernen, ihre Gedanken vor den anderen Kindern und der Kindergartenpädagogin vorzutragen. In der gemeinsamen Diskussion müssen die verschiedenen Standpunkte verbalisiert und erklärt werden.

  Förderung des Selbstbewusstseins: Die Kinder erfahren, dass ihre Wünsche und Anliegen ernst genommen werden und dass sie an der Entscheidungsfindung aktiv beteiligt sind.

  Förderung der Bedürfnissensibilisierung: Die Kinder lernen, ihre Bedürfnisse wahrzunehmen und darüber zu sprechen, wenn sie sich in einzelnen Bedürfnissen nicht befriedigt fühlen.

  Förderung des langfristigen Denkens: Die Kinder planen bereits am Wochenbeginn die einzelnen Aktivitäten der laufenden Woche.

- **Im Bereich der Sozialkompetenz:**

  Förderung des Demokratiebewusstseins: In der Kinderkonferenz hat jeder das Recht zu sprechen. Die Kinder lernen, Mehrheitsbeschlüsse zu akzeptieren.

  Förderung der Konfliktkultur: Die Kinder vertreten ihre jeweiligen Standpunkte und lernen zu diskutieren, Vorschläge zu machen und Ideen anderer abzuwägen.

  Förderung der Achtung vor dem anderen: Die Kinder lernen zuzuhören und nur dann zu sprechen, wenn sie im Besitz des Sprechsteines sind. Andere Kinder dürfen nicht unterbrochen und niemals ausgelacht werden.

  Förderung des Einfühlungsvermögens: Die Kinder lernen, die Bedürfnisse und Wünsche anderer Kinder zu verstehen.

  Förderung eines harmonischen Gruppenklimas durch das gemeinsame Erarbeiten des Wochenplanes und durch das offene Aussprechen von aufgestauten Gefühlen – wie etwa Wut auf andere – am Ende der Woche.

2 Transaktionale Prozesse bei der Kinderkonferez

	Objektivieren (Akkomodation, Orientierung an der Realität)	**Subjektivieren** (Assimilieren, Anpassen an die eigenen Bedürfnisse)
Aneignen (Verinnerlichen, Internalisieren)	**A Die Kinder rezipieren und verinnerlichen den Bildungsinhalt** ❷ Die Kindergartenpädagogin präsentiert am Wochenbeginn ihre Planung für die laufende Woche.	**B Die Kinder bringen ihre eigenen Erfahrungen ein und verarbeiten dadurch die Bildungsinhalte** ❹ Einzelne Kinder machen eigenständige Vorschläge für die Planung der laufenden Woche. ❺ Die Kinder und die Kindergartenpädagogin stimmen gemeinsam über den Wochenplan ab. ❻ Bei Bedarf können die Kinder verschiedene Wünsche oder Konflikte thematisieren, die dann gemeinsam besprochen werden.
Vergegenständlichen (Mitgestalten, Produkte schaffen, sich selbst erweitern)	**C Die Kinder sind Ausführende** ❶ Gemeinsam wird ein Lied gesungen. ❸ Die Kinder diskutieren die einzelnen Vorschläge der Kindergartenpädagogin. ❼ Am Ende wird wieder ein Lied gesungen.	**D Die Kinder schaffen ein eigenes Produkt Sie erleben sich als Schöpfer**

Die Nummerierung der einzelnen Szenen in den vier Feldern folgt dem Verlauf des Bildungsgeschehens. Bei der Kinderkonferenz präsentiert die Kindergartenpädagogin zu Beginn in Szene ❷ ihre Vorschläge für die laufende Woche. Im weiteren Verlauf werden diese Vorschläge diskutiert und dann akzeptiert oder abgelehnt. In Szene ❹ können die Kinder auch eigene Ideen und Vorschläge einbringen.

Die Bildungsqualität dieses Praxisberichts zeigt sich in folgenden Erkenntnissen:

- Im Kindergarten wird Demokratie gelebt. Alle – Kinder wie Erwachsene – haben das gleiche Recht, Vorschläge zu machen und an der Planung der Woche beteiligt zu sein. Die Kindergartenpädagogin setzt so ein transaktionales Wechselspiel in Gang, das sicherstellt, dass sich die Erziehungs- und Bildungsarbeit an den Wünschen und Bedürfnissen der Kinder orientiert.
- Im Mittelpunkt dieses Projekts stehen die Förderung des Selbstbewusstseins der Kinder und der Achtung voreinander. Die Kinder machen die Erfahrung, dass die Wünsche jedes Einzelnen gleich viel Gewicht haben, ernst genommen werden und Beachtung finden. Die Kindergartenpädagogin agiert als Partnerin der Kinder.
- Die zentrale Erfahrung, die dieses Projekt vermittelt – nämlich aktiv an der Gestaltung der Umwelt beteiligt zu sein –, ist für die Identitätsentwicklung der Kinder und die Entwicklung ihres „Selbst" von großer Bedeutung. Dazu trägt weiters die Möglichkeit des Vergleiches der eigenen Meinungen und Gefühle mit denen der anderen Kinder bei.

4 Kinder, Puppen und ich

4.1

Bericht der Kindergartenpädagogin über das Projekt „Kinder, Puppen und ich"

Im folgenden Bericht schildert die Kindergartenpädagogin Elfriede Lechner, wie sie mit selbst gebastelten Handpuppen den Kindergartenalltag bereichert:

Puppen spielen in meinem Kindergarten eine besondere Rolle. Sie sind fester Bestandteil des Kindergartenalltags und werden auf unterschiedlichste Weise eingesetzt. Jedes Jahr gestalte ich mit den schulpflichtigen Kindern zu den verschiedensten Inhalten und Themen die so genannten Eschenauer Puppen. Es sind selbst angefertigte Figuren aus Karton, Holz, Papiermaché, Stoff und diversen Fantasiematerialien. Durch Erlebnisse, Bilderbücher, Märchen und Erzählungen werden die Kinder von mir dazu angeregt, ihre Fantasien und Gedanken in Form der Puppen zum Ausdruck zu bringen. Der Entstehungsprozess der Puppen ist von Kreativität, Ideenreichtum und Eigenständigkeit der Kinder geprägt. Die Puppen sind schließlich eine unverwechselbare Kreation der Kinder, die für sie einen sehr hohen Stellenwert erhalten. Die Kinder hauchen ihnen „Leben und Seele" ein und lassen sie den Kindergartenalltag mit gestalten. In ihre Puppen projizieren die Kinder oft den Mut, den sie gegenüber ihren Freund/innen, Geschwistern oder Eltern nicht haben. Dadurch verarbeiten sie ihre Ängste und Sorgen. Es entstehen Rollenspiele oder Theaterstücke, die mit vielen anderen Utensilien bereichert und mit Musik unter-

malt werden. Die Puppen begleiten die Kinder oft noch weit über das Kindergartenalter hinaus.
Der Entstehungsprozess unserer Piratengeschichte begann bereits im Herbst, als einige Kinder aus Holzresten ein Piratenschiff bauten. Noch ahnte ich nicht, dass dieses Schiff an Bedeutung gewinnen und uns das ganze Jahr über begleiten würde.
Der Boden des Gruppenraumes wurde mit blauem Vorhangstoff belegt, auf dem die Buben ihre „Kreuzfahrten" unternahmen. Die Piraten spielten sie vorläufig noch selbst. Dabei fingen sie Haie, eroberten Schätze oder besiegten als „Wicki und die starken Männer" so manches Meerungeheuer. Nach einiger Zeit ruhte das Schiff an einem Ehrenplatz im Vorraum des Kindergartens und konnte von allen bewundert werden.
Die Gedanken der Kinder kreisten bereits um ein anderes Kunstwerk: ein Haus mit einem Stockwerk, einer Rutsche und einer Klapptür. Das kurze Zeit später fertiggestellte Haus gefiel mir sehr gut, und in Gedanken verwendete ich es bereits für die Erarbeitung unserer Wichtelgeschichte. Die Puppenwichtel dafür waren bereits vorhanden, und ich dachte, dass dieses Holzhaus der Geschichte eine besondere Note verleihen würde. Dadurch könnte die Geschichte gerade bei jenen Buben Anklang finden, die den Wichteln noch skeptisch und desinteressiert gegenüberstanden.
Ich vermittelte den Kindern meine Begeisterung mit den Worten: „Dieses Haus könnten wir bestens für das Wichtelspiel gebrauchen." Andreas, Chef und Bauleiter dieser Gruppe, belehrte mich vehement eines Besseren: „Hörst, des is doch ka Haus für d'Wichtel, für die haben wir des net baut. Das g'hört für die Piraten." Sein Tonfall und seine Gestik bekräftigten seine Worte. Gewohnt, die Ideen der Kinder zu respektieren, fügte ich mich erstaunt in die neue Situation.
Das war noch nicht alles. Andi bemerkte, dass sein Haus für das Piratenschiff zu breit war. Er montierte die reizvolle Rutsche ab, verkleinerte das obere Stockwerk und wollte zudem das Haus mit dem Schiff verbinden, indem beides auf eine lange Holzplatte geleimt werden sollte. Ich versuchte, wenigstens das Haus zu retten, und sagte: „Du, Andreas, wo soll ich ein so langes Brett herzaubern?" Aber die Kinder sind viel aufmerksamer und umsichtiger, als wir annehmen. Andreas konterte: „Geh, dazähl kan Schmäh! Im Keller san a Haufen Brettl, kumm, i zeig dir's." Somit wurden Haus und Schiff auf ein langes Holzstück geleimt. Andreas und seine Kumpanen besichtigten es stolz. „Nicht schlecht", musste auch ich eingestehen, und Raffael entgegnete mir: „Siehst, jetzt g'fallts dir a schon."
Das Schiff wurde im Laufe der Zeit immer wieder mit Neuerungen – wie z. B. verborgene Kammern zum Aufbewahren der Schätze – ausgestattet. Die Kinder brachten dabei ein enormes Wissen ein. Da die Eltern von Roland ein Segelboot besaßen, belehrte er seine Freunde über Begriffe wie Back- und Steuerbord, Segel hissen und „alle Mann an Deck". Ich stellte außerdem ein Buch über Schiffe zur Verfügung, das die Buben immer wieder „studierten".
Ich war noch immer auf der Suche nach einer geeigneten Geschichte für unser Puppenspiel. In Anbetracht der dominanten Bubenschar (von 16 Schulpflichtigen waren 13 Buben) und so manch turbulenter Situationen im Kindergarten mussten sich „Die wilden Kerle" wunderbar darstellen lassen. Allerdings erfuhr ich ein zweites Mal, dass meine Gedanken und Ideen nicht die der Kinder waren. Die Buben wollten Piraten spielen und keinen Kompromiss eingehen. Das hatte ich mit anfänglichem Seufzen zu akzeptieren.
Ich wollte den Kindern nicht meine Vorstellungen aufdrängen oder ihre Einfälle abwürgen. Vielmehr war ich bestrebt, die

Ideen der Kinder zu respektieren sowie deren Entfaltung zu ermöglichen. Deshalb präsentierte ich das Bilderbuch über Piraten von Bärbel Haas: Die Kinder waren begeistert, und der Inhalt des Buches wurde in ihrem Spiel lebendig. Die Buben statteten das Schiff mit weiteren herrlichen Erfindungen aus. Raffael baute für die Bilderbuchfigur des „Willi Würger" ein neues Schiff. Da ihm ein besonderes „Schaukelschiff" vorschwebte, brachte er von daheim zwei gebogene Halbreifen eines alten Holzfasses mit und leimte das Schiff darauf. Es sah fabelhaft aus und funktionierte einwandfrei. Selbst seine Mutter, die mit Widerwillen das alte „Gerümpel" in den Kindergarten geschleppt hatte, war stolz auf den Ideenreichtum ihres Kindes.
Nun war die Zeit reif für die „Eschenauer Puppen". Was heißt hier Puppen! „Piraten", korrigierten mich die Buben. Im Geiste formten die Kinder bereits ihre Figur. Meine Aufgabe war es, das entsprechende Material zur Verfügung zu stellen: Wolle, Borten, Knöpfe, Spitzen sowie Filz- und Stoffreste in allen Farben und Variationen.
Raffael, der seit einiger Zeit auf der Suche nach geeigneten Piratenaugen die Knopfschachtel durchwühlte, hob plötzlich triumphierend einen großen grünen Knopf hoch: „Das ist er!" Nun brauchte er noch das zweite Auge, und ich musste ihm suchen helfen. Wir durchstöberten alle Vorräte. Als ich einen an Form und Farbe ähnlichen Knopf entdeckte, entgegnete Raffael: „Den brauch i net. Echte Piraten haben doch net zwei gleiche Augen, hast dir's net ang'schaut?" Ich überließ ihn etwas entnervt seiner Suche. Plötzlich fand er den richtigen Knopf, und sein Seeräuber bekam ein eckiges, golden glänzendes Piratenauge. Andreas wiederum durchstöberte einen großen Stoffsack und sah keinen passenden Piratenmantel. Ein alter, bereits zur Entrümpelung freigegebener Sack beherbergte schließlich den „echten" Piratendress. Christopher hatte seinem Piraten schöne, lange schwarze Haare angefertigt. Mit Schrecken musste ich zusehen, wie Christopher seine Puppe zum Friseur schickte. Als ich noch bemerkte: „Schade um die schönen langen Haare!", konterte Christopher: „Aber die passen für einen Piraten wirklich net" und schnitt sie zu einer Piratenstehfrisur ab.
Unsere drei Mädchen ließen sich von den Piratenmännern nicht irritieren und fertigten ihre Puppen mit lockigen Haaren, Spitzen und Rüschen sowie verzierten Kleidern an. Genäht wurde von den Kindern selbst. Dazu brauchten sie keine besonderen Vorkenntnisse, denn die Piratenstiche für Augen, Nase und Mund sahen kreuz und quer sehr passend aus. Hilfestellungen bot ich nur soweit an, dass die Puppen auch spielfähig wurden und einiges aushielten.
Da die Kinder das Bilderbuch schon ohne Puppen nachgespielt hatten, waren die Rollen schnell verteilt. Xandi war die Erzählerin, die den Spielverlauf souverän lenkte. Mit ihrer gepflegten Sprache und ihrer hervorragenden Merkfähigkeit genoss sie es, die Bubenschar zu beherrschen. Für die musikalische Untermalung mit Orffinstrumenten sorgten zwei eher schüchterne Kinder. Bea spielte die begehrte Rolle des Seeräubers Hinkebein, für den die Kinder eigens aus einer großen Schachtel ein Piratenhaus anfertigten.
Als das Spiel am nächsten Tag erneut starten sollte, entrüstete sich Andi, dass die liebliche Puppe von Bea nicht passe, damit könne sie unmöglich den Seeräuber Holzbein-Hinkebein spielen. Auf Beas Beharrlichkeit riet er, die Puppe wenigstens mit einem Umhang spielwürdig zu gestalten. Bea verweigerte lautstark: „Nein, auf meine Puppe kommt kein Fetzen und überhaupt nichts drauf." Andreas entgegnet ihr: „Dann kannst net mitspielen." Bea trotzte der übermächtigen Bubenschar mit den Worten: „Haha, ihr habt's ja sonst niemand,

der den Hinkebein spielt, dann könnt's das ohne mich gar net spielen, haha." Andi versuchte, die Kinder, die für die musikalische Untermalung zuständig waren, für die neue Rolle abzuwerben. Als auch andere Kinder dankend ablehnten, blieb tatsächlich nur Bea übrig. Bea hatte sich also, unterstützt von Xandi, gegen elf Buben durchgesetzt. So spielte sie mit ihrer Prinzessin den Hinkebein und imitierte ihn fabelhaft.

Unser Piratenstück setzte sich aus den Inhalten des Bilderbuches, aus den Ergebnissen gruppendynamischer Prozesse sowie aus den persönlichen Ideen und Erfahrungen der Kinder zusammen. Die Kinder lebten so intensiv mit ihren Piraten mit, dass das Stück für unser Abschlussfest kaum mehr geprobt werden musste.

Erwähnen möchte ich noch, dass die Sprache bei der großen Bubenschar aus unterschiedlichem Milieu mitunter herb und von Kraftausdrücken begleitet war. In der Piratengeschichte waren diese Ausdrücke legitim, denn Piraten fluchen und haben einen rauhen Umgangston. Die Kinder lernten, mit der Sprache und ihrer Wortwahl umzugehen. Als wir die Piratengeschichte beim Schlussfest den Eltern zeigten, waren die Ausdrücke der Kinder an der amüsanten „Fluchstelle" eher zurückhaltend und zaghaft. Es bedurfte meiner Aufmunterung, dass Seeräuber fluchen dürfen, bis die Kinder richtig loslegten.

Am darauf folgenden Elternabend legte ich den Eltern die Bedeutung der Kanalisation des Sprachgebrauchs dar. Das war besonders für jene Eltern wichtig, die mit den Ausdrücken, die ihr Kind vom Kindergarten heimbrachte, sehr zu kämpfen hatten.

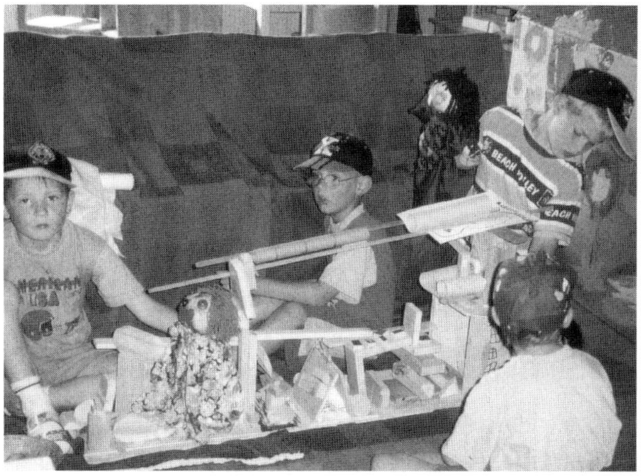

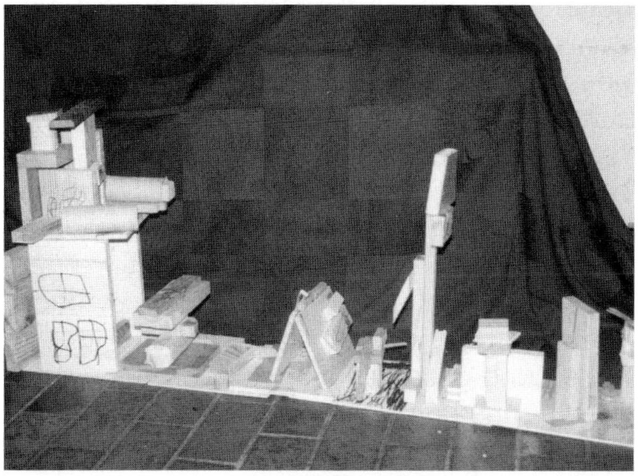

4.2

Analyse des Projekts „Kinder, Puppen und ich“

4.2.1

Pädagogische Orientierung

1 Das Bild vom Kind

Die Kinder sind sehr selbstbewusst und vertreten ihre eigenen Ideen und Vorstellungen gegenüber der Kindergartenpädagogin und den anderen Kindern der Gruppe. Sie sind eigenständige Persönlichkeiten, deren Wünsche und Prioritäten eine andere Qualität haben als die der Erwachsenen. Sie wollen um jeden Preis Piraten spielen und akzeptieren nicht, dass ihr Schiff und das selbst gebaute Haus für andere Zwecke verwendet werden. Die Kinder sind aktiv, begeistert und erfinderisch. Sie agieren selbstständig und kreativ, nähen und gestalten ihre Puppen nach eigenem Können und eigenen Vorstellungen. Die Kinder lösen selbst Konflikte und verarbeiten im Puppenspiel ihre Erfahrungen und Ängste.

2 Das Verständnis von Erziehung

Die Kindergartenpädagogin hat Respekt vor der Individualität jedes einzelnen Kindes und pflegt einen partnerschaftlichen Umgang mit den Kindern. Sie akzeptiert die Argumente und Wünsche der Kinder und bevorzugt die Verwirklichung von Selbstentfaltungswerten wie Emanzipation, Autonomie, Selbstverwirklichung, Selbststeuerung und Kritikfähigkeit.

Erziehung wird als Forschungsprozess verstanden, bei dem es darum geht, den kindlichen Wahrnehmungs- und Denkmustern immer näher zu kommen. Die Kindergartenpädagogin bevorzugt Erziehungsinhalte, die den aktuellen Interessen und Erfahrungen der Kinder entsprechen. Durch ein Fachbuch über Schiffe, das sie den Kindern zur Verfügung stellt, intensiviert sie beispielsweise die Auseinandersetzung der Kinder mit den Bildungsinhalten.

3 Das Rollenverständnis der Kindergartenpädagogin

Die Kindergartenpädagogin agiert zurückhaltend und gewährend und schafft dadurch vor allem die Voraussetzungen für die transaktionalen Prozesse der Subjektivierung und Vergegenständlichung: Die Kinder gestalten Schiff, Piratenhaus sowie ihre Puppen nach ihren persönlichen Vorstellungen.

Die Kindergartenpädagogin ist bereit, an sich selbst zu arbeiten und eigene Grenzen in der Arbeit zu überwinden, um die Ideen der Kinder annehmen und respektieren zu können. Sie hat Spaß an der Arbeit und ist bereit, sich auf Neues einzulassen. Sie vertraut in die Potenziale der Kinder, erkennt ihre Leistungen an und akzeptiert ihre Unabhängigkeit.

4.2.2

Analyse der kindlichen Lebenswelt und der entwicklungspsychologischen Voraussetzungen

1 Sozioökonomische Bedingungen der Familien

Die Eltern der Vorschulkinder sind großteils beide berufstätig. Fast alle Eltern sind im Dienstleistungssektor oder in der Landwirtschaft tätig. Insgesamt sind neun Mütter Hausfrauen. Die meisten Kinder der Gruppe haben ein oder mehrere Geschwister.

2 Entwicklungspsychologische Voraussetzungen der Kinder

Es handelt sich um eine Familiengruppe. Derzeit sind 25 Kinder im Alter von vier bis sechs

Jahren eingeschrieben. Der Großteil der Gruppe befindet sich im letzten Kindergartenjahr. Zwei Kinder sind in ihrer allgemeinen Entwicklung retardiert und besonders verhaltensauffällig. Ein Kind hatte anfangs starke Kontaktprobleme, die es jedoch durch eine Freundschaft zu einem anderen Buben aus der Gruppe überwand. Ein Bub fiel durch seine anfänglich schwerfällige und schlecht verständliche Sprache auf, die sich aber während des Jahres besserte.

Im Laufe des Kindergartenjahres kristallisierten sich bei den Kindern zwei differenzierte Interessengebiete heraus: Eine Gruppe hat besonderes Interesse für musische Bereiche, wie Tanz, Malerei, Werkarbeiten, Beobachtungen in der Natur etc., die andere Gruppe bevorzugt technische Aktivitäten, wie das Bauen mit Großbausteinen und Altmaterialien.

3 Strukturqualität im Kindergarten

Der 1975 errichtete Kindergarten befindet sich in einem Ökodorf in sehr schöner Lage. Er verfügt zwar über einen großen Garten mit leichtem Berghang, hat aber keinen Bewegungsraum. Der Gruppenraum selbst beträgt ca. 60 m^2. Zusätzlich können die Kinder die Garderobe, zwei Abstellräume, den 16 m^2 großen Aufenthaltsraum der Kindergartenpädagoginnen und einen kleinen Vorraum benützen. Im Vorraum steht die Werkbank; hier wird gesägt, geleimt etc. In der Garderobe können die Kinder mit den Großbausteinen bauen. Im Waschraum wird gemalt sowie mit Ton und Plastilin gearbeitet. Der Abstellraum ist zur Kuschelecke, die vom Gruppenraum zu betreten ist, umfunktioniert worden. Im Aufenthaltsraum der Kindergartenpädagoginnen können die Kinder mit Orffinstrumenten musizieren, Tänze einüben und Puppenspiele und diverse Geschichten, die zur Überraschung der übrigen Gruppe dienen, vorbereiten.

4.2.3

Didaktisch-methodische Kriterien

1 Anlässe und Kriterien für die Planung des Bildungsgeschehens

Das Bildungsprojekt nimmt seinen Ursprung in einem von den Kindern selbst gebauten Piratenschiff. In fantasievollen Rollenspielen entsteht die Idee für den Bau eines Piratenhauses. Dies ist ausschlaggebend dafür, dass – entgegen der ursprünglichen Planung der Kindergartenpädagogin – prächtige Handpiratenpuppen gestaltet werden.

2 Bildungsinhalt

Gestaltung und Spiel mit selbst angefertigten Handpuppen

3 Methodische Umsetzung

- **Zielgruppe:** Alle Vorschulkinder
- **Form der Durchführung:** Das selbst gebaute Piratenschiff und die Begeisterung einiger Kinder für diese Thematik lassen das Piratenhandpuppenspiel zu einem Jahresprojekt werden.
- **Entscheidungen hinsichtlich der Konkretisierung:**

  Medien: Für die Handpuppen werden Kartonrollen, alte Stoffe, Knöpfe, Borten, Spitzen, Wolle, Nadeln und Faden benützt. Das Piratenschiff wird von den Kindern aus Holzresten gebaut. Die gespielte Geschichte stammt aus dem Bilderbuch „Das Piratenschiff“ von Bärbel Haas.

  Zeit und Ort: Der Entstehungsprozess des Projektes beginnt bereits im Herbst, als einige Buben ein Piratenschiff bauen, das sie mit immer mehr Ideen und Funktionen ausstatten. Die Endaufführung des Piratenstückes findet beim Abschlussfest, das Eltern und Kinder gemeinsam feiern, statt.

Motivierung: Das selbst gebaute Piratenschiff animiert die Kinder dazu, verschiedenste Rollenspiele zu spielen. Sie kreieren weitere Bauideen. Die Kindergartenpädagogin stellt dafür Material zur Verfügung, untermauert die Begeisterung der Kinder mit einem entsprechenden Fachbuch über Schiffe und führt das Bilderbuch „Das Piratenschiff" ein. Durch die ansprechenden, selbst hergestellten Puppen erlangt das Piratenspiel seinen Höhepunkt.

Durchführung: Den Vorschulkindern ist das Puppenspiel als fester Bestandteil ihres Kindergartenalltags bereits vertraut. Die Idee für das diesjährige Handpuppenspiel liefern die Kinder durch ihr Interesse an Piraten selbst. Nach einer Reihe verschiedener intensiver Rollenspiele und Piratenabenteuer werden die Puppen in Kleingruppenarbeit angefertigt. Dazu sind keine Vorkenntnisse im Nähen und textilen Gestalten nötig. Die Rollen für das Piratenspiel werden von den Kindern selbst verteilt. Die Erzählerin lenkt mit viel Geschick den Spielverlauf, zwei Kinder übernehmen die musikalische Untermalung des Stückes. Gemeinsam werden die Spielutensilien, wie Schatzkarte, Festung etc., hergestellt. Da die Kinder so intensiv in das Piratendasein involviert sind, muss das Stück vor der Aufführung kaum geprobt werden.

Ausklang/Vertiefung: Das Stück wird den Eltern am Schlussfest vorgespielt. Die Kindergartenpädagogin diskutiert am unmittelbar folgenden Elternabend ihre Erfahrungen hinsichtlich des Sprachgebrauchs der Kinder. Die selbst gebastelten Puppen sind Eigentum der Kinder und finden auch lange nach dem vorgeführten Stück für diverse Rollenspiele Verwendung.

4 Elternarbeit und Öffentlichkeitsarbeit

Die Eltern sind sehr stark ins Kindergartengeschehen eingebunden. Durch die selbst gebastelten Puppen und die zahlreichen Rollenspiele der Kinder bekommen sie viel Einblick in die Kindergartenarbeit. Bei der alljährlichen Abschlussfeier kommen sie in den Kindergarten und können die Handpuppenaufführung ihrer Kinder bestaunen.

Die Kindergartenpädagogin engagiert sich sehr darin, ihre Erfahrungen mit dem Handpuppenspiel an andere Kolleginnen weiterzugeben. Sie referiert bei Fachtagungen, veröffentlicht Artikel in einschlägigen Fachzeitschriften und ist mit dem Erfolg, den sie mit ihren „Eschenauer Puppen" in der pädagogischen Arbeit hat, bereits weit über ihren Heimatort hinaus bekannt.

4.2.4

Psychologische Prozesse

1 Lern- und Entwicklungsprozesse

- **Im Bereich der Sachkompetenz:**

  Förderung der Fantasie und Kreativität: Die Kinder erfinden eine Vielzahl an Rollenspielen, bauen Schiffe und ein Piratenhaus. Sie erwerben Einsicht in die Gestaltung mit Holz und lernen, aus Stoff und anderen Materialien Handpuppen herzustellen. Die Buben gestalten „echte" Piraten, die Mädchen statten ihre Puppen mit lieblichen Kleidern und Verzierungen aus.

  Denkförderung: Die Kinder verwirklichen ihre eigenen Pläne und erleben sich als Schöpfer/innen und Gestalter/innen ihrer Umwelt. Raffael bringt sogar eigens zwei gebogene Holzstücke von zu Hause mit, damit er sein „Schaukelschiff" im Kindergarten fertig stellen kann.

Erweiterung des Wissens über Schiffe und Seeräuber. Roland belehrt seine Freunde über Begriffe wie Back- und Steuerbord, Segel hissen etc. Gemeinsam studieren sie ein Fachbuch über Schiffe.

- **Im Bereich der Selbstkompetenz:**

Förderung der Selbstständigkeit: Die Kinder sind eigenständig und lernen, sich für ihre eigenen Wünsche einzusetzen. Sie verteidigen ihre Ideen auch gegenüber der Kindergartenpädagogin.

Förderung der Feinmotorik: Die Kinder lernen, mit Nadel und Faden umzugehen.

Anhebung des Sprachniveaus: Piraten dürfen schimpfen. Alle Kraftausdrücke der Kinder dürfen also im Piratenspiel verwendet werden. So wird die Sprache der Kinder automatisch kanalisiert. Sie lernen, wann solche Wörter verwendet werden können und wann nicht.

Förderung der Liebes- und Bindungsfähigkeit und der Gefühlsansprechbarkeit: Die Puppen geben den Kindern die Möglichkeit, viele Dinge zu tun und auszusprechen, die sie sich normalerweise nicht zu tun und auszusprechen trauen. Sie schlüpfen in neue Rollen, projizieren Ängste, Probleme und Stimmungen in ihre „kleinen Freunde". So lernen sie, verschiedene Situationen des Lebens zu bewältigen und zu verändern.

- **Im Bereich der Sozialkompetenz:**

Förderung der Teamfähigkeit: Einige Kinder bauen miteinander ein Piratenschiff und spielen damit Rollenspiele. Das erfordert Toleranz, Absprache und Kompromissbereitschaft. Diese Fähigkeiten sind auch bei der Erarbeitung des Puppenstückes notwendig.

Förderung der Selbstbehauptung: Die Kinder stoßen bei der Erarbeitung des Piratenstückes auf unterschiedliche Vorstellungen über dessen Realisierung. Bea, die den Piraten Hinkebein spielt, kann ihre liebliche Puppe vor den Ansprüchen der Buben bewahren.

2 Transaktionale Prozesse beim Puppenspiel

	Objektivieren (Akkomodation, Orientierung an der Realität)	**Subjektivieren** (Assimilieren, Anpassen an die eigenen Bedürfnisse)
Aneignen (Verinner-lichen, Internalisieren)	**A** **Die Kinder rezipieren und verinnerlichen den Bildungsinhalt** ❹ Roland belehrt die anderen Kinder über die richtigen Fachvokabeln an Bord. Die Kinder studieren das von der Kindergartenpädagogin mitgebrachte Buch über Schiffe.	**B** **Die Kinder bringen ihre eigenen Erfahrungen ein und verarbeiten dadurch die Bildungsinhalte** ❷ Sie überlegen, wie sie das Haus der Größe des Piratenschiffes anpassen können. ❻ Raffael möchte ein Schaukelschiff bauen. Er nimmt dafür eigens gebogene Bretter in den Kindergarten mit.
Vergegen-ständlichen (Mitgestalten, Produkte schaffen, sich selbst erweitern)	**C** **Die Kinder sind Ausführende** ❺ Die Kindergartenpädagogin erarbeitet mit den Kindern ein Puppenstück nach dem Bilderbuch „Das Piratenschiff“. ❼ Die Kinder gestalten die „Eschenauer Puppen“ und verteilen für die Rollen für das Piratenstück. ❽ Die Kinder spielen die Piratengeschichte mit ihren Handpuppen.	**D** **Die Kinder schaffen ein eigenes Produkt** **Sie erleben sich als Schöpfer** ❶ Einige Buben bauen aus Holzresten ein Piratenschiff und ein Haus. Sie spielen damit und erfinden zahlreiche Rollenspiele. ❸ Sie statten das Schiff mit immer besseren Erfindungen aus. ❾ Die Kinder erfinden mit ihren selbst gebastelten Puppen weitere Rollenspiele.

Die Nummerierung der einzelnen Szenen in den vier Feldern folgt dem Verlauf des Bildungsgeschehens. Der Impuls für das Bildungsprojekt geht von den Kindern in Szene ❶ aus und wird durch weiteres Material von der Kindergartenpädagogin in Szene ❹ weitergetragen. Höhepunkt stellt das Theaterstück in Szene ❽ dar.

Die Bildungsqualität dieses Praxisberichts zeigt sich in folgenden Erkenntnissen:

- Das Puppenspiel ist ein pädagogisch sehr wertvolles Medium für die Kindergartenarbeit. Es fördert die Kreativität, den Ideenreichtum und das Rollenspiel der Kinder. Durch die Puppen können die Kinder viele ihrer Alltagsprobleme konstruktiv lösen und bewältigen.
- Die selbst angefertigten Puppen der Kinder werden zu richtigen Wertgegenständen, die die Kinder noch lange nach dem Kindergarten begleiten. Dadurch ist es der Kindergartenpädagogin gelungen, einen bleibenden, emotional positiven Bezugspunkt zum Kindergarten zu schaffen.
- Die Kindergartenpädagogin versteht es, Prozesse der Subjektivierung zu fördern und damit die Bedürfnisse und Impulse der Kinder aufzugreifen. Dadurch kann sie die Voraussetzungen für die intensive Erarbeitung des Piratenspiels über fast ein ganzes Kindergartenjahr hinweg schaffen.

5 Der Polsterraum

5.1 Bericht des Kindergartenpädagogen über das Projekt „Der Polsterraum"

Der Kindergartenpädagoge Thomas Schätz ist als Motopädagoge für alle Kinder eines mehrgruppigen Kindergartens tätig. Er berichtet, wie mit Hilfe der Einrichtung eines speziellen Polsterraumes auf das Grundbedürfnis der Kinder nach Bewegung eingegangen werden konnte:

Den Anstoß zu unserem Projekt bildeten die Beobachtungen der Kindergartenpädagog/innen, die bei den Kindern eine zunehmende Bewegungsunruhe feststellten. Manche Kinder können z. B. nur kurz bei einem Spiel verweilen und wenden sich sehr rasch dem nächsten zu. Andere müssen mehrmals täglich zur Ruhe gebeten werden, da ihr wildes Spiel das Zusammenleben der gesamten Gruppe sehr belastet.

Wir setzten uns das Ziel, den Kindern im Kindergartenalltag mehr Bewegungsmöglichkeiten anzubieten. Das Bedürfnis nach Bewegung stellt ein Grundbedürfnis von Kindern dar, das in unserer heutigen Zeit zunehmend eingeschränkt wird. Deshalb reflektierten wir auch im Team über unser Verständnis von Kindergartenpädagogik an sich: Ist es für uns zufriedenstellend, den Kindern großteils vorzugeben, was sie tun bzw. nicht tun sollen? Müssen wir den Kindern auch in einer Bewegungsstunde Anleitungen geben, oder können wir diese ganz offen und von den Kindern gestaltet ablaufen lassen? Welchen Wert hat der „entpädagogisierte Raum", in dem Kinder unbeobachtet eigene Ideen und Zeitstruk-

turen verwirklichen können, für die Entwicklung der Kinder?
In der Fachliteratur fanden wir verschiedene Vorschläge für erweiterte Bewegungsangebote im Kindergarten, die die Kinder auch außerhalb der geplanten und fix in den Kindergartenalltag eingebundenen „Bewegungsstunden“ frei und nach eigenen Bedürfnissen in Anspruch nehmen können.
In meiner Arbeit im Kindergarten erhielt das Thema „Bewegung“ einen zentralen Stellenwert. Ich versuchte, verstärkt Bewegungsangebote in die verschiedensten Bereiche der Kindergartenarbeit zu integrieren und den Kindern direkt umsetzbare Bewegungsmöglichkeiten als einen ständigen Anteil des Kindergartenalltags anzubieten.
Diese Vorüberlegungen, die im Team immer wieder diskutiert, verändert und ergänzt wurden, führten schließlich zu der Einrichtung eines „Polsterraumes“.
Dieser Raum war ursprünglich als „Kinderwagenabstellraum“ konzipiert, wurde aber nicht mehr als solcher verwendet. Der Raum ist durch eine Doppeltür vom Gang aus begehbar, die mit Fenstern versehen ist und somit den Blickkontakt zu den Kindern auch bei geschlossener Tür ermöglicht.
Der Fliesenboden wurde mit einem Teppich ausgelegt. Als „Pölster“ verwendeten wir unter anderem dreiteilige Bettmatratzen, Kindergartenbetten, verschiedene Schaumstoffteile (Würfel, Rollen, Matten), weiche Pölster, Decken, Tücher und diverse Spielmaterialien, die die Kinder aus dem Gruppenraum mitnahmen. Die Eltern nähten Überzüge für die Pölster.
In den ersten beiden Wochen wurden die Kinder bei der Benutzung des Polsterraumes durch eine Betreuungsperson unterstützt. Dabei wurde besonderes Augenmerk auf die selbstständige Eroberung des Raumes durch die Kinder gelegt. Anfangs benutzten Kinder aus verschiedenen Gruppen den Polsterraum gleichzeitig. Eine Voraussetzung für dieses offene Konzept der Kindergartenarbeit ist allerdings die Aufgeschlossenheit und Bereitschaft aller Kolleg/innen im Team. Da dies bei uns noch nicht der Fall war, beschlossen wir in der Folge, den Raum den einzelnen Gruppen in einem bestimmten zeitlichen Rhythmus zur Verfügung zu stellen.
Wir mussten auch respektieren, dass einzelne Kindergartenpädagoginnen den Polsterraum mit ihrer Gruppe vorerst nicht benutzen wollten. Für sie waren einerseits Fragen der Verantwortung nicht ausreichend geklärt („Was ist, wenn etwas passiert?“), andererseits war die Öffnung der Gruppen mit ihrem persönlichen Verständnis von Kindergartenarbeit nicht in Einklang zu bringen. Erfreulich war jedoch, dass nach kurzer Zeit zumindest eine zeitweise Mitbenutzung des Polsterraumes stattgefunden hat.
In den ersten beiden Wochen wurden mit den Kindern Regeln für den Polsterraum aufgestellt. Dazu gehörten:

- *Die Pölster dürfen nicht gegen andere Kinder geworfen werden.*
- *Beim Verlassen des Polsterraumes müssen alle Pölster an den Rand geräumt werden, um den nachfolgenden Kindern einen geordneten Raum zu übergeben. Anschließend können die Kinder in diesem Bereich völlig selbstständig agieren.*

Während der ersten beiden Monate wurde der Polsterraum fast ausschließlich zum freien Bewegen verwendet. Dabei sprangen die Kinder herum und warfen sich in die Polsterhaufen, die den Boden des Raumes völlig bedeckten. Auch das Springen von Haufen zu Haufen mit anschließenden spektakulären Stürzen, das Wälzen und Herumkugeln in frei aufgeschichteten Pölstern machte den Kindern sichtlich Freude. Der Polsterraum übte besonders auf bewegungsstarke, „wilde“ Kinder große Anziehung aus.
Im Laufe der Zeit veränderte sich das Spielverhalten der Kinder: Sie bauten mit

den quaderförmigen Pölstern Türme, die teilweise bis zur Decke reichten. Die Bauwerke wurden immer wieder umgeschmissen oder als Absprungfläche verwendet, um sich in einen Polsterhaufen zu werfen. Gemeinsam errichteten die Kinder auch Tunnels und Höhlen, die miteinander verbunden waren und sich durch den ganzen Raum zogen. Zunehmend wurden Rollenspiele mit einbezogen und fantasievoll mit den vorhandenen Materialien gestaltet. Dabei waren die Kinder sehr ausdauernd und einfallsreich. Durch die Verdunkelung des Raumes mit Tüchern gelang es uns, einen finsteren Raum zu schaffen, wodurch sich weitere Spielinhalte – z. B. mit Taschenlampen – ergaben.

Die Befriedigung ihres Bewegungsbedürfnisses ermöglichte es manchen Kindern, sich anderen Angeboten im Kindergarten offener zu widmen. Verhaltensoriginelle Kinder, die auf Grund ihres starken Bewegungsdranges im Gruppenraum immer wieder die Aufmerksamkeit der Kindergartenpädagogin auf sich zogen, zeigten zunehmend ein konzentrierteres und ruhigeres Spielverhalten.

Aber auch bei den ruhigen, „braven" Kindern waren Veränderungen zu beobachten: Sie wurden aktiver, agierten sicherer, selbstständiger und selbstbewusster. Dieses veränderte Verhalten war schließlich auch im Gruppenraum zu beobachten.

Die Atmosphäre in den Gruppen wurde ruhiger. Dadurch, dass die Kinder auch Angebote außerhalb des Gruppenraumes in Anspruch nehmen konnten, verringerte sich die Kinderanzahl in den Gruppen. Die Aufmerksamkeit und Aufnahmefähigkeit der Kinder erhöhte sich, da sie nicht mehr einem ständigen Bewegungsbedürfnis unterlagen.

Die Kindergartenpädagog/innen erlebten ihre Arbeit als weniger belastend, da einzelne Kinder nicht mehr ständig „im Zaum gehalten" werden mussten. Dabei fiel ihnen auf, wie viel Energie und Zeit sie täglich dafür verwendeten, um eine angenehme Gruppensituation aufrechtzuerhalten. Damit sind Aufforderungen, Ermahnungen und Reglementierungen gemeint, die sie an die Kinder herantragen mussten.

Das selbstständige Spiel der Kinder bereicherte die Arbeit im Kindergarten und veränderte unser berufliches Selbstverständnis. Wir beobachteten, dass aus dem „unbeaufsichtigten" Spiel der Kinder Entwicklungsfortschritte, wie wachsende Selbstständigkeit, Eigenverantwortung und Autonomie, resultierten.

Im Team stellte sich während der Anfangszeit des Polsterraumes die Frage, ob es pädagogisch vertretbar ist, dass die Kinder im Polsterraum „nur wild sind". Auch die Rechtfertigung gegenüber den Eltern musste fachlich begründet werden, zumal manche Eltern etwas verwundert bzw. mit der Frage „Was lernen denn die Kinder dort?" reagierten.

Durch gezielte Elternarbeit in Form von Elternabenden, Plakaten und persönlichen Gesprächen konnten wir den Eltern die Bedeutung der Bewegung und der Erfahrungen, die die Kinder im Polsterraum machten, sowie deren Zusammenhang mit der kindlichen Entwicklung nahe bringen. Wir betonten die positiven Auswirkungen vielfältiger Bewegungserfahrungen auf die kognitive Entwicklung. Vielen Eltern genügte es jedoch auch zu sehen, dass die Kinder viel Spaß und Freude beim Aufenthalt im Polsterraum hatten.

5.2

Analyse des Projekts „Der Polsterraum“

5.2.1

Pädagogische Orientierung

1 Das Bild vom Kind

Kinder werden in ihrem Bedürfnis nach Bewegung ernst genommen. Kinder brauchen Freiräume, in denen sie nicht ständig von Erwachsenen kontrolliert werden. Sie sind fähig, Verantwortung zu übernehmen und Regeln einzuhalten, wenn Handlungsspielräume kindgerecht dargeboten werden. Dabei entwickeln sie zahlreiche Spielideen und fantasievolle Rollenspiele.

2 Das Verständnis von Erziehung und Bildung

Auf Grund der Beobachtungen der Kindergartenpädagog/innen wird die Umwelt entsprechend den Bedürfnissen der Kinder verändert. Den Kindern wird Zeit und Raum für die ganzheitliche Entwicklung ihrer Fähigkeiten zur Verfügung gestellt. Dabei haben sie die Möglichkeit, ausgelassen, wild und impulsiv zu sein. Selbstständigkeit und Aktivität der Kinder gelten als erstrebenswerte Fähigkeiten.

Durch den partnerschaftlichen Erziehungsstil der Kindergartenpädagog/innen können die Kinder den Kindergartenalltag lustvoll und angstfrei erleben.

3 Das Rollenverständnis der Kindergartenpädagog/innen

Die Eigeninitiative und die Lernprozesse der Kinder werden von den Kindergartenpädagog/innen in einer prozessorientierten Arbeit begleitet. Die Kinder sollen nicht verändert, sondern ihren Bedürfnissen entsprechend gefördert werden. So werden etwa verhaltensauffällige Kinder durch das erweiterte Bewegungsangebot ruhiger.

Die Kindergartenpädagog/innen sind bereit, ihre Arbeit kritisch zu reflektieren. Sie diskutieren beispielsweise den Wert entpädagogisierter Freiräume und setzen sich mit Fachliteratur auseinander. Im Kolleg/innenteam können verschiedene Erziehungsvorstellungen nebeneinander bestehen. Die Kindergartenpädagog/innen beweisen Mut und Risikobereitschaft, Neues zu erproben. Sie können ihre Arbeit den Eltern gegenüber fachlich begründen.

5.2.2

Analyse der kindlichen Lebenswelt und der entwicklungspsychologischen Voraussetzungen

1 Sozioökonomische Bedingungen der Familien

Der Kindergarten befindet sich am Stadtrand von Wien. Die Kinder stammen vorwiegend aus der Mittelschicht bzw. gehobenen Mittelschicht. In jüngster Zeit besuchen jedoch auch Kinder aus sozial benachteiligten Familien den Kindergarten.

2 Entwicklungspsychologische Voraussetzungen der Kinder

Der Motopädagoge ist für alle Gruppen des Hauses zuständig. Einige Kinder werden von einer Sonderkindergartenpädagogin betreut. Vereinzelt besuchen Kinder mit nichtdeutscher Muttersprache den Kindergarten.

3 Strukturqualität im Kindergarten

Der Gemeindekindergarten verfügt über drei ganztags geöffnete Familiengruppen, eine Krippe sowie eine halbtags geöffnete Familiengruppe und eine Hortgruppe. In jeder Kindergartengruppe ist eine Kindergartenpädagogin und eine Helferin beschäftigt. Weiters stehen ein Motopädagoge sowie bei Bedarf eine Sonderkindergartenpädagogin, eine Psychologin und eine Logopädin zur Verfügung. Teamgespräche finden einmal wöchentlich statt. Der Kindergarten verfügt über einen großen Garten, eine Kanzlei und eine multifunktional genutzte Bibliothek, einen Bewegungsraum sowie den „Polsterraum".

5.2.3

Didaktisch-methodische Kriterien

1 Anlässe und Kriterien für die Planung des Bildungsgeschehens

Die Einrichtung des Polsterraumes wird durch die Beobachtung der Kindergartenpädagog/innen, dass die Kinder zunehmend unruhig sind und über ein großes Bewegungsbedürfnis verfügen, ausgelöst.

2 Bildungsinhalt/Thema

Ermöglichung vielfältiger Bewegungserfahrungen

3 Methodische Umsetzung

- **Zielgruppe:** Alle Kinder des mehrgruppigen Kindergartens

- **Form der Durchführung:** Langfristige Projektarbeit

- **Entscheidungen hinsichtlich der Konkretisierung:**

  Medien: Verschiedene Pölster, Matratzen und Kindergartenbetten, Schaumstoffteile, Decken, Tücher

  Zeit und Ort: Für das Projekt wird der Kinderwagenabstellraum adaptiert. Der Polsterraum wird zu einem dauerhaften Angebot, das den einzelnen Gruppen in einem bestimmten zeitlichen Rhythmus zur Verfügung steht.

  Motivierung der Kinder: Die Motivierung ist dadurch gegeben, dass ein Grundbedürfnis der Kinder – nämlich das Bedürfnis nach Bewegung – aufgegriffen wird.

  Durchführung: Der Polsterraum wird mittels vieler weicher Pölster, Decken und anderer Materialien eingerichtet. Zunächst werden die Kinder bei der Benutzung des Raumes durch eine Kindergartenpädagogin unterstützt. Nach dieser Anfangsphase steht der Polsterraum den Gruppen abwechselnd zur Verfügung, und die Kinder dürfen dort ohne direkte Beaufsichtigung spielen. Dafür werden bestimmte Regeln aufgestellt.

  Ausklang/Vertiefung: Der Polsterraum wird zu einer bleibenden Einrichtung des Kindergartens.

4 Elternarbeit und Öffentlichkeitsarbeit

Die Eltern werden mittels Elternabenden, Plakaten und persönlicher Gespräche über die entwicklungspsychologische Bedeutung der Bewegung informiert.

5.2.4

Psychologische Prozesse

1 Lern- und Entwicklungsprozesse

- **Im Bereich der Sachkompetenz:**

  Förderung der Planung und Umsetzung eigener Ideen beim großflächigen Bauen und Spielen mit Pölstern und Matratzen

- **Im Bereich der Selbstkompetenz:**

  Förderung eines positiven Körpergefühls: Durch die lustvollen Bewegungsspiele im Polsterraum werden vielfältige Sinneserfahrungen ermöglicht und die ganzheitliche Entwicklung der Kinder unterstützt.

Förderung der Körperkontrolle: Durch das gezielte Werfen, Springen und „Sichfallenlassen“ lernen die Kinder, ihre Bewegungen zu kontrollieren und ihre Kräfte dosiert einzusetzen.

Förderung der Raumvorstellung durch vielfältige Bau- und Bewegungserfahrungen, wie z. B. das großflächige Bauen, das Erklettern von hohen Türmen und Polsterhaufen sowie das Springen aus größerer Höhe.

Förderung der Selbstständigkeit: Durch das unbeaufsichtigte Spielen erhalten die Kinder Freiräume, eigene Spielvorstellungen zu verwirklichen.

Förderung des Selbstbewusstseins: Durch lustvolles Spielen ohne den Druck, bestimmte Ziele erreichen zu müssen, erwerben die Kinder Selbstbewusstsein und Mut, Neues auszuprobieren.

- **Im Bereich der Sozialkompetenz:**

  Förderung der Kommunikation und Kooperation: Die Kinder besprechen ihre Spielideen miteinander, einigen sich auf gemeinsame Aktivitäten und verwirklichen diese im gegenseitigen Einverständnis.

  Förderung von Regelbewusstsein und Verantwortungsgefühl: Durch die Erarbeitung und Einhaltung der Regeln für den Polsterraum lernen die Kinder, dass die Abmachungen ausschließlich dem Schutz jedes einzelnen Kindes bzw. der Gemeinschaft dienen.

2 Transaktionale Prozesse beim Projekt „Der Polsterraum“

	Objektivieren (Akkomodation, Orientierung an der Realität)	**Subjektivieren** (Assimilieren, Anpassen an die eigenen Bedürfnisse)
Aneignen (Verinnerlichen, Internalisieren)	**A** **Die Kinder rezipieren und verinnerlichen den Bildungsinhalt** ❻ Die Kindergartenpädagog/innen stellen den Kindern weiteres Material, wie z. B. Taschenlampen, zur Verfügung.	**B** **Die Kinder bringen ihre eigenen Erfahrungen ein und verarbeiten dadurch die Bildungsinhalte** ❹ Gemeinsam werden Regeln für die Benutzung des Polsterraumes aufgestellt.
Vergegenständlichen (Mitgestalten, Produkte schaffen, sich selbst erweitern)	**C** **Die Kinder sind Ausführende** ❷ Die Kindergartenpädagog/innen richten mit den Kindern den Polsterraum ein. ❸ Die Kinder spielen im Polsterraum unter der Aufsicht einer Kindergartenpädagogin.	**D** **Die Kinder schaffen ein eigenes Produkt** **Sie erleben sich als Schöpfer** ❶ Die Kinder zeigen ein gesteigertes Bewegungsbedürfnis. ❺ Die Kinder nützen den Polsterraum für bewegungsstarke, vorwiegend wilde Spiele. ❼ Nach und nach entstehen Bauwerke und Rollenspiele.

Die Nummerierungen der einzelnen Szenen in den vier Feldern folgt dem Verlauf des Bildungsgeschehens. Das Bildungsprojekt beginnt (in Feld D) bei der Beobachtung der Kindergartenpädagog/innen, dass die Kinder zunehmend unruhig sind und über ein gesteigertes Bewegungsbedürfnis verfügen. Durch die Gestaltung eines Polsterraumes (in Feld C) können die Kinder – wiederum in Feld D – eigene Spielideen verwirklichen.

Die Bildungsqualität dieses Praxisberichts zeigt sich in folgenden Erkenntnissen:

- In diesem Projekt wird besondere Rücksicht auf die bewegungsfeindlichen Lebensumstände vieler Kinder genommen: Bewegungserfahrungen, die früher in natürlichen Bewegungsräumen oder beim Spielen auf der Straße stattgefunden haben, müssen heute zunehmend durch die Bereitstellung vielfältiger Freiräume im Kindergarten ermöglicht werden.
- Der entpädagogisierte Freiraum „Polsterraum" fördert vor allem die Entstehung von Vergegenständlichungsprozessen und trägt dazu bei, dass sich die Kinder als Schöpfer/innen erleben können. Die Einhaltung von Regeln dient dabei als Voraussetzung.
- Den Kindergartenpädagog/innen ist es gelungen, die Strukturqualität des Kindergartens optimal für ihre Arbeit mit den Kindern zu nutzen, indem sie einen leer stehenden Abstellraum mit einfachen Mitteln zum Erlebnisfeld für die Kinder umfunktioniert haben.

6 Sexualerziehung und Prävention des sexuellen Missbrauchs

6.1 Bericht der Kindergartenpädagogin über das Projekt „Sexualerziehung und Prävention des sexuellen Missbrauchs"

Die Kindergartenpädagogin Helga Emprechtinger schildert die Aufbereitung des Themas „Sexualität und Körperbewusstsein" im Kindergarten:

In meinen Anfangsjahren als Kindergartenpädagogin wurde ich in der Praxis immer wieder mit Themen und Situationen konfrontiert, mit denen ich noch nicht oder nicht gut umgehen konnte, die mich forderten oder die mich in der Reflexion lange beschäftigten. Solche Überlegungen waren z. B.: Was mache ich, wenn ein Kind nicht aufs WC gehen will; wenn es Konflikte beim Klogehen gibt; wenn ein Kind dem anderen die Scheide putzen will; wenn ich ein Kind beobachte, wie es der Puppe Schamhaare zeichnet, oder wenn ein Kind zu einem anderen sagt: „Du stinkst, mit dir spiel ich nicht".
Oft stellte ich mir die Frage: „Was soll ich jetzt tun? Werde ich dem Kind gerecht? Soll ich noch abwarten? Löst sich das vielleicht von alleine? Schaue ich weg und ‚übersehe' die Beobachtungen? Oder lasse ich mich darauf ein und begebe mich in den Prozess der Auseinandersetzung?"
Diese Konfrontationen und Beobachtungen bewogen mich dazu, mit befreundeten Kolleginnen in einen ehrlichen und geschützten Austausch zu treten sowie mit Therapeut/innen und Psycholog/innen zu sprechen. Weiters besuchte ich zu diesem

Thema Fortbildungen und Supervisionsveranstaltungen.
Ich möchte nun eine Alltagssituation schildern: Zu Kindergartenbeginn zeigten wir den neuen Kindern den Waschraum und erklärten ihnen den üblichen Ablauf des Klogehens bzw. führten diesen mit ihnen durch. Kinder mit Kindergartenerfahrung kamen dabei als „Miterzieher/innen" zum Einsatz. Voller Stolz zeigten und erklärten sie, wo sich das Klopapier befindet, wie man es am besten reißt, wie man die Klospülung betätigt etc. Die Kinder erwiesen sich in der Folge als sehr hilfsbereit und selbstständig.
Bei den Gesprächen mit den Kindern wurden die körperlichen Unterschiede von Buben und Mädchen thematisiert. Aufmerksam und zum Teil mit unsicherem Lächeln hörten die Kinder von mir die Begriffe Penis und Scheide. Diese waren scheinbar nicht geläufig. Ich bot ein Lexikon an, woraufhin das Interesse der Kinder am menschlichen Körper wuchs.
Nach einigen Wochen hatten wir das Problem, dass einige Kinder die Klotür von außen zuhielten, sodass ein Kind das WC nicht mehr verlassen konnte. Dies war ein Anlass, mit dieser Kleingruppe ins Gespräch zu kommen. Das Ergebnis des Gesprächs war: Der Eingeschlossene fürchtet sich. Wir versperren niemandem den Weg, halten keine Türen zu, und der Eingeschlossene darf laut um Hilfe rufen. Dass das eingeschlossene Kind weinte, blieb auch den anderen Kindern nicht verborgen. Daher kam es auch im Gruppenraum zu einem Gespräch. Die Kinder berichteten in der Folge von ihren „Kloerlebnissen": „Im Gasthaus ließ sich die Klotür nicht mehr öffnen"; oder: „Ich bin in ein großes Klo gefallen" etc.
Einige Wochen vergingen, da stieg ein Kind auf den Klodeckel und schaute ins andere Klo. Beim anschließenden Gespräch berichteten Kinder, dass das schon öfter vorgefallen war. Bei diesem Gespräch in der Großgruppe versuchte ich zu differenzieren, aus welchem Grund die Kinder so etwas taten: Weil sie einfach schauen wollten, ob das WC frei war; weil sie absichtlich ein anderes Kind beobachten wollten oder weil sie jemanden um Hilfe bitten wollten. Gemeinsam erfanden wir daraufhin ein Symbol, damit die Kinder von außen erkennen konnten, dass ein WC besetzt war.
Ein Mädchen erzählte eine Situation, bei dem ihr ein anderes, etwas älteres Mädchen am Sportplatz die Scheide putzen wollte, obwohl sie das schon selbstständig konnte. Als hilfreichen Vergleich sprach ich von mir. Ich sagte: „Ihr wisst, dass ich am Klo alleine sein will, meine Ruhe haben will! Ich kann das schon alleine. Ich will nicht, dass irgend jemand mit aufs Klo geht. Ich will auch nicht, dass jemand anderer mich am Klo stört oder zu mir ins Klo kommt." Darauf erwiderte ein Bub: „Und meinen Penis darf auch keiner angreifen!" „Genau, deinen Penis dürfen andere nur angreifen, wenn du einverstanden bist oder wenn du verletzt bist und untersucht werden musst", entgegnete ich ihm. Ein Kind berichtete von einer Operation, und ein anderes erzählte von einem Fall sexuellen Missbrauchs, den es aus den Medien gehört hatte und der zu Hause Gesprächsthema war.
In der folgenden Zeit achtete ich vermehrt darauf, dass die Kinder ihre Gefühle zulassen und zur Sprache bringen konnten und dass sie achtsam und respektvoll mit sich und anderen umgingen. Ich machte es mir zur Zielsetzung, ihr Selbstvertrauen, ihre Selbstständigkeit und Selbstsicherheit in diesem Bereich zu stärken. Zu diesem Zweck spielten wir Spiele mit dem Gesichtswürfel, der verschiedene Emotionen darstellt. Wir gestalteten eine große Gefühlsuhr für den Gruppenraum, malten unsere Körperumrisse auf Packpapier und machten verschiedene Partnerübungen zu diesem Thema.
Die Eltern gaben mir positive Rückmeldungen und befürworteten diese Form der Prävention des sexuellen Missbrauchs

sehr. Wir beschlossen daraufhin, für das folgende Jahr einen Elternabend zu diesem Thema zu organisieren.
Durch das Beobachten und die Konfrontation mit Situationen, die sich auf die kindliche Sexualität beziehen, sowie durch das Eingehen auf die Kinder ist bei mir ein Prozess der Auseinandersetzung mit diesen tabuisierten Alltagssituationen in Gang gekommen, der sich bis heute fruchtbringend fortgesetzt hat.

6.2

Analyse des Projekts „Sexualerziehung und Prävention des sexuellen Missbrauchs“

6.2.1

Pädagogische Orientierung

1 Das Bild vom Kind

Die Kinder werden in ihren Gefühlen, Empfindungen und Ängsten hinsichtlich ihrer eigenen Sexualität ernst genommen: Sie haben ein Bedürfnis nach Intimität und Abgrenzung, aber auch nach Austausch und Neugierde. Die Kinder sind dazu in der Lage, ihre persönlichen Grenzen zu formulieren, etwa dass sie die Klotüre geschlossen haben und unbeobachtet sein wollen.

2 Das Verständnis von Erziehung und Bildung

Die Kindergartenpädagogin vertritt ein partnerschaftliches Erziehungsverständnis. Sie richtet ihre Bildungsarbeit an den Bedürfnissen und Interessen der Kinder aus und ermöglicht damit vor allem die transaktionalen Prozesse des Subjektivierens.

Erziehung wird als Hilfe zur Selbsthilfe aufgefasst: Die Kinder sollen lernen, ihre Wünsche, Grenzen und Ängste hinsichtlich ihres Körpers und ihrer Sexualität offen zu formulieren. Zu diesem Zweck werden Fachausdrücke wie Penis und Scheide eingeführt sowie die einzelnen Themen durch unterschiedliches Material und gezielte Spielimpulse kindgerecht und lustbetont aufbereitet. Sexualität wird als etwas Natürliches gesehen.

3 Das Rollenverständnis der Kindergartenpädagogin

Die Kindergartenpädagogin geht sehr offen und sensibel mit ihren eigenen Schwächen und Unsicherheiten im Kindergartenalltag um. Sie ist bereit, sich fachlich und persönlich weiterzubilden: Im Gespräch mit Kolleginnen und Fachleuten sowie in der Fortbildung setzt sie sich intensiv mit dem Thema der kindlichen Sexualität auseinander. Dadurch gewinnt sie die Sicherheit, das Thema Sexualität in einem Rahmen des gegenseitigen Vertrauens mit den Kindern zu thematisieren.

Die Beobachtungen der Kindergartenpädagogin sind wichtiger Bestandteil der pädagogischen Arbeit. Dabei setzt sie ihr pädagogisches Know-how ein, um zwischen den Bedürfnissen einzelner Kinder zu vermitteln. Sie thematisiert mit den Kindern die auftretenden Konflikte und versucht, mit ihnen gemeinsam Lösungen zu erarbeiten.

6.2.2

Analyse der kindlichen Lebenswelt und der entwicklungspsychologischen Voraussetzungen

1 Sozioökonomische Bedingungen der Familien

Die Mehrheit der Eltern arbeitet in Lehrberufen und in der Landwirtschaft. Sechs Mütter sind Hausfrauen. Ein Elternteil ist allein erziehend. Es gibt zwei Stieffamilien.

2 Entwicklungspsychologische Voraussetzungen der Kinder

Die Kinder – jeweils zur Hälfte Buben und Mädchen – sind zwischen drei und sechs Jahre alt und altersgemäß entwickelt. Sie besitzen alle die österreichische Staatsbürgerschaft.

3 Strukturqualität im Kindergarten

Der Kindergarten befindet sich in einem Ort mit ca. 900 Einwohner/innen. Es gibt nur eine Gruppe, in die 26 Kinder eingeschrieben sind. Die Mehrheit der Kinder wird mit dem Bus aus der Umgebung zum Kindergarten gebracht. Acht Kinder wohnen direkt im Ort. Die Hälfte der Kinder besucht den Kindergarten, der von 7.30 Uhr bis 13.00 Uhr geöffnet ist, nur ein Jahr. Zusätzlich zum Gruppenraum gibt es einen Bewegungsraum, eine Garderobe, einen Waschraum, einen Büroraum, den Turnsaal der anliegenden Schule und einen Garten mit Terrasse. Weiters können auch angrenzende Wiesen oder der nahe gelegene Wald genützt werden.

Zusätzlich zur Leiterin arbeiten eine Kindergartenpädagogin als Assistentin und eine Reinigungsfrau im Kindergarten. Bedarfsweise stehen eine Logopädin, eine Psychologin und eine Zahngesundheitserzieherin zur Verfügung. Die Kindergartenpädagogin hält weiters einmal wöchentlich am Nachmittag eine Elternsprechstunde ab.

6.2.3

Didaktisch-methodische Kriterien

1 Anlässe und Kriterien für die Planung des Bildungsgeschehens

Anlässe für das Bildungsprojekt sind die Eingewöhnung neuer Kinder und konkrete Beobachtungen bei den Kindern auf den WC-Anlagen.

2 Bildungsinhalt/Thema

Sexualerziehung und Prävention des sexuellen Missbrauchs

3 Methodische Umsetzung

- **Zielgruppe:** Alle Kinder der Gruppe
- **Form der Durchführung:** Langfristiges Gruppenprojekt
- **Entscheidungen hinsichtlich der Konkretisierung:**

  Medien: Lexikon, Gesichterwürfel, Packpapier und Materialien für die Gefühlsuhr

  Zeit und Ort: Das Projekt findet alltagsbegleitend im Gruppenraum der Kinder statt.

  Motivierung der Kinder: Die Kindergartenpädagogin macht die Konflikte der Kinder zum Themenschwerpunkt und erreicht dadurch eine unmittelbare emotionale Betroffenheit der Kinder. Außerdem werden die Themen Körper, Sexualität sowie Abgrenzung gegenüber anderen Kindern durch eine Vielzahl an verschiedenen Materialien und Spielen lustbetont aufbereitet.

  Durchführung: Die Kindergartenpädagogin erklärt den neuen Kindern die Regeln im Waschraum und in den WC-Anlagen. Dabei kommen kindergartenerfahrene Kinder als Miterzieher/innen zum Einsatz. Als nach einigen Wochen das Problem auftritt, dass einige Kinder anderen die Klotür zuhalten, thematisiert die Kindergartenpädagogin diese Konflikte. Es entstehen Gespräche, wobei geeignete Lösungswege erarbeitet werden. Zusätzlich bietet die Kindergartenpädagogin Spiele zur Körperwahrnehmung und für dieses Thema geeignete Werkarbeiten an.

Ausklang/Vertiefung: Sexualität ist seit dieser intensiven Auseinandersetzung im Kindergarten kein Tabuthema mehr. Probleme werden auch in Zukunft offen und vertrauensvoll besprochen.

4 Elternarbeit und Öffentlichkeitsarbeit

Die Kinder erzählen ihren Eltern von den gemeinsamen Gesprächen im Kindergarten. Diese reagieren mit sehr positiven Rückmeldungen. Im folgenden Jahr wird ein Elternabend zu diesem Thema stattfinden. Bei Fragen haben die Eltern weiters die Möglichkeit, die wöchentliche Sprechstunde im Kindergarten zu nützen.

6.2.4

Psychologische Prozesse

1 Lern- und Entwicklungsprozesse

- **Im Bereich der Sachkompetenz:**

  Wissen über den eigenen Körper: Die Kinder lernen die richtigen Ausdrücke, wie z. B. Penis und Scheide. Durch das Lexikon über den menschlichen Körper können sie ihr Wissen erweitern.

- **Im Bereich der Selbstkompetenz:**

  Förderung der Selbstständigkeit durch gemeinsam erarbeitete Lösungen, wie z. B. ein Besetztzeichen.

  Förderung der Fähigkeit zur Abgrenzung: In der geschützten Atmosphäre der Gruppe machen die Kinder die Erfahrung, dass Abgrenzen nichts mit Ausgrenzen zu tun hat. Sie können ihre Grenzen formulieren und bleiben trotzdem in der Gruppe integriert.

  Verbalisieren von Gefühlen: In den Gesprächen und Spielen mit der Kindergartenpädagogin lernen die Kinder, ihre Gefühle sprachlich auszudrücken und den anderen mitzuteilen.

  Förderung des Selbstbewusstseins: Die Kinder lernen, ihre Gefühle und Wünsche vor den anderen Kindern zu vertreten.

  Natürlicher Umgang mit dem eigenen Körper: Durch Wahrnehmungsspiele und die Offenheit der Kindergartenpädagogin lernen die Kinder, ihren eigenen Körper auf natürliche Weise wahrzunehmen.

- **Im Bereich der Sozialkompetenz:**

  Respektvoller Umgang mit anderen: Die Kinder lernen, mit den Wünschen, Bedürfnissen und Ängsten der anderen Kinder umzugehen und darauf Rücksicht zu nehmen.

2 Transaktionale Prozesse bei der Sexualerziehung

	Objektivieren (Akkomodation, Orientierung an der Realität)	**Subjektivieren** (Assimilieren, Anpassen an die eigenen Bedürfnisse)
Aneignen (Verinner-lichen, Internalisieren)	**A** **Die Kinder rezipieren und verinnerlichen den Bildungsinhalt**	**B** **Die Kinder bringen ihre eigenen Erfahrungen ein und verarbeiten dadurch die Bildungsinhalte**
	❸ Die Kinder studieren ein Lexikon und lernen die Begriffe Penis und Scheide.	❻ Die Kinder berichten von ihren Erlebnissen auf diversen Toilettenanlagen. ❾ Gemeinsam diskutieren die Kinder über ihre Bedürfnisse und Grenzen.
Vergegen-ständlichen (Mitgestalten, Produkte schaffen, sich selbst erweitern)	**C** **Die Kinder sind Ausführende**	**D** **Die Kinder schaffen ein eigenes Produkt** **Sie erleben sich als Schöpfer**
	❶ Die älteren Kinder der Gruppe helfen den neuen Kindern gemeinsam mit der Kindergartenpädagogin die Regeln im Waschraum und auf den Klos zu lernen. ❷ Gemeinsam werden die Unterschiede zwischen Buben und Mädchen besprochen. ❺ Die Kindergartenpädagogin thematisiert den Konflikt. ❽ Die Kindergartenpädagogin thematisiert auch dieses Problem. Gemeinsam wird ein Symbol für ein besetztes WC angefertigt. ❿ Die Kinder malen ihren Körperumriss auf Packpapier, gestalten eine Gefühlsuhr und machen themenbezogene Partnerübungen.	❹ Die Kinder haben einen Konflikt auf der WC-Anlage. ❼ Es entsteht ein neuer Konflikt, weil sich die Kinder beim Klogehen gegenseitig beobachten.

Die Nummerierung der einzelnen Szenen in den vier Feldern folgt dem Verlauf des Bildungsgeschehens. Die Kindergartenpädagogin führt in Szene ❶ gemeinsam mit den älteren Kindern die neuen Kinder der Gruppe ins Regelwerk ein. Sie greift in Szene ❺ den Konflikt von Szene ❹ auf und gibt den Kindern in Form von Gesprächen und Spielen die Möglichkeit, ihre eigenen Erfahrungen (in Feld B und C) einzubringen.

Die Bildungsqualität dieses Praxisberichts zeigt sich in folgenden Erkenntnissen:

- Der Kindergartenpädagogin ist es sehr gut gelungen, ihre eigenen Grenzen hinsichtlich des Themas Sexualität durch professionelle Hilfe zu überwinden.
- Auch im Kindergarten ist es wichtig, das Bedürfnis der Kinder nach Intimität ernst zu nehmen und zu schützen. Die Ermutigung, den anderen die eigenen Grenzen deutlich zu signalisieren, ist ein wichtiger Schritt bei der Prävention des sexuellen Missbrauchs.
- Der Kindergartenpädagogin hat einen vertrauensvollen Rahmen geschaffen, in dem die Kinder frei und offen über ihre körperlichen Bedürfnisse sprechen können. Damit fördert sie bei den Kindern ein natürliches und enttabuisiertes Körperbewusstsein.

7 Schritte in die Welt der Technik

7.1

Bericht der Kindergartenpädagogin über das Projekt „Schritte in die Welt der Technik“

Sr. Maria Regina schildert ihr Projekt zum Thema Technik, das im Rahmen des EU-Projekts „Geschlechtssensible Pädagogik im Kindergarten“[1] initiiert wurde:

Ich beobachtete schon seit Beginn des Kindergartenjahres, dass die Kinder diesmal sehr viel konstruierten. Dabei entstanden immer wieder sehr interessante Produkte. Die Kinder – Mädchen wie Buben – verwendeten auch immer wieder Begriffe wie Düsenantrieb, Lenkrad, Motor etc. Auch die Bauecke war oft belegt, und trotz des geringen Alters vieler Kinder entstanden differenzierte Bauwerke, wie z. B. Schlösser mit Zugbrücken.
Ich fragte mich, ob dieses ausgeprägte Interesse der Kinder auch damit zusammenhängen könnte, dass die Beschäftigung mit der Technik eine Vorliebe von mir ist: Wenn bei uns im Kindergarten etwas kaputtgeht – sei es etwa ein Rad von einem Lastwagen oder Ähnliches –, repariere ich es gleich neben den Kindern. Die Schar der Zuseher/innen ist dabei immer groß.
Ich hatte schon länger den Wunsch, ein Projekt zum Thema Technik durchzuführen.

---

[1] Das EU-Projekt „Geschlechtssensible Pädagogik im Kindergarten“ wurde 1998/99 als praxisbegleitende Fortbildung im Rahmen des 4. mittelfristigen Aktionsprogrammes der Gemeinschaft für die Chancengleichheit von Frauen und Männern durchgeführt. Das oben genannte Projekt wurde von Gerda Mühlegger geleitet und wird vom BMUK/Abteilung für geschlechtsspezifische Bildungsfragen sowie vom Frauenbüro des Landes Oberösterreich unterstützt.

Meine Unsicherheit war allerdings groß, da es zu diesem Thema kaum Unterlagen und Literatur gibt und ich nicht recht wusste, wie ich anfangen sollte.

Das große Interesse der Kinder bewog mich dann doch dazu, es zu versuchen. Weiters erhielt ich Bestätigung durch die Mitarbeiterin des EU-Projekts, die mich auch auf entsprechende Literatur hinwies.

Zu Beginn des Projekts beschloss ich, den Bauplatz in die Halle vor unserem Gruppenraum zu verlegen. Dort ist ausreichend Platz vorhanden, um konzentriertes Arbeiten mehrerer Kinder zu ermöglichen. Auch können die Bauwerke dort länger stehen bleiben.

Den so gewonnenen Platz im Gruppenraum nutzten wir, um den Konstruktionsbereich zu vergrößern. Dadurch wurde es auch in diesem Bereich möglich, die Werke der Kinder stehen zu lassen. Nach und nach erweiterte ich das Materialangebot, bis wir schließlich über folgende Konstruktionsmaterialien verfügten: Duplo, Lasy, Sonos, Gigo, Lego, Capla, Fischer-Technik und Lego-Technik.

Die Fischer-Technik führte ich vorerst nur für die Mädchen ein, um zu vermeiden, dass sie möglicherweise von den Buben verdrängt würden. Zudem wollte ich ihnen Gelegenheit geben, sich mit diesem eher Buben zugeordneten Material in einem geschützten Rahmen auseinander zu setzen. Dabei waren das Interesse und der Ideenreichtum sowie der Ehrgeiz der Mädchen, gleich etwas Schwieriges zu bauen, sehr beeindruckend.

Das Bauen und Konstruieren mit den verschiedensten Materialien wurde daraufhin zu einer der bevorzugten Tätigkeiten der Kinder und zog sich als roter Faden durch das gesamte Projekt. Oft belagerten mehr als die Hälfte der Kinder den Konstruktionsbereich. Sie arbeiteten sehr intensiv und konzentriert. Dabei entstanden vielfältige und kreative Produkte, wie etwa Autos mit Düsenantrieb, Fotoapparate, Schaukeln, drehbare Riesenräder, Raketen, Telefone, Roboter, Lastwägen und Flugzeuge. Zu meiner Freude wurde das erste funktionstüchtige Auto von einem Mädchen gebaut.

Während dieser Tätigkeiten der Kinder, die viel Kreativität, Konzentration und Geschicklichkeit erforderten, griff ich nur helfend ein, wenn die Kinder mit einem Problem zu mir kamen, das sie nicht lösen konnten. Die Ideen kamen also meist von den Kindern; ich trug dann manchmal zur Verwirklichung bei. Immer wieder beteiligte ich mich aber auch am Bauen und Konstruieren und hatte viel Spaß dabei. Wir erarbeiteten uns viele Produkte gemeinsam.

In einem nächsten Schritt brachte ich alte, kaputte technische Geräte in den Kindergarten mit bzw. ersuchte die Eltern ebenfalls darum. Diese Geräte durften die Kinder zerlegen bzw. mit ihnen herumbauen. Zuvor zwickte ich lediglich die Kabel der Geräte ab und führte die Handhabung einiger Werkzeuge, wie Schraubenzieher, Zange oder Hammer, ein. Ich zeigte den Kindern auch Möglichkeiten, Nägel, Schrauben und Federn zu sammeln und zu sortieren, etwa mit Hilfe eines Magneten.

Die Kinder hatten über längere Zeit sehr viel Spaß an dieser Tätigkeit und bezogen die Materialien, die sie dabei gewannen, in das Bauen und Konstruieren mit ein. Weiters begannen sie, die zerlegten und untersuchten technischen Geräte nachzubauen, und gingen dabei sehr detailgetreu vor.

Auf Grund meiner ausführlichen Beobachtungen während des Bauens und Konstruierens setzte ich gezielt weitere Impulse, indem wir verschiedene technische Experimente durchführten. Nachdem die Kinder etwa bemerkt hatten, dass der Kassettenrekorder nicht funktioniert, wenn er nicht an die Steckdose angesteckt ist, wollten sie mehr zum Thema Strom wissen. Mit relativ einfachen Methoden setzten wir uns im Rahmen eines Experimentes mit dem

Stromkreislauf auseinander. Außerdem erforschten wir die Wirkung von Magneten sowie das Prinzip des Düsenantriebes. Dabei waren die Interessen und Bedürfnisse der Kinder immer die Basis für den nächsten Impuls.

Je länger das Projekt andauerte, umso mehr veränderte sich die Wahrnehmung der Kinder. Sie bemerkten es z. B. gleich, wenn im Garten unseres Kindergartens mit einem Gerät gearbeitet wurde, und wollten dann wissen, wie dieses Gerät funktioniert, was man damit machen kann etc. Oft erzählten die Kinder im Kindergarten von Geräten oder Maschinen, die sie gesehen hatten. Wir besprachen diese Beobachtungen dann miteinander.

Hinsichtlich des Konstruierens bemerkte ich, dass die Kinder zwar sehr gerne nach Vorlagen bauten – etwa mit Fischer-Technik. Da ich die meisten Vorlagen aber erst relativ spät austeilte, entstanden im Laufe des Projektes auch sehr viele kreative Produkte. Die Kinder waren also sehr wohl in der Lage, ihre Vorstellungen und Ideen über das Material zum Ausdruck zu bringen.

Die Auseinandersetzung mit den einfachen technischen Bereichen, die die Kinder im Rahmen des Projektes kennen gelernt hatten, führte nicht nur dazu, dass die Kinder neugieriger und aufmerksamer geworden sind. Sie gehen auch viel selbstverständlicher an technische Geräte heran. Mittlerweile betätigen die Kinder etwa den Kassettenrekorder alleine.

So sehr ich am Anfang des Projektes Bedenken hinsichtlich der Durchführbarkeit hatte, so sehr bin ich jetzt über den Erfolg begeistert – obwohl das Projekt noch nicht ganz abgeschlossen ist, da ich noch einige Experimente durchführen möchte. Nachdem das Interesse der Kinder so groß ist, werde ich in den kommenden Jahren sicherlich immer wieder Teile des Projektes in meine pädagogische Arbeit einfließen lassen. Dabei ist die Frage, was sich aus dem Projekt noch alles entwickeln wird, sehr spannend für mich. Mein Plan für die Zukunft ist es außerdem, die Kinder mit dem Computer vertraut zu machen.

Literatur für die Praxis

Ardley, N. & Burnie, D. (1998). Spannende Experimente aus Natur und Technik. Loewe Verlag.

Schietzel, C., Vollmers, Ch., Schulze-Biehl, H. & Raabe, H. (1975). Erste Schritte in die Welt der Technik. Ravensburg: Otto Maier.

7.2 Analyse des Projekts „Schritte in die Welt der Technik“

7.2.1 Pädagogische Orientierung

1 Das Bild vom Kind

Die Kinder werden als mündige Partner/innen im Kindergartenalltag gesehen. Sie sind lernfreudig und neugierig, stellen viele Fragen und sind einfallsreich und kreativ. Die Kinder sind als Forscher/innen und Gestalter/innen aktiv. Sie sind fähig, sich auch mit komplizierteren technischen Sachverhalten auseinander zu setzen und eigene Lösungsstrategien für Probleme zu finden. Die Kinder zeigen bei der Verwirklichung ihrer Ideen große Ausdauer und Konzentration.
Indem die Kinder den Kassettenrekorder selbstständig bedienen dürfen, werden sie als fähig erachtet, Verantwortung zu übernehmen, wenn ihnen Handlungsspielräume kindgerecht dargeboten werden.

2 Das Verständnis von Erziehung und Bildung

Die Kindergartenpädagogin unterstützt die Lernprozesse und die Eigeninitiative der Kinder in einer prozessorientierten Arbeit. Sie richtet ihre Bildungsangebote an den Interessen und Fähigkeiten der Kinder aus – in diesem Fall an dem ausgeprägten Bedürfnis der Kinder zu bauen und zu konstruieren. Sie bringt den Kindern Achtung und Wertschätzung entgegen, indem sie zusätzlichen Platz schafft, um die Werke der Kinder über längere Zeit stehen zu lassen.

Die Kindergartenpädagogin bemüht sich, vor allem die transaktionalen Prozesse der Subjektivierung und Vergegenständlichung zu fördern: Beim Bauen und Konstruieren können die Kinder selbst gestalten, eigene Erfahrungen einbringen und ihre Ideen selbstständig umsetzen.

3 Das Rollenverständnis der Kindergartenpädagogin

Die Kindergartenpädagogin bringt sich selbst als Person in die Bildungsarbeit ein: Ihr eigenes technisches Interesse ist einer der Auslöser für das Bildungsprojekt. Indem sie mit den Kindern baut und konstruiert sowie verschiedene Experimente durchführt, wird sie selbst zur Forscherin und zur Lernenden. Die Kindergartenpädagogin stellt den Kindern Raum und Zeit zur Verfügung, sich auszuprobieren und Neues zu entdecken.

Die Kindergartenpädagogin beweist Risikobereitschaft und Mut zur Unvollkommenheit, da sie ein Projekt beginnt, ohne über entsprechende Unterlagen oder viel Literatur zu verfügen. Sie nützt die externe Beratung sowie die institutionsübergreifende Zusammenarbeit im Rahmen des EU-Projekts „Geschlechtssensible Pädagogik“ zur Erweiterung ihrer fachlichen Kompetenzen.

7.2.2

Analyse der kindlichen Lebenswelt und der entwicklungspsychologischen Voraussetzungen

1 Sozioökonomische Bedingungen der Familien

Der Kindergarten befindet sich im Zentrum einer Landeshauptstadt. Die meisten Eltern sind als Angestellte tätig, einige verfügen über eine akademische Ausbildung. Der Anteil an Arbeiter/innen ist gering. Etwa die Hälfte der Mütter ist berufstätig.

2 Entwicklungspsychologische Voraussetzungen der Kinder

Die altersgemischte Kindergartengruppe wird von 10 Mädchen und 12 Buben im Alter von drei bis sechs Jahren besucht. Vier Kinder kommen aus ausländischen Familien, sprechen aber sehr gut Deutsch. Der Entwicklungsstand aller Kinder ist altersentsprechend, die Gruppendynamik ist sehr gut.

3 Strukturqualität im Kindergarten

Der kirchliche Kindergarten verfügt über vier Familiengruppen und ist halbtags geöffnet. Das Team des Kindergartens setzt sich aus einer Leiterin, vier Kindergartenpädagoginnen, zwei Helferinnen und zwei teilzeitbeschäftigten Sonderkindergartenpädagoginnen zusammen. Einmal wöchentlich findet eine zweistündige Teambesprechung statt. Der Kindergarten verfügt über zwei Bewegungsräume, einen Raum für die Sonderkindergartenpädagoginnen und einen großen Garten. Die räumlichen Bedingungen und die Materialausstattung sind gut.

Da der Kindergarten die Funktion eines Übungskindergartens hat, sind fast täglich Schülerinnen anwesend.

7.2.3

Didaktisch-methodische Kriterien

1 Anlässe und Kriterien für die Planung des Bildungsgeschehens

Auslöser für das Bildungsgeschehen stellen das eigene technische Interesse der Kindergartenpädagogin sowie die Beobachtung, dass die Kinder sehr gerne bauen und konstruieren, dar.

2 Bildungsinhalt/Thema

Auseinandersetzung mit der Technik

3 Methodische Umsetzung

- **Zielgruppe:** Alle Kinder der Gruppe, die Interesse haben.
- **Form der Durchführung:** Das Projekt zieht sich über ein ganzes Jahr. Während des Projektes wird in verschiedenen Kleingruppen, aber auch in der Gesamtgruppe oder alleine gearbeitet.
- **Entscheidungen hinsichtlich der Konkretisierung:**

  Medien: Verschiedenes Konstruktionsmaterial wie Duplo, Lasy, Sonos, Gigo, Lego, Capla, Fischer-Technik und Lego-Technik, weiters Bausteine und Zusatzmaterialien, alte, kaputte technische Geräte und die Materialien für die technischen Experimente (Magnete, Luftballon, Strohhalme, Batterie etc.).

  Zeit und Ort: Das Projekt zieht sich über ein ganzes Jahr bzw. soll immer wieder in die Erziehungs- und Bildungsarbeit einfließen. Die Kinder haben einen großen Bereich im Gruppenraum sowie den Bauplatz in der Halle zum Bauen und Konstruieren zur Verfügung.

  Motivierung der Kinder: Die Kindergartenpädagogin startet das Projekt auf

Grund des großen Interesses der Kinder am Bauen und Konstruieren. Durch ihr eigenes Mittun am Bauplatz und ihren sichtbaren Spaß an der Sache motiviert sie die Kinder zusätzlich. Auch durch die Experimente wird die Neugierde der Kinder verstärkt, und sie sind motiviert, die neuen Erkenntnisse beim Konstruieren umzusetzen.

Durchführung: Zu Beginn des Projektes werden das Platz- und Materialangebot für das Bauen und Konstruieren erweitert. Diese Tätigkeiten ziehen sich in der Folge als roter Faden durch das Projekt. Als weitere Impulse setzt die Kindergartenpädagogin das Angebot, alte technische Geräte zu zerlegen, sowie die Durchführung technischer Experimente.

Ausklang/Vertiefung: Das Projekt gilt noch nicht als beendet, da die Kindergartenpädagogin noch einige Experimente durchführen möchte. Für die Zukunft ist geplant, immer wieder einzelne Aspekte des aktuellen Projektes in die Bildungsarbeit einfließen zu lassen. Außerdem möchte die Kindergartenpädagogin die Kinder mit dem Computer vertraut machen.

4 Elternarbeit und Öffentlichkeitsarbeit

Die Eltern werden durch das Sammeln alter, kaputter technischer Geräte in das Projekt einbezogen.

7.2.4

Psychologische Prozesse

1 Lern- und Entwicklungsprozesse

- **Im Bereich der Sachkompetenz:**

  Erwerb technischer und physikalischer Grundkenntnisse durch die Auseinandersetzung mit physikalischen Prinzipien im Rahmen verschiedener Experimente.

  Denkförderung durch die Auseinandersetzung mit dem vielfältigen Materialangebot und die Umsetzung eigener Konstruktionspläne.

  Erwerb von Handlungskompetenz beim Umgang mit Werkzeugen, Schrauben, Nägeln, Magneten etc.

- **Im Bereich der Selbstkompetenz:**

  Förderung der Konzentration und Ausdauer: Die Kinder haben die Möglichkeit, sich allein oder in der Gruppe konzentriert mit einer Sache auseinander zu setzen. Dadurch wird neben der Konzentration auch die Ausdauer gefördert.

  Förderung der Feinmotorik und des differenzierten Schauens: Die Kinder üben beim Bauen und Konstruieren das Hantieren mit sehr kleinen Teilen, die genau zusammenpassen müssen. Sie verwenden dabei auch Schrauben, Nägel und verschiedene Werkzeuge.

  Förderung der Selbstständigkeit: Die Kinder setzen eigene Ideen um und bitten die Kindergartenpädagogin nur um Hilfe, wenn sie ein Problem nicht mehr selbst lösen können. Sie benützen Werkzeug und Material selbstständig.

- **Im Bereich der Sozialkompetenz:**

  Förderung der Teamfähigkeit beim gemeinsamen Bauen und Konstruieren. Die Kinder besprechen gemeinsam die Planung und Umsetzung ihrer Werke, helfen einander und nehmen aufeinander Rücksicht.

  Förderung eines partnerschaftlichen Rollenverständnisses: Die Kinder lernen, dass sowohl Mädchen als auch Buben kompetent mit technischen Geräten umgehen können. Nicht zuletzt zeigt ihnen das Vorbild der Kindergartenpädagogin, dass die Technik keine Domäne der Männer ist.

2 Transaktionale Prozesse bei der Auseinandersetzung mit der Technik

	Objektivieren (Akkomodation, Orientierung an der Realität)	**Subjektivieren** (Assimilieren, Anpassen an die eigenen Bedürfnisse)
Aneignen (Verinnerlichen, Internalisieren)	**A** **Die Kinder rezipieren und verinnerlichen den Bildungsinhalt** ❷ Die Kinder setzen sich mit den neuen Materialien auseinander. ❹ Die Kindergartenpädagogin und die Eltern bringen alte technische Geräte in den Kindergarten mit, die die Kinder zerlegen. ❻ Kinder und Kindergartenpädagogin setzen sich in einfachen Experimenten mit physikalischen Grundfunktionen auseinander.	**B** **Die Kinder bringen ihre eigenen Erfahrungen ein und verarbeiten dadurch die Bildungsinhalte** ❼ Die Kinder stellen Vergleiche zwischen den Erkenntnissen aus den Experimenten und Beobachtungen aus ihrem Alltag an.
Vergegenständlichen (Mitgestalten, Produkte schaffen, sich selbst erweitern)	**C** **Die Kinder sind Ausführende** ❶ Die Kindergartenpädagogin erweitert das Platz- und Materialangebot zum Bauen und Konstruieren.	**D** **Die Kinder schaffen ein eigenes Produkt** **Sie erleben sich als Schöpfer** ❸ Die Kinder stellen beim freien Bauen und Konstruieren verschiedene Produkte her. ❺ Die Kinder beziehen die Bestandteile der zerlegten Geräte in ihre Arbeit mit ein.

Die Nummerierungen der einzelnen Szenen in den vier Feldern folgt dem Verlauf des Bildungsgeschehens. Das Bildungsprojekt beginnt (in Feld C), indem die Kindergartenpädagogin verschiedene Materialien bereitstellt. In Feld D stellen die Kinder selbstständig die unterschiedlichsten Werke her, in Feld A werden immer wieder neue Impulse durch die Kindergartenpädagogin gesetzt.

Die Bildungsqualität dieses Praxisberichts zeigt sich in folgenden Erkenntnissen:

- In diesem Projekt wird eine Thematik aufgegriffen, die in unserer Gesellschaft von immer größer werdender Bedeutung ist: die Auseinandersetzung mit der Technik. Dadurch erwerben die Kinder Kompetenzen, die für ihre Zukunft und für die Gestaltung ihrer Umwelt zentral sind. Das Projekt zeigt, dass bereits Kinder im Vorschulalter kompetent sind, sich mit technischen Zusammenhängen zu beschäftigen.
- Die Tatsache, dass Buben und Mädchen gleichermaßen an der Auseinandersetzung mit der Technik beteiligt sind und davon profitieren, ist ein wichtiger Bestandteil einer geschlechtssensiblen Pädagogik.

8 Entstehung eines Museums

8.1 Bericht der Kindergartenpädagogin über das Projekt „Entstehung eines Museums“

Die Kindergartenpädagogin Gerti Reischl schildert, wie durch die Ideen einiger Kinder und durch einige gezielte Impulse ein fantasievolles Bauwerk entstehen konnte:

Kinder in ihrem „So-Sein“ ernst nehmen bedeutet für mich, ihr Handeln bewusst wahrzunehmen, zu beobachten und wertzuschätzen. Diese Anteilnahme äußert sich bei der Kindergartenpädagogin, indem sie sich zurücknimmt, aber dennoch präsent ist, indem sie die Kinder gedanklich begleitet und dadurch flexibel und spontan reagieren kann und nur Hilfe gibt, wenn dies erforderlich ist. Das bedeutet auch, Regeln abzuändern, wenn es die Situation verlangt, und eine an den kindlichen Interessen orientierte Umgebung vorzubereiten, die das Tun und Handeln der Kinder immer wieder herausfordert.
Dazu möchte ich folgendes Beispiel aus meinem Kindergartenalltag schildern:
Zwei Buben haben aus Konstruktionsmaterial kleine Schlitten zusammengebaut. Dabei erinnern sie sich an die kleinen Püppchen aus dem Puppenhauszubehör und fragen mich nach diesen Spielfiguren, um sie in ihre Schlitten setzen zu können. Nachdem ich den Kindern die Lade mit dem Sammelsurium an alten Puppen und Möbel angeboten habe, verlagert sich das Interesse auf die Miniaturmöbel, die nun sorgfältig auf einem Spielteppich aufgereiht werden. Ich geselle mich dazu und frage die Kinder, ob sie sich noch an jene Puppenhauseinrichtung erinnern, die ich ihnen im Vorjahr, nachdem ich

sie am Flohmarkt erstanden hatte, für längere Zeit zum Spielen geborgt habe. Und ob sich die Kinder erinnern! Stefan ruft: „Oh ja! Bitte, bring sie morgen mit!“
Es sind besondere Möbel, ca. 30 cm hoch und Stilmöbeln nachempfunden. Tags darauf stelle ich den großen Karton in den Raum. Zu dritt beginnen die Kinder sorgfältig auszupacken. Felix bemerkt, dass die Möbel staubig sind, und fragt mich, ob es erlaubt sei, diese zu putzen. Da die Möbel lackiert sind, sehe ich auch kein Problem, als Stefan mit einem Miniaturkübel, der mit Wasser gefüllt ist, vor mir steht und meint: „Bitte, gib uns ein echtes Putzmittel rein.“ Aus alten Stoffresten schneiden sie sich kleine „Putzlappen“ zurecht, und mit enormer Ausdauer wird Möbel für Möbel gewischt, zuletzt auch noch der Boden um den Spielteppich aufgewaschen. Vor jedem Wasserwechsel wird mir der Kübel mit den Worten „Schau, wie dreckig!“ unter die Nase gehalten und dann lustvoll weitergearbeitet. Die Putzaccessoires im Normalformat wurden von mir angeboten, aber von den Kindern abgelehnt.
Nach etwa eineinhalb Stunden fragen die Kinder, ob sie die Möbel so ungeordnet, aber dafür sehr sauber, auf dem Teppich stehen lassen dürfen, weil sie tags darauf weiterarbeiten würden. Das Durcheinander auf dem Teppich bleibt.
Weil ich den Kindern eine Ordnungshilfe geben möchte, bringe ich am Morgen darauf zwei ca. 120 cm lange und 30 cm breite Sperrholzbretter mit, die, über Kreuz ineinander gesteckt, eine Raumaufteilung von vier Räumen ergeben. Begeistert wird dieser Vorschlag angenommen und gleich am frühen Morgen weitergespielt. Weil nun der Abstellraum ein freies Bewegen nicht mehr zulässt, verlegen die Kinder ihren Spielort in den Gruppenraum. Zwei Teppiche werden aufgelegt, die Raumteiler darauf platziert und dann bei jedem Möbel überlegt, in welchen Raum es gestellt werden soll.
Die Kinder sind so in ihr Tun vertieft, dass ich mich anderen Kindern zuwende und die kleine Spielgruppe sich selbst überlasse. Erst als Felix Kastanien verlangt, weil er den Kachelofen anheizen muss, sehe ich, dass alle Möbel platziert und geordnet aufgestellt sind und Bernhard begonnen hat, mit einem Lastwagen bunte Keramikfliesen vom Bauplatz zu holen, um damit die Küche zu fliesen. Der Bauplatz befindet sich in der Garderobe, und weil es da oft sehr laut hergeht und der Gruppenraum für eher ruhigeres Tun vorgesehen ist, erinnere ich Bernhard daran, dass das Fahren mit Baufahrzeugen im Gruppenraum eigentlich nicht erlaubt ist. Er meint: „Ich weiß eh, aber ich ***muss*** *fahren! Wie soll ich denn sonst die Fliesen transportieren?“ Felix mischt sich ein: „Wir müssen noch öfter fahren, weil wir rundherum eine Mauer mit Bausteinen aufstellen wollen. Dürfen wir?“ Die Buben erhalten Unterstützung vom Jausentisch. Sabrina, die alles mitgehört hat, meint: „Mich stört's nicht, wenn's herinnen laut ist.“ Stephanie: „Mich auch nicht.“ Die Kinder wissen, dass in so einem dringenden Fall die Regel aufgehoben wird. Im Nu kurven vier Fahrzeuge im Gruppenraum herum, Bausteine bringend und abladend. Bernhard hat auf dem Bauplatz noch einen Transporter angeheuert.*
Während ich mich im Werkbereich aufhalte, betritt Regina, die Helferin, den Raum, sieht die vielen Fahrzeuge und meint: „Oh, oh, das Fahren mit Baufahrzeugen im Gruppenraum ist verboten!“ Die Buben: „Aber wir müssen! Drei Fuhren noch und wir sind eh fertig.“ Darauf Regina: „Na, wenn das so ist!“
Ich komme aus dem Werkbereich und staune mit meiner Helferin über den Einsatz der Kinder, ihre Ausdauer und ihr Durchsetzungsvermögen selbst gegenüber Erwachsenen, wenn es ihnen um etwas Wichtiges geht.
Nachdem die Wände stehen, wollen die beiden Buben eine Decke als Dach auf

ihrem Bauwerk haben. Felix hat eine Idee: „Wir könnten ja die große Holzplatte verwenden, die du immer für das Schattentheater nimmst. Wo ist sie denn?“
Die Idee ist großartig! Die Sperrholzplatte wird im Keller gelagert, und insgesamt sechs Kinder gehen in den Keller mit, um sie zu holen. Drei Verbindungstüren müssen aufgeschlossen und viele Stufen überwunden werden, bis wir im Keller der Volksschule sind. Die Kinder lieben diesen kleinen Ausflug, weil er etwas Geheimnisvolles hat. Außerdem kramen sie gerne in den Kartons, wobei manch Brauchbares entdeckt wird. Alte Lehrmitteltafeln der Volksschule üben auch auf mich einen besonderen Reiz aus. Der Aufenthalt im Keller dauert etwas länger, weil die Kinder unter einem Tuch die Weihnachtskrippe entdecken und sich an den „Adventweg“ aus der Vorweihnachtszeit erinnern. Daniel muss noch schnell ein paar Schachteln zum Werken mit hinaufnehmen, und dann tragen vier Kinder wirklich gekonnt die große Holzplatte nach oben. Die beiden Kinder, die ihre Jausenzeit für den Kellergang unterbrochen haben, setzen diese fort. Die anderen Buben legen vorsichtig die Platte auf das Haus.
Etwa eine Stunde ist seit dem Aufstellen der Trennwände vergangen, und immer noch sind die Kinder mit vollem Eifer bei ihrem Tun. Ich weiß nicht mehr, womit die Kinder begonnen haben, das Dach zu decken. Angefangen von Farbtäfelchen über Webteppiche und Handspielpuppen wird alles verwendet. Ich kann mit den restlichen Kindern der Gruppe nur staunend zusehen, wie dieses Kunstwerk wächst und wächst.
Von den arbeitenden Kindern geht eine große Ruhe aus. Beinahe meditativ wird da Stück um Stück auf dem Werk platziert. Der Eingang der Puppenecke ist nun verbaut, und keiner kann diese mehr betreten. Außerdem stehen sämtliche Materialien den anderen Kindern nicht mehr zum Gestalten zur Verfügung. Vor dem Tun dieser Kinder und ihrem Werk haben jedoch alle anderen Respekt. Es verlangt niemand nach einem verbauten Material oder dem Spiel im Puppenbereich. Die Situation wird respektvoll akzeptiert.
Nach etwa drei Stunden unterbrechen Bernhard und Felix – es sind nun nur mehr zwei Buben dabei – ihr Tun, um ihre Jause zu essen. Angebote von meiner Seite, wie Bewegungsspiele im Turnsaal oder eine Faltarbeit am Werktisch, werden in dieser Zeit nicht angenommen, weil ihnen ihr Tun wichtiger und befriedigender ist, obwohl beide sehr bewegungsfreudige Kinder sind und den Aufenthalt im Turnsaal über alles lieben.
In der Abschlussrunde sage ich den Baumeistern noch einmal, wie sehr mir ihr Werk gefällt, und frage die anderen Kinder, ob sie der kurzzeitige Lärm gestört hat, was sie verneinen. Felix und Bernhard kündigen an, dass sie das „Museum“, so wird es in der Zwischenzeit bezeichnet, stehen lassen, um morgen daran weiterzubauen.
Das Museum stand den Kindern und Eltern drei Tage lang zur Besichtigung zur Verfügung und wurde dann gemeinsam von den Kindern, der Helferin und mir weggeräumt.

8.2

Analyse des Projekts „Entstehung eines Museums“

8.2.1

Pädagogische Orientierung

1 Das Bild vom Kind

Kindsein hat eine eigene Qualität unabhängig vom Erwachsenenleben, dennoch werden die Kinder als mündige Partner/innen im Kindergartenalltag gesehen. Kinder sind fähig zur Selbstbestimmung und können ihre eigenen Bedürfnisse verbalisieren. Sie sind in der Lage, ihre Handlungsmotivation verständlich zu begründen, und können mit Ausnahmeregeln, wie dem Transport von Baumaterial durch Fahrzeuge im Gruppenraum, verantwortungsvoll umgehen. Sie sind neugierig, spontan, einfallsreich und fordernd. Sie zeigen bei der Verwirklichung ihrer Ideen große Ausdauer und Konzentration.

2 Das Verständnis von Erziehung und Bildung

Das Erzieherinnenverhalten zeichnet sich durch Wertschätzung, Empathie und Echtheit aus. Durch die flexible Alltagsgestaltung werden die Selbstständigkeit und Kreativität der Kinder gefördert. Wichtiger Bestandteil der pädagogischen Arbeit ist die Erziehung zur Toleranz. Es besteht eine Balance zwischen individueller Entfaltungsmöglichkeit und Wahrung der Interessen der gesamten Gruppe. Erziehung wird als Begleitung der Kinder verstanden, die durch geeignete Rahmenbedingungen, Hilfestellungen und Materialangebote verwirklicht wird und den Kindern Erfolgserlebnisse im handelnden Umgang mit der Umwelt ermöglicht.

3 Das Rollenverständnis der Kindergartenpädagogin

Die Kindergartenpädagogin hat Achtung vor den Interessen der Kinder, respektiert ihre Rechte und bemüht sich, die Kinder in ihrer Individualität anzunehmen. Sie stellt sich flexibel auf die Bedürfnisse, Wünsche und Ideen der Kinder ein und macht sie zum Inhalt ihrer Bildungsarbeit. Ihr ist es wichtig, den Kindern Raum und Zeit zur Verfügung zu stellen, um selbstbestimmt den Kindergartenalltag mitgestalten zu können. Dadurch fördert sie die Prozesse der Subjektivierung und Vergegenständlichung. Sie setzt ihr fachliches Knowhow ein, um ein harmonisches Gruppenklima zu gewährleisten, und bindet die Kinder in Entscheidungsprozesse mit ein. Beispielsweise thematisiert sie mögliche Konflikte, wie die Lärmbelästigung oder den versperrten Zugang zum Puppenbereich.

8.2.2 Analyse der kindlichen Lebenswelt und der entwicklungspsychologischen Voraussetzungen

1 Sozioökonomische Bedingungen der Familien

Der Großteil der Kinder wächst in Großfamilien auf. Die meisten Eltern sind als Bauern, Arbeiter und Angestellte tätig. Vier Mütter sind berufstätig, eine Mutter ist Alleinerzieherin. Die Eltern haben einen engen und guten Kontakt zum Kindergarten.

2 Entwicklungspsychologische Voraussetzungen der Kinder

Sechs Mädchen und vierzehn Buben im Alter von drei bis sechs Jahren sind in die Gruppe eingeschrieben. Ein Kind kommt aus dem Ausland. Vier Kinder werden als sehr ängstlich, unsicher und sozial ungeschickt beschrieben.

3 Strukturqualität im Kindergarten

Der Landeskindergarten verfügt über zwei Familiengruppen und ist halbtags geöffnet. Die meisten Kinder werden mit dem Bus zum Kindergarten gebracht, da sie in den umliegenden Ortschaften wohnen. Das Team des Kindergartens setzt sich aus einer Leiterin, einer Kindergartenpädagogin, zwei Helferinnen, einer Sonderkindergartenpädagogin und einer Logopädin zusammen. Die Kinder können zusätzlich zu ihrem Gruppenraum einen großen Bauplatz in der Eingangshalle benützen. Als Bewegungsraum dient der Turnsaal der Volksschule. Rückzugsmöglichkeit bietet das Büro, das je nach Bedürfnis der Kinder auch zum

Spielplatz umfunktioniert werden kann. Der Waschraum wird zusätzlich für das Arbeiten mit Ton und Wasser genutzt. Dem offenen Konzept entsprechend werden räumliche Angebote je nach Spielidee oder Bedürfnis der Kinder umfunktioniert.

8.2.3

Didaktisch-methodische Kriterien

1 Anlässe und Kriterien für die Planung des Bildungsgeschehens

Der Anlass für das Bildungsgeschehen ist das Konstruktionsspiel zweier Buben.

2 Bildungsinhalt/Thema

Entstehung eines fantasievollen Bauwerks

3 Methodische Umsetzung

- **Zielgruppe:** Eine kleine Gruppe Buben
- **Form der Durchführung:** Kleingruppenarbeit
- **Entscheidungen hinsichtlich der Konkretisierung:**

  Medien: Kleine Püppchen, Puppenhauszubehör, Miniaturmöbel, Spielteppiche, Wasser, Putzmittel, Konstruktionsmaterial, Stoffreste, ein großes Holzkreuz, Kastanien, Keramikfliesen, Bausteine, Baufahrzeuge und eine Holzplatte sowie diverses Material zum Dachdecken

  Zeit und Ort: Die Kinder errichten ihr Bauwerk anfänglich in einem kleinen Abstellraum, siedeln aber aus Platzmangel in den Gruppenraum um. Die Spiel- und Bauzeit verteilt sich über drei Tage.

  Motivierung der Kinder: Der Reiz der Miniaturmöbel veranlasst die Buben, sich von ihrem Schlittenspiel abzuwenden und mit den Miniaturmöbeln weiterzuspielen. Der Impuls der Kindergartenpädagogin, auf dem Flohmarkt erstandene Puppenmöbel mitzubringen, stellt den eigentlichen Ursprung des Bauwerks dar.

  Durchführung: Auf Wunsch zweier Buben zeigt die Kindergartenpädagogin den Kindern eine Lade mit Puppenfiguren und Möbeln. Durch ihr weiteres Angebot, besondere Puppenmöbel von zu Hause mitzubringen, erweitert sich die Spielidee. Die Tags darauf mitgebrachten Möbel werden von den Kindern gesäubert und aufgestellt. Durch das von der Kindergartenpädagogin beigesteuerte Holzkreuz entsteht ein Puppenhaus. Auf Grund der Bitte eines Kindes, die Holzplatte für das Schattentheater als Dach des Hauses verwenden zu dürfen, gehen die Kinder in den Keller, um die sperrige Platte zu holen. Das so entstandene Haus wird noch mit einer Vielzahl von Materialien geschmückt.

  Ausklang/Vertiefung: Das „Museum" bleibt drei Tage zur Besichtigung stehen, ehe es gemeinsam weggeräumt wird.

4 Elternarbeit und Öffentlichkeitsarbeit

Die Eltern dürfen das Bauwerk der Kinder genau bestaunen. Viele von ihnen sind von dem Ideenreichtum der Kinder beeindruckt.

8.2.4

Psychologische Prozesse

1 Lern- und Entwicklungsprozesse

- **Im Bereich der Sachkompetenz:**

  Die Planung und Umsetzung eigener Ideen: Die Kinder lernen, ihr Vorhaben zu planen, geeignetes Material zu organisieren und geeignete Rahmenbedingungen zu schaffen.

- **Im Bereich der Selbstkompetenz:**

  Förderung des Verantwortungsbewusstseins: Damit jedes Kind größtmögliche Freiheit in seinem Tun hat, muss es Verantwortung für sich und andere übernehmen können. Durch die Einbindung der Kinder in Entscheidungen über Gruppenregeln wird die Verantwortung gelebt.

  Förderung des Selbstbewusstseins: Die Kinder werden in ihren Wünschen, Ideen und Bedürfnissen ernst genommen und unterstützt. Sie erleben sich als Gestalter ihres Alltags. Dadurch kann sich ein starkes Selbstvertrauen entwickeln.

  Förderung der Konzentration: Die Kinder haben die Möglichkeit, sich nach ihren innersten Bedürfnissen mit einer Sache auseinander zu setzen. Dadurch wird neben der Konzentration auch die Ausdauer gefördert.

  Förderung der Sprache: Die Kinder erklären ihre Wünsche, Gefühle und Ideen anderen Kindern und der Kindergartenpädagogin und diskutieren mögliche Lösungs- und Umsetzungsvarianten.

- **Im Bereich der Sozialkompetenz:**

  Förderung der Konfliktkultur: Die Kinder haben bei der Umsetzung ihrer Ideen gelernt, sich für ihre Meinung einzusetzen und überzeugend zu argumentieren.

  Förderung eines harmonischen Gruppenklimas: Die Kinder können ihre eigenen Wünsche ausleben und lernen, auch andere Kinder in ihren Bedürfnissen zu akzeptieren. Dadurch werden die gegenseitige Toleranz und Achtung gefördert.

2 Transaktionale Prozesse bei der Entstehung des Museums

	Objektivieren (Akkomodation, Orientierung an der Realität)	**Subjektivieren** (Assimilieren, Anpassen an die eigenen Bedürfnisse)
Aneignen (Verinnerlichen, Internalisieren)	**A** **Die Kinder rezipieren und verinnerlichen den Bildungsinhalt** ❷ Die Kinder betrachten das Puppenzubehör in der Lade der Kindergartenpädagogin.	**B** **Die Kinder bringen ihre eigenen Erfahrungen ein und verarbeiten dadurch die Bildungsinhalte** ❺ Die Kinder bemerken, dass die Möbel staubig sind, und schneiden sich aus Stoffresten kleine Putzlappen aus. Dann beginnen sie, alles abzustauben und nass abzuwischen. ❼ Die Kinder verlegen ihr Spiel auf Grund von Platzmangel in den Gruppenraum. ❾ Die Buben überlegen, was sie als Dach verwenden könnten, und kommen auf die Idee, eine Holzplatte aus dem Keller zu holen.
Vergegenständlichen (Mitgestalten, Produkte schaffen, sich selbst erweitern)	**C** **Die Kinder sind Ausführende** ❹ Die Kindergartenpädagogin bringt den Kindern zusätzliche Spielmöbel von zu Hause mit. ❻ Die Kindergartenpädagogin steuert ein Holzkreuz als Zimmeraufteilung bei. ❿ Die Kindergartenpädagogin holt mit den Kindern die Holzplatte aus dem Keller.	**D** **Die Kinder schaffen ein eigenes Produkt** **Sie erleben sich als Schöpfer** ❶ Zwei Buben bauen Schlitten aus Konstruktionsmaterial. ❸ Sie stellen die Möbel auf einem Spielteppich auf. ❽ Die Kinder bauen an ihrem Haus und bringen mittels Baufahrzeugen Keramikfliesen in den Gruppenraum. ⓫ Die Kinder decken das Dach mit den verschiedensten Gegenständen und Materialien.

Die Nummerierungen der einzelnen Szenen in den vier Feldern folgt dem Verlauf des Bildungsgeschehens. Das Bildungsprojekt beginnt (in Feld D) mit dem Konstruktionsspiel zweier Buben. Indem die Kindergartenpädagogin (in Feld C) verschiedene Materialien bereitstellt, beginnen die Kinder, den Bau eines großes Puppenhauses vorzubereiten, das sie in Feld D fertig stellen.

Die Bildungsqualität dieses Praxisberichts zeigt sich in folgenden Erkenntnissen:

- Kinder sind sehr ausdauernd und können sich lange konzentrieren, wenn sie sich in eine selbst gewählte Aktivität vertiefen dürfen und wenn sie Hilfestellungen und Impulse bei der Umsetzung ihrer Ideen bekommen.
- Sie haben Freude am Effekt und am „Selbermachen". Indem Kinder sich und andere als kompetent erleben, können sie ein realistisches Selbstkonzept aufbauen.
- Das Projekt zeigt, dass Prozesse der Individualisierung gut in das Gruppengeschehen integrierbar sind, wenn alle Kinder in die Regelfindung bzw. -änderung mit einbezogen werden.
- Die Kindergartenpädagogin geht auf eine Alltagssituation – nämlich das spontane Spiel weniger Kinder – ein und lässt zu, dass sich daraus ein kreativer Prozess entwickeln kann, der die ganze Gruppe beeindruckt.

9 Das Familienfest

9.1 Bericht der Kindergartenpädagogin über das Projekt „Das Familienfest"

Der Bericht von Gabriele Bäck handelt von der Einführung eines Festes für die ganze Familie anstelle des Mutter- bzw. Vatertages:

Der Impuls, den Mutter- bzw. Vatertag in ein Familienfest umzuwandeln, ging von einigen grundsätzlichen Überlegungen aus:

- *Die Familiensituation im städtischen Bereich hat sich in den letzten Jahren drastisch geändert. In fast jeder Kindergartengruppe gibt es ein oder mehrere Kinder, die von der Trennung ihrer Eltern betroffen sind.*
- *Kinder, die zu dem Elternteil, der nicht im selben Haushalt lebt, wenig bis gar keinen Kontakt haben, stehen durch ein selbst gebasteltes Geschenk vor dem Dilemma: „Wem gebe ich mein Geschenk?".*

Im Sinne der Gleichberechtigung sollte sowohl dem Muttertag als auch dem Vatertag dieselbe Aufmerksamkeit entgegengebracht werden.

Ein weiteres Argument für die Umwandlung in ein Familienfest stellt die konsumorientierte Betrachtung des Mutter- bzw. Vatertages dar, ohne den Sinn dieser Tage zu hinterfragen.

Außerdem konnte ich beobachten, dass die Kinder wenig bis gar kein Interesse zeigten, diesen Tag besonders hervorzuheben. Vereinzelt äußerten ältere Kinder mit Geschwistern in der Schule den Wunsch, ein Geschenk zu basteln, oder stellten selbstständig etwas her.

Diese Überlegungen lösten bei mir einen Umdenkprozess hinsichtlich des Mutter-

bzw. Vatertages aus. Der Impuls zur traditionellen Gestaltung würde also hauptsächlich von mir kommen. Ich fragte mich: Wessen Bedürfnisse decke ich damit ab – die der Kinder, der Eltern oder meine eigenen?

Ich wollte für diese Tage einen adäquaten Ersatz finden. Ein Familienfest am Ende des Kindergartenjahres, zeitlich unabhängig vom Mutter- bzw. Vatertag, erschien mir als eine Möglichkeit, denn jedes Kind im Kindergarten hat eine Familie, wie auch immer diese aussieht.

Bei der Umsetzung dieser Überlegungen war es mir vor allem wichtig, die Eltern zu informieren. Ich recherchierte über die Wurzeln des Muttertages und formulierte diese gemeinsam mit meinen persönlichen Überlegungen in Form eines Elternbriefes. Diesen bekamen die Eltern zeitgerecht, damit ihre Erwartungen nicht enttäuscht wurden und eventuelle Diskussionen stattfinden konnten.

LIEBE ELTERN!

Muttertag steht bevor, und ich möchte Ihnen dazu meine Überlegungen mitteilen.

FESTE BEREICHERN UNSER LEBEN
FESTE SIND FIXPUNKTE IM JAHRESKREIS
FESTE HABEN EINE WICHTIGE FUNKTION FÜR JEDE GEMEINSCHAFT

In unserer schnelllebigen Zeit ist jedoch der ursprüngliche Sinn mancher Feste verloren gegangen.

URSPRUNG DES MUTTERTAGS: Im Jahre 1914 kam Ann Jarvis auf die Idee, einen Tag im Jahr zum Fest für die Mütter zu machen. In Amerika wurde daraufhin der zweite Sonntag im Mai zum Muttertag erklärt. Im Jahre 1933 wurde im deutschsprachigen Raum dieser Ehrentag für die Mütter offiziell übernommen.

MEINE ÜBERLEGUNGEN DAZU:

MUTTERTAG IST EIN FEST DER FAMILIE

ES SOLL IM PRIVATEN RAHMEN GEFEIERT WERDEN

DENKANSTÖSSE, die Ihnen behilflich sein sollen, Ihren persönlichen Standpunkt zu überdenken:

- Tragen wir den Wünschen und Erwartungen aller Mütter wirklich Rechnung, indem wir nur einen Tag im Jahr zum Muttertag erklären?
- Sollen oder müssen Kinder am Muttertag ihre Dankbarkeit zeigen? Sind sie dazu überhaupt in der Lage? Haben sie nicht ein Anrecht auf Liebe und Fürsorge und darauf, dass alles getan wird, um ihnen eine positive Entwicklung zu gewährleisten?
- Kann man jemandem Anerkennung zollen, indem man ihm dankbar ist? Und wenn ja, in welcher Form soll diese Dankbarkeit ausgedrückt werden? Können wir das auf einen Tag im Jahr festlegen?
- Wollen wir die konsumfreudige Haltung am Muttertag, die in den letzten Jahren in unserer Gesellschaft durch die Werbung immer mehr in den Vordergrund rückt, mitmachen?

Ihre Arbeit und Ihr Engagement in der Auseinandersetzung mit Ihrem Kind sind wichtig und wertvoll. Sie stellen auch einen wesentlichen Bestandteil der täglichen Kindergartenarbeit dar.

Ich schätze Ihre gute Zusammenarbeit und möchte mit Ihnen gemeinsam ein FAMILIENFEST feiern.

Ich hoffe, dass Sie meine Bedenken verstehen und meine Vorgangsweise akzeptieren können.

Ich wünsche Ihnen einen
SCHÖNEN FESTTAG IM KREIS IHRER FAMILIE

In meiner weiteren Planung wurde der Muttertag gar nicht mehr berücksichtigt. Von den Eltern gab es keine Einwände, aber auch wenige Stellungnahmen zu meinem Vorhaben. Erst nach dem Muttertag äußerte eine Mutter das Bedürfnis, mit mir darüber zu reden. Sie konnte sich mit meiner Vorgangsweise nicht anfreunden. Obwohl ihr Kind, wie sie erzählte, zu Hause etwas für sie gebastelt hatte, erhob sie den Anspruch, dass auch die Kindergartenpädagogin dafür zuständig sei. Nach der Beendigung des Gesprächs war das Thema zwar nicht aus der Welt, aber die Mutter hatte die Möglichkeit gehabt, ihre Bedenken auszusprechen. Ich bot ihr eine Diskussionsrunde mit anderen Eltern zum Beginn des nächsten Kindergartenjahres an.
So merkte ich, dass es sich um ein sensibles Thema handelte. Die Veränderung wurde auch in den Familien besprochen. Ich erkannte die Notwendigkeit der Diskussion und der Auseinandersetzung mit den Eltern.
Um das Familienfest zu planen, setzte ich mich mit den Kindern zusammen und erzählte von meinem Vorhaben, die Eltern zu einem Fest einzuladen. Die Kinder waren voller Begeisterung. Gerade für Moritz, unseren Jüngsten, ging damit ein Wunsch in Erfüllung: Endlich durften seine Eltern auch im Kindergarten bleiben. Aber auch alle anderen zeigten Freude.
Gemeinsam überlegten wir, was für dieses Vorhaben wichtig ist. Barbara meinte: „Da muss man schmücken. Ich habe Lampions zu Hause." Sandro sagte: „Essen!" Und da es bei uns so üblich ist, waren wir uns einig: Die Eltern sollten das Buffet bereitstellen. Mein Vorschlag, ein Elternquiz zu veranstalten, wurde ebenfalls angenommen. Die Kinder sollten ihre Familie zeichnen, die Eltern sollten dann raten, welche Familie ihre ist.
Iris und Anne-Sophie wollten sofort ihre Familien an die Malwand malen. Nachdem Iris ihr Werk vollendet hatte, stellte sie noch weitere Familienbilder her. Das wurde in der nächsten Zeit ihr Lieblingszeichenthema. Immer wieder malte sie Mama, Papa, ihren Bruder und sich selbst. Zwischendurch zeichnete sie sich mit ihren Freunden auf ein Blatt. Anne-Sophie, ihre Freundin, wollte daraufhin auch noch einmal ihre Familie malen. Sie zeichnete auch das noch ungeborene Baby neben ihrer Mama auf das Blatt.
Ich nützte diese Aktivität, um mit einzelnen Kindern Gespräche zu führen. Dabei fragte ich sie: „Wer gehört zu deiner Familie?" Markus, ein Einzelkind, befand, dass neben Mama und Papa auch sein Kuscheltier dazu gehört. Mona, die regelmäßigen Kontakt zu ihren Großeltern hat, malte auch Oma und Opa dazu. So hatte jedes Kind die Möglichkeit, seine eigene Familie zu definieren.
Die Eltern bekamen zwei Termine für das Familienfest zur Auswahl. Der günstigere Tag wurde ausgewählt. In einer Liste konnten die Eltern eintragen, was sie fürs Buffet organisieren wollten.
Am Tageskalender, der im Gruppenraum in Augenhöhe der Kinder aufgehängt ist, konnten die Kinder anhand eines Symbols sehen, wann das Fest stattfindet. Sie hatten auch die Möglichkeit, die Anzahl der Tage bis zum Fest zu zählen.
Bei gemeinsamen Gesprächen äußerten einige Kinder die Vorfreude auf das bevorstehende Fest. Einmal meinte Nicole: „Zu einem Fest gehören auch Spiele." Ich fragte die Kinder, welche Spiele geeignet sind. Meine Ausgangskriterien für die Auswahl waren, dass jedes Kind diese Spiele mit seinen Eltern spielen und dass keine Wettbewerbssituation entstehen sollte. Ich kam zu dem Entschluss, bekannte Spiele aus dem Jahresgeschehen auszuwählen: Das gibt den Kindern Sicherheit und versetzt sie in die Lage, ihren Eltern die Spiele zu erklären. Selbstständigkeit und Selbstbewusstsein der Kinder können davon profitieren.
Jedes Spiel stellte eine Station dar und bekam eine Farbe zugeordnet. Damit die Kin-

der überprüfen konnten, welches Spiel sie schon gespielt bzw. nicht gespielt hatten, fädelte ich für jedes Kind eine Kette. Jede Stationsfarbe wurde in Form eines Naturpapierstreifens aufgefädelt. Dazwischen fädelte ich Holzperlen. Wenn eine Station gespielt war, riss das Kind den jeweiligen Papierstreifen von der Kette. Übrig blieb eine Holzperlenkette.

Einen Tag vor dem Fest fragte Pascal: „Darf ich auch einen Luftballon mit nach Hause nehmen?" Obwohl ich es ihm zusicherte, wiederholte er die Frage im Laufe des Vormittags noch einige Male. Aufgeblasene Luftballons wurden also von mir als Dekoration fix eingeplant. Einmal fragte Pascal: „Darf mein Bruder auch einen Luftballon mitnehmen?" Auch diese Frage bejahte ich.

Am Tag des Festes gab es viel zu tun. Zwei Mütter boten mir ihre Hilfe an, die ich dankend annahm. Sie kamen eine halbe Stunde früher. Tische und Sessel wurden in den Garten transportiert, die Spielestationen aufgebaut, viele Luftballons aufgehängt und ein Buffettisch für die mitgebrachten Speisen im Gang bereitgestellt.

Gegen 16 Uhr trudelten die ersten Familien ein. Ich erklärte die Stationen und hängte den Kindern die Ketten um den Hals. Und schon konnte es losgehen. Da die Kinder die Spiele kannten, konnten sie den Eltern die Aufgaben erklären. Manches Kind wandelte das eine oder andere Spiel nach seinen eigenen Vorstellungen ab. Moritz spielte die meiste Zeit mit seinem Papa, und andere Kinder durften mitspielen.

Wer fertig war oder eine Pause einlegen wollte, konnte sich am Buffet laben. An den Tischen entstanden Gesprächsrunden. Ich achtete darauf, dass ich bei jeder Runde anwesend war und mitplauderte.

Bevor die ersten Familien nach Hause gehen mussten, führten wir unser Elternquiz durch. Jedes Kind bekam ein Familienbild, jedoch nicht sein eigenes. Die Kinder stellten sich in einer Reihe auf, und die Eltern begannen zu raten. Auf den Bildern stand nur „Mama, Papa, Bruder, Schwester, Baby ...".

Da das Wetter durchhielt, gingen die letzten Familien gegen 21 Uhr, nachdem wir gemeinsam weggeräumt hatten.

Das Fest hat bei allen großen Anklang gefunden. Bei einem Elternabend wird mir dieser Umstand wahrscheinlich dabei behilflich sein, die Eltern auch im nächsten Kindergartenjahr für meine Innovation hinsichtlich des Mutter- bzw. Vatertages zu gewinnen. Eine Gesprächsrunde zu diesem Thema ist im Herbst geplant.

9.2

Analyse des Projekts „Das Familienfest“

9.2.1

Pädagogische Orientierung

1 Das Bild vom Kind

Durch das Familienfest werden die Bedürfnisse jener Kinder berücksichtigt, die bisher kein oder wenig Interesse zeigten, den Mutter- bzw. Vatertag besonders hervorzuheben. Alle Familienformen werden als gleichwertig betrachtet, kein Kind ist mit der emotional belastenden Situation konfrontiert, sein selbst gebasteltes Muttertags- oder Vatertagsgeschenk nicht überreichen zu können, weil es zu dem betreffenden Elternteil keinen Kontakt mehr hat. Den Kindern wird ihre eigene Definition von Familie zugestanden: Beim Malen bestimmen sie selbst, wer zu ihrer „Familie“ gehört. Bei der Gestaltung und Planung des Festes werden die Kinder als gleichberechtigte Partner/innen ernst genommen. Ihre Ideen und Wünsche – z. B. nach Raumschmuck oder Bewirtung – sind wichtige Bestandteile des Festes.

2 Das Verständnis von Erziehung und Bildung

In diesem Projekt werden Erziehungs- und Bildungsinhalte angestrebt, die für die Gegenwart relevant sind. Überlieferte Traditionen, wie z. B. der Mutter- oder Vatertag, werden auf Grund veränderter Familienformen auf ihre aktuelle Sinnhaftigkeit hin überprüft. Auch die Eltern werden in Form eines Elternbriefs dazu angehalten, diese Traditionen zu überdenken. Der Kindergarten wird so als ein Ort verstanden, der dem Lebensraum der Kinder gerecht werden soll und eng mit der gesellschaftlichen Wirklichkeit verwoben ist.

In diesem Projekt wird die Erziehung zur Toleranz verwirklicht. Alle Kinder, egal in welchen Familienformen sie aufwachsen, haben dieselben Rechte und Bedürfnisse und können gemeinsam mit ihren Eltern auf das Fest kommen.

Die Eltern werden als wichtige Partner/innen in der Kindergartenarbeit ernst genommen, mit denen eine gute Kooperation angestrebt wird. Sie werden in die Gestaltung des Festes miteinbezogen. Eltern, die sich mit dem Familienfest nicht identifizieren können, haben in einem persönlichen Gespräch mit der Kindergartenpädagogin, aber auch im Rahmen einer Diskussionsrunde mit anderen Eltern die Möglichkeit, ihre Bedenken zu äußern. Auf diese Weise fördert die Kindergartenpädagogin die Interaktionen zwischen dem Kindergarten und der familiären Umwelt.

3 Das Rollenverständnis der Kindergartenpädagogin

Die Kindergartenpädagogin hinterfragt ihr eigene Persönlichkeit. Sie reflektiert, inwieweit das Feiern des Mutter- bzw. Vatertages ihr eigenes Bedürfnis, das der Eltern oder das der Kinder selbst ist. Sie ist mutig und selbstbewusst genug, den Mutter- bzw. Vatertag nicht mehr auf traditionelle Weise zu feiern. Sie handelt kritisch und ist bereit, sich mit den Eltern hinsichtlich ihrer pädagogischen Entscheidungen auseinander zu setzen: Sie bietet persönliche Gespräche und eine Diskussionsrunde über das Thema an und bezieht die Eltern dadurch in die Kindergartenarbeit mit ein.

9.2.2

Analyse der kindlichen Lebenswelt und der entwicklungspsychologischen Voraussetzungen

1 Sozioökonomische Bedingungen der Familien

Die Mehrzahl der Kinder stammt aus Arbeiter- und Angestelltenfamilien. Lediglich drei

Kinder haben Akademiker als Eltern. Ein Kind kommt aus Kroatien und ein Kind aus der Türkei. Bis auf vier Einzelkinder haben alle anderen Geschwister.

2 Entwicklungspsychologische Voraussetzungen der Kinder

Das Projekt wird in einer Familiengruppe mit 20 Kindern durchgeführt. Die beiden ausländischen Kinder konnten zum Kindergarteneintritt kein Deutsch. Ein Kind zeigt große Konzentrationsschwächen. Ein anderes Mädchen ist auf Grund ihrer belastenden Erziehungssituation sehr auffällig. Ein dreijähriger Bub zeigt eine starke Entwicklungsverzögerung in allen Bereichen, ein fünfjähriger Bub hat eine Lippen-Kiefer-Gaumenspalte.

3 Strukturqualität im Kindergarten

Es handelt sich um einen Übungskindergarten der Bildungsanstalt für Kindergartenpädagogik, der an die Ferienordnung der Schule gebunden ist. Die Kinder besuchen den Kindergarten von 7.45 Uhr bis 12.00 Uhr. Zusätzlich zur Kindergartenpädagogin steht eine Sonderkindergartenpädagogin zur Verfügung. Die verantwortliche Helferin ist für zwei Gruppen zuständig. Außerhalb des Gruppenraumes stehen den Kindern der Waschraum, der Gang, die Garderobe, ein weiterer Nebenraum, ein Bewegungsraum und der Garten zum Spielen zur Verfügung. Viermal in der Woche kommen stundenweise Schülerinnen der Bildungsanstalt für Kindergartenpädagogik in die Gruppe.

9.2.3 Didaktisch-methodische Kriterien

1 Anlässe und Kriterien für die Planung des Bildungsgeschehens

Den Anlass für die Planung des Projektes stellt die kritische Auseinandersetzung der Kindergartenpädagogin mit veränderten Familienformen und dem Konsumverhalten in Bezug auf den Mutter- und Vatertag dar. Auch die Beobachtung, dass die Kinder von selbst kein Bedürfnis haben, diese Tage besonders hervorzuheben, ist auslösend für das Projekt.

2 Bildungsinhalt

Planung und Durchführung eines Familienfestes

3 Methodische Umsetzung

- **Zielgruppe:** Alle Kinder der Gruppe und ihre Familienmitglieder

- **Form der Durchführung:** Langfristige Gesamtgruppenarbeit

- **Entscheidungen hinsichtlich der Konkretisierung:**

  Medien: Raumschmuck, Getränke, Essen, Material für die Spiele und die Familienbilder sowie Holzperlenkette mit Naturpapierstreifen, Farben, Pinsel und Papier, ein Tageskalender

  Zeit und Ort: Die Eltern bekommen vierzehn Tage vor dem Muttertag den Elternbrief. Sie werden zeitgerecht auf das Familienfest vorbereitet. Das Fest wird gemeinsam mit den Kindern geplant und findet Ende Juni im Garten des Kindergartens statt.

  Motivierung: Für die Kinder stellt es einen großen Anreiz dar, die Eltern in den Kindergarten einzuladen, um gemeinsam zu feiern. Auch die Möglichkeit, aktiv an der Gestaltung des Festes mitzuwirken, motiviert die Kinder, ihre Ideen und Wünsche hinsichtlich der Spiele und des Raumschmucks einzubringen. Die Eltern werden durch den Elternbrief und persönliche Gespräche auf die bevorstehende Veränderung vorbereitet. Durch ihre Mithilfe bei der

Vorbereitung des Festes werden auch sie auf das gemeinsame Feiern eingestimmt.

Durchführung: Die Dekoration, die Spiele und das Elternquiz werden gemeinsam mit den Kindern vorbereitet. Die Eltern stellen das Buffet bereit. Am Tag des Festes bereitet die Kindergartenpädagogin mit Hilfe einiger Eltern die Spielstationen sowie Sitzgelegenheiten und die Dekoration vor. Nach einer kurzen Begrüßung erklärt sie den Ablauf des Festes. Eltern und Kinder absolvieren selbstständig die einzelnen Stationen. Die Kindergartenpädagogin führt im Laufe des Festes mit allen Eltern persönliche Gespräche.

Ausklang/Vertiefung: Den Ausklang des Festes stellt das Familienquiz dar. Gemeinsam mit den Eltern wird anschließend aufgeräumt. Zu Beginn des nächsten Kindergartenjahres wird es eine Gesprächsrunde mit den Eltern geben, wo nochmals die Idee des Familienfestes reflektiert und diskutiert werden soll.

4 Elternarbeit und Öffentlichkeitsarbeit

Die Eltern erhalten einen Brief mit den Überlegungen zum Muttertag. An der Wandtafel werden Listen befestigt, in die sich die Eltern zur freiwilligen Mithilfe eintragen können. Es finden zahlreiche Gespräche hinsichtlich der Organisation, aber auch der inhaltlichen Veränderungen statt. Die Öffnung des Kindergartens nach außen stellt ein wesentliches Qualitätskriterium dar.

9.2.4

Psychologische Prozesse

1 Lern- und Entwicklungsprozesse

- **Im Bereich der Sachkompetenz:**

  Förderung des Wissens um verschiedene Familienformen: Die Kinder erfahren, dass Familien unterschiedlich aufgebaut sein können.

- **Im Bereich der Selbstkompetenz:**

  Förderung der Kreativität durch das Malen der Familienmitglieder mit Malfarben und durch das Gestalten des Familienfestes.

  Förderung der Individualität: Die Kinder lernen, dass verschiedene Familienformen gleichwertig sind.

- **Im Bereich der Sozialkompetenz:**

  Förderung der Kommunikationsfähigkeit: Die Kinder erklären den Eltern während des Festes die Spielregeln der einzelnen Stationen. Sie kommen mit anderen Kindern und deren Eltern ins Gespräch und üben dadurch ihre Ausdrucksfähigkeit.

  Förderung der Toleranz: Die Kinder lernen, dass es wichtig ist, allen Kindern gleich zu begegnen, egal aus welchen familiären Verhältnissen sie kommen.

2 Transaktionale Prozesse beim Familienfest

	Objektivieren (Akkomodation, Orientierung an der Realität)	**Subjektivieren** (Assimilieren, Anpassen an die eigenen Bedürfnisse)
Aneignen (Verinner-lichen, Internalisieren)	**A** **Die Kinder rezipieren und verinnerlichen den Bildungsinhalt** ❼ Die Kinder präsentieren die Zeichnungen, damit die Eltern ihre Familien erraten können.	**B** **Die Kinder bringen ihre eigenen Erfahrungen ein und verarbeiten dadurch die Bildungsinhalte** ❸ Die Kinder zählen verschiedene Personen zu ihrer Familie und sprechen mit der Kindergartenpädagogin darüber. ❻ Einige Kinder spielen mit den Eltern nach ihren eigenen Regeln. ❹ Pascal verlangt Luftballons als Dekoration, um einen nach dem Fest nach Hause nehmen zu können.
Vergegen-ständlichen (Mitgestalten, Produkte schaffen, sich selbst erweitern)	**C** **Die Kinder sind Ausführende** ❶ Die Kinder greifen den Impuls der Kindergartenpädagogin, anstelle des Vater- und Muttertags ein Familienfest zu feiern, auf. Sie bringen Gestaltungsvorschläge für das Fest ein. ❷ Die Kinder malen ihre Familien. ❺ Sie erklären den Eltern die Spielregeln der einzelnen Stationen.	**D** **Die Kinder schaffen ein eigenes Produkt** **Sie erleben sich als Schöpfer**

Die Nummerierung der einzelnen Szenen in den vier Feldern folgt dem Verlauf des Bildungsgeschehens. In diesem Fall setzt die Kindergartenpädagogin (in Feld C) den Impuls für das Projekt, indem sie mit den Kindern das Fest vorbereitet. Auf dem Fest spielen die Kinder die vorbereiteten Spiele und präsentieren ihre Bilder in Szene ❼, verändern aber in Szene ❻ auch die festgesetzten Regeln der Spiele.

Die Bildungsqualität dieses Praxisberichts zeigt sich in folgenden Erkenntnissen:

- Es wird deutlich, dass viele Traditionen nicht den kindlichen Bedürfnissen entsprechen, sondern den Erwartungen der Erwachsenen. In diesem Projekt ist es gelungen, diese Erwartungshaltungen kritisch zu reflektieren.
- Überholte Traditionen können auf sehr produktive Weise verändert werden, wenn man bereit ist, sich wirklich mit ihrer Thematik auseinander zu setzen und auch die Eltern in seine Überlegungen einzubinden.
- Durch das Fest wird der Kindergarten ein Ort der Begegnung zwischen den Kindern, ihren Familien und der Kindergartenpädagogin. Solche verbindenden Erlebnisse verbessern das gegenseitige Verständnis und die Zusammenarbeit in der täglichen Kindergartenarbeit.
- Das Projekt zeichnet sich durch die gelungene Elternarbeit aus.

10 Die Schachtelbaustelle

10.1

Bericht der Kindergartenpädagogin über das Projekt „Die Schachtelbaustelle“

Die Kindergartenpädagogin Johanna Hammerle berichtet, wie das Bauen mit Schachteln zu einem wesentlichen Bestandteil des Kindergartenalltags wurde:

Auf Grund größerer Platzprobleme im Gruppenraum beziehen wir die 48 m² große Garderobe in die tägliche Kindergartenarbeit mit ein. Weiters stehen für die maximal 23 Kinder meiner Gruppe zwei überdachte Terrassen mit den beachtlichen Ausmaßen von jeweils 15 m x 8 m zur Verfügung.
Es ist daher nahe liegend, diese Plätze zum Gestalten mit größeren Bauteilen zu nützen. Die Kinder verwenden z. B. Holzabfälle eines Zimmerers, Bretter vom Tischler und alte hölzerne Garnspulen einer Strickerei. Beim mehrstündigen Bauen entstehen beachtliche Werke.
Eines Tages stehen vier leere Bananenschachteln am Rand der Garderobe. Sofort werden diese von den Kindern in Beschlag genommen: Sie schieben die Garderobenbänke zur Seite, um mehr Platz zu gewinnen. Plötzlich ziehen „Schnecken“ und „Schildkröten“ durch den Raum, fahren „Autos“ und „Schiffe“ umher! Vier Schachteln sind für derartige Zwecke natürlich viel zu wenig, denn der Andrang der Kinder ist groß. Rasch besorgen wir neues Schachtelmaterial, um damit noch mehr Möglichkeiten zu haben. Viele Tage lang beherrscht dieses Treiben die Garderobe, bis eine entscheidende Wende eintritt: Zwei Buben

stellen ihre Schachteln nebeneinander und legen ein Brett sowie eine Decke darauf. Die erste „Hundehütte" steht auf dem Bauplatz. Rollenspiele entstehen, und es fehlt nie an mitspielenden bzw. zuschauenden Kindern.

Von Anfang an zeichnet sich eine überwiegende Präsenz von Buben ab. Sie sind es auch, die ständig Neues ausprobieren, entdecken und fast den ganzen Vormittag in der Garderobe verbringen.

So versuchen sie, Türme auf unterschiedliche Weise zu bauen, was sich als ziemlich schwierig erweist, weil die Schachteln allzu leicht ineinander rutschen. Der nächste wesentliche Schritt auf dem Weg zur Schachtelbaustelle ist das Ineinanderstecken zweier Schachtelteile. Die Stabilität ist jetzt unvergleichlich besser, der Einsatz dieser Bauteile eröffnet neue Möglichkeiten.

Bereits in diesem Stadium beobachte ich, dass Vorhaben und Ideen miteinander besprochen und Problemlösungen von den Kindern selbst herbeigeführt werden. Als Erwachsener steht man neugierig und begeistert dabei, erfreut sich an der regen Aktivität, Fantasie und enormen Ausdauer der Kinder. Die Versuchung ist oft sehr groß, bei eventuellen Schwierigkeiten oder Streitereien vorzeitig helfend einzugreifen. Dabei ist es viel klüger sich zurückzuhalten, abzuwarten und sich zu freuen, wenn die Baumeister Demokratie üben und Erfolge haben.

Nach und nach sammeln sich immer mehr Materialien an, auch kleinere Schachteln sind nun dabei. Die vielen unterschiedlichen Schriftzüge und Farben auf den Schachteln bewirken an den fertigen Bauten eine große optische Unruhe. Deshalb bekleben wir alle Schachteln mit hellbraunem Packpapier. Meinen Vorschlag, diese großartigen Bauteile jeweils in einer Farbe zu bemalen, lehnen die Kinder vorerst entschieden ab: „Wir haben keine Zeit zum Bemalen, wir müssen bauen!" Erst Monate später kommen sie darauf zurück. Die farbigen Schachteln regen dazu an, Mauerteile in abgestimmten Farben zu errichten oder Muster zu gestalten.

Immer mehr Bretter in den verschiedensten Längen und Stärken (bis zu 2 m Länge) ergänzen das Baumaterial. Manchmal bringe ich vom Sägewerk ungehobelte Hölzer mit, damit den Kindern die einzelnen Schritte der Holzgewinnung etwas näher gebracht werden. Schleifpapier – auf kleinen Holzblöcken befestigt – animiert die Kinder zum Glätten der Oberflächen. Kleine Arbeitshandschuhe sind für diese Arbeit sehr zweckmäßig. Eine Pinzette liegt immer griffbereit, um Schiefer, die manchmal unter die Haut gelangen, zu entfernen. Ein weiterer Schritt ist das Hobeln der Bretter in der Tischlerei. Die Maserungen der Hölzer treten besser zu Tage, der Geruch von Holz und der Unterschied zwischen rauh und glatt sind zu spüren.

Werkzeuge wie Hämmer, Zangen, Schraubzwingen, Sägen und Feilen gehören zum Sortiment. Wasserwaage, Magnete zum Einsammeln ausgestreuter Nägel, eine Box, die das Sortieren der verschiedenen Nägel erleichtert, durchsichtige Schläuche und Drainagerohre sind ebenfalls wichtige Bestandteile. Die Kinder gestalten kleine, aber oft auch recht große Werkstücke, kombiniert aus Hölzern, Kartonrollen, Teppichfliesen und dergleichen. Zollstäbe sind von großer Wichtigkeit. Sie dienen zum Messen und Vergleichen. Jeder Baumeister hat so ein faltbares Messinstrument in seiner Hosentasche stecken.

Mit großer Faszination beobachte ich die ständig wachsende Geschicklichkeit der Kinder im Umgang mit Werkzeugen und ihr Verantwortungsbewusstsein. Ich versuche, täglich möglichst viel Zeit als Beobachterin auf dem Bauplatz zu verbringen, um die Abläufe und Zusammenhänge besser zu erkennen. Außerdem bin ich für die Kinder da, wenn für sie unlösbare Probleme auftreten, wo sie oft nur kleine Hilfestellungen brauchen. Ein wichtiges Thema ist z. B. die Unfallvorsorge, vor allem dann, wenn Bauten bis zu 2,5 m und höher errichtet werden. Dies setzt die Beschaffung von Bauhelmen, die Abgrenzung des Baubereichs und die Sicherung von Wegen für vorbeigehende Kinder voraus.

Auf der Baustelle machen sich die Kinder Regeln und Gesetze, die teilweise ziemlich streng und manchmal ungerecht erscheinen, selbst aus. Diese Regeln werden mittlerweile von Jahr zu Jahr weitergegeben:

- *Eine fixe Regel lautet, dass ein Kind sofort von der Baustelle verwiesen wird, wenn es Gefahren für sich und andere verursacht. Am nächsten Tag gibt es selbstverständlich wieder die Gelegenheit mitzuspielen.*
- *Jedes Kind unserer Gruppe hat die Möglichkeit, auf der Baustelle zu arbeiten. Auch Kinder aus anderen Gruppen dürfen mitbauen, solange sie sich an die Abmachungen halten. Selbstverständlich dürfen auch Integrationskinder dabei sein.*
- *Bauwerke dürfen ohne Einverständnis der Erbauer nicht kaputt gemacht werden.*
- *Nach Spielende wird umherliegendes Material weggeräumt.*

In jedem Kindergartenjahr gibt es einen „Chef", der sich durch Kommunikationsbereitschaft, gutes Sozialverhalten und Geschicklichkeit in allen Belangen auszeichnet. Dieser Chef – es ist jedesmal ein Bub – hat noch drei bis fünf engste Mitarbeiter, die ebenso ihre Fähigkeiten und Ideen mit einbringen. Daher gibt es immer wieder Diskussionen und Streitereien, aber auch Situationen der Freude und Begeisterung. Es hängt sehr von der Geschicklichkeit des Chefs ab, wie er die Entwicklung zu lenken vermag, um eine für alle Beteiligten befriedigende Lösung herbeizuführen.

Zur fix bestehenden Baugruppe gesellen sich selbstverständlich auch alle anderen Kinder, die am Bauen interessiert sind. Sie bauen entweder mit oder suchen für ihre Vorhaben einen anderen Platz. In unserer Garderobe ist Platz genug dafür.

Vor allem jüngere und nicht so erfahrene Kinder fungieren oft als „Hilfsarbeiter", die einfachere Arbeiten ausführen bzw. die Anweisungen der Baumeister befolgen. Sie sind sichtlich stolz, wenn sie mit dabei sein dürfen und Schachtelgrößen, Brettlängen und Farben richtig unterscheiden. Die jüngeren Kinder sind normalerweise sehr bestrebt, den Anforderungen der schon erfahrenen Baumeister gerecht zu werden, um nach und nach ins Geschehen hineinzuwachsen. Voll Stolz und Engagement verfolgt so manches Kind den Weg vom Beobachter über den Hilfsarbeiter und weiter zum engsten Mitarbeiterstab, um schließlich die begehrte Stelle des Chefs einzunehmen.

Für mich ist es während des Jahres eine interessante Frage, wer im nächsten Jahr die Führungsrolle übernehmen wird. Wird es überhaupt eine geben? Entwickeln sich andere Dinge? Geht die Baustelle weiter, oder wird sie nach vielen Jahren einmal uninteressant?

Da der Chef und seine engsten Freunde meist zu den älteren Kindern gehören, wandern diese nach den Ferien in die Schule ab. Übrig bleiben drei bis fünf Kinder, die mit dem vorjährigen Bautrupp viele Erfahrungen gemacht haben. Aus dieser kleinen Gruppe geht der neue Chef hervor. Dabei gibt es jedes Jahr spannende Auseinandersetzungen, wer der nächste Chef sein wird. Alle Anwärter müssen ihre Fähigkeiten von Kindergartenbeginn an unter Beweis zu stellen: Sie überschlagen sich förmlich mit ihren Vorschlägen und Kommandos in der Hoffnung, von den anderen akzeptiert zu werden und sie für ihre Interessen zu gewinnen.

In all den Jahren hat noch nie ein Mädchen versucht, über längere Zeit zu den engsten Mitarbeitern zu gehören oder die Rolle des

Chefs zu übernehmen. Die Mädchen sind eher sporadisch und kurzzeitig anwesend und bevorzugen weniger das Bauen als das Rollenspiel. Wenn Mädchen mitspielen, wird plötzlich ausgeschmückt, es kommen duftige Stoffe ins Spiel sowie Geschirr und Utensilien aus dem Gruppenraum, bevorzugt aus der Puppenecke.

Die Buben verzichten auf filigrane Verzierungen. Es fällt keinem Baumeister ein, Schleier oder Girlanden aufzuhängen. Da werden eher Dachrinnen montiert, Kanalrohre verlegt oder Umleitungen wegen der Bauarbeiten gebaut. Die Bauwerke selber wirken stabil, geradlinig und funktionell. Man zieht sich nach mehrstündiger Arbeit ins fertig gestellte Bauwerk zurück, um zu plaudern, Ideen zu schmieden oder gemütlich zu jausnen. Häufig sammeln sich im Inneren einer Behausung Schätze an, wie Taschenlampen, Teile eines alten Telefons, selbst gebasteltes Werkzeug aus Konstruktionsmaterial oder Spielsachen aus dem Gruppenraum.

Die Vormittage auf der Baustelle laufen meist folgendermaßen ab: Die Schachteln werden entweder aus dem Abstellraum oder aus einer Ecke der Garderobe geholt, wo sie ordentlich aufbewahrt werden. Es kann aber auch sein, dass ein Bauwerk vom Vortag zerlegt und ein neues errichtet wird. Wird ein Neubau beschlossen, kann es passieren, dass das bestehende Gebilde mit viel Lärm und Freude zum Einstürzen gebracht wird und dann eher chaotische Zustände herrschen. Ein andermal tragen die Buben Stück für Stück ab und sortieren das Material, um einen guten Überblick zu haben.

Meistens gibt es konkrete Ideen hinsichtlich des Bauvorhabens. Es existieren sogar Pläne, die die Kinder von dem geplanten Objekt gezeichnet haben. Dabei werden immer wieder Häuser in allen Variationen bevorzugt: mit und ohne Garten, mit Wintergarten, Kohlenkeller und Garage. „Krankenhäuser", „Königspaläste" und „Jagdhäuser" erfreuen sich großer Beliebtheit.

Oft stürzen Mauerteile ein, ja manchmal sogar das gesamte Gebilde. Nicht selten wird es zwei- und dreimal umgebaut, bis es für alle Beteiligten befriedigend ist. Beliebt sind Riesentürme bis zu 2,5 m Höhe, die aus unzähligen kleinen Kartonrollen erbaut sind, oder lange und hohe Mauern aus demselben Material. Grandios sind z. B. die Ausdauer und Geschicklichkeit dreier Buben beim Errichten einer mehreren Meter langen Mauer, faszinierend die beharrliche Verfolgung ihres Zieles. Nach drei Einstürzen erkennen die Kinder das Problem: Die Rollen dürfen nicht exakt entlang der Bodenfliesen in einer Geraden aufgelegt werden, sondern in einer leicht geschwungenen Linie! Jetzt steht die Mauer mit ihren mächtigen Ausmaßen mindestens eine Woche lang.

So wie in diesem Fall erscheint es mir sehr wichtig, den Kindern genügend Zeit und Möglichkeit zu gewähren, um derartige Projekte durchzuziehen, Probleme zu erkennen und zu lösen sowie eigene Erfahrungen zu sammeln.

Egal, was gebaut wird, es sind jedesmal drei wesentliche Schritte zu beobachten: die Planung, das Bauen und das Rollenspiel. Für das Rollenspiel bleibt oft nur mehr wenig Zeit, wenn man bedenkt, dass die Bauzeit mehrere Stunden betragen kann. Alleine aus diesem Grunde muss ein Bauwerk bis zum nächsten Tag oder über das Wochenende stehen gelassen werden. Viele Schachtelhäuser stehen mehrere Tage, ja sogar mehrere Wochen! Bauwerke werden in solchen Fällen intensiv bespielt und geringfügig verändert, es werden aber auch größere Umbauten vorgenommen. Sogar die Sorge der Helferin, sie könne auf dem Bauplatz den Boden nicht reinigen, ist unbegründet: Die Buben hängen einfach den Staubsaugerschlauch in das Innere ihrer Bauten, und der Reinigung steht nichts mehr im Wege. Ein kleiner Besen und eine Mistschaufel stehen ebenfalls jederzeit zur Verfügung.

In den Arbeitspausen gehen die Kinder in den Gruppenraum, um bei angebotenen Aktivitäten dabei zu sein. Es kann aber auch sein, dass diese Angebote abgelehnt werden, weil es auf der Baustelle Wichtigeres zu tun gibt. Es kommt auch vor, dass die Jause auf der Baustelle eingenommen wird, denn „in echt ist es auch so". Wir versuchen trotzdem, die ganze Gruppe wenigstens für ein paar Minuten täglich zusammenzuführen, um eine festliche Jause zu genießen, zu singen oder Geburtstage zu feiern.

Die Schachtelbaustelle wirkt sich auf alle Bereiche der Kindergartenarbeit aus und hilft oft auch bei der Alltagsbewältigung:

- *Beobachtungen und Erlebnisse aus der engeren und weiteren Umwelt werden auf der Baustelle nachvollzogen, wie etwa die derzeitigen Kanalisationsarbeiten im Ort.*
- *Im Kindergartenalltag werden Schachteln, Bretter und Rollen beim Turnen und in der Rhythmik sowie bei diversen Sing- und Bewegungsspielen eingesetzt. Wir haben sogar einen „Schachteltanz" erfunden.*
- *Ein Bub, der durch sein aggressives Verhalten in der Gruppe große Probleme hat, hält sich besonders gern auf dem Bauplatz auf. Es dauert ziemlich lange, bis er lernt, seine überschüssigen Kräfte, die er ständig unter Beweis stellen möchte, beim Bauen einzusetzen. Er plagt sich mit den schwersten Bauteilen ab und brüstet sich mit waghalsigen Experimenten. Mit viel Geduld und Einfühlungsvermögen und mit Gesprächen, aber auch mit äußerster Konsequenz schaffen wir eine halbwegs ausgeglichene Stimmung auf dem Bauplatz. Schließlich beginnt er nach und nach, mit den Kindern zu bauen.*
- *Auch ein Kind mit großen motorischen und sprachlichen Problemen hält sich fast ausschließlich auf dem Bauplatz auf. Durch die ständige Kommunikation mit seinen Freunden und die unterschiedlichen Bewegungsabläufe, die sich hier bieten, erleben wir sichtbare Verbesserungen.*

Die Eltern erfahren von ihren Kindern viel von der Schachtelbaustelle. Manche von ihnen zeigen sich besorgt darüber, dass ihre Kinder durch das Projekt nur einseitig gefördert werden. Deshalb investiere ich viel Zeit in die Gespräche mit den Eltern. Ich berichte ihnen von den positiven Auswirkungen der Schachtelbaustelle auf die emotionale, soziale, kognitive und motorische Entwicklung ihrer Kinder. Am Elternabend präsentiere ich den Kindergartenalltag auf der Baustelle mittels Dias und Videoaufzeichnungen.

Eine Lehrerin unserer Volksschule interessiert sich für unser „Schachtelprojekt"! Sie ist fasziniert von den Zusammenhängen mit der kognitiven Entwicklung, wie Kinder Mengen erfassen, automatisch rechnen lernen und wie die sprachliche Entwicklung gefördert wird. Sie erlebt, wie die Kinder zur totalen Konzentration finden und in ihren Bewegungen immer geschickter werden, was sich in allen anderen Bereichen – wie Schreiben, Schneiden mit der Schere etc. – positiv auswirkt.

Christian, einer unserer Baumeister, ist anfangs traurig, weil er nach drei Jahren den Kindergarten verlassen muss. Als er jedoch hört, dass seine Lehrerin als Unterrichtsmaterial SCHACHTELN verwenden will, kommt Freude auf! „Weißt du", sagt er zu mir, „jetzt beginne ich, mich auf die Schule zu freuen!"

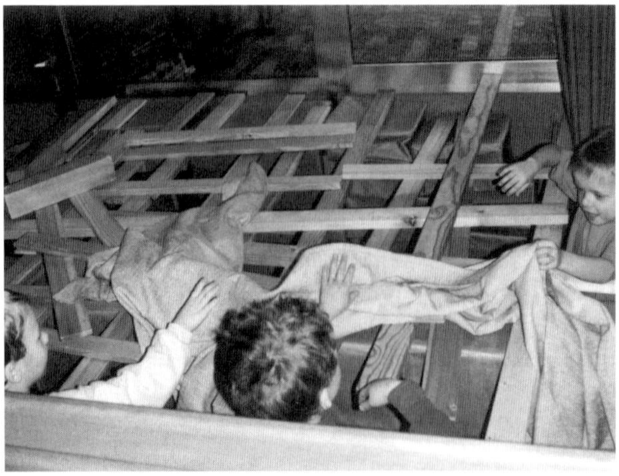

10.2

Analyse des Projekts „Die Schachtelbaustelle“

10.2.1

Pädagogische Orientierung

1 Das Bild vom Kind

Die Kinder sind in der Gestaltung des Kindergartenalltags gleichberechtigte Partner/innen. Ihre Bedürfnisse, Wünsche und Ideen sind Hauptbestandteile des Bildungsgeschehens. Ihre Freude und ihr Enthusiasmus am Bauen verwandeln die Schachtelbaustelle in ein Projekt, das nun schon mehrere Jahre den Kindergartenalltag bestimmt. Die Schachtelbaustelle bietet allen Kindern Betätigungsmöglichkeiten, die ihrem Entwicklungsstand entsprechen. Auch das Bedürfnis der Kinder nach Bewegung kann auf der Baustelle befriedigt werden.

Die Kinder sind in hohem Maß eigenständig und verantwortungsbewusst im Umgang mit Werkzeugen und Baumaterialien und dürfen sich auch ohne Anwesenheit der Kindergartenpädagogin auf der Baustelle aufhalten. Sie sind kompetent, für Probleme eigene Lösungen zu finden und ernennen selbst den „Bauchef“ und seinen Mitarbeiterstab. Die Kinder sind im Stande, Regeln und Gesetze für die Baustelle selbst aufzustellen und diese einzuhalten.

2 Das Verständnis von Erziehung und Bildung

Der Erziehungsstil der Kindergartenpädagogin ist demokratisch und unterstützend. Sie bringt den Kindern Respekt entgegen und wertet die selbst erfundenen Spiele der Kinder nicht gegenüber den von ihr angeleiteten Aktivitäten ab: Die Kinder dürfen freiwillig wählen, ob sie sich an den Angeboten in der

Gruppe beteiligen wollen oder die Schachtelbaustelle bevorzugen.

Die Kindergartenpädagogin bemüht sich, vor allem die transaktionalen Prozesse der Subjektivierung und Vergegenständlichung zu fördern: Mit der Schachtelbaustelle wird den Kindern ein Lebensraum zugestanden, den sie selbst gestalten können, wo sie selbstständig agieren und vielfältige Erfahrungen sammeln. Dadurch werden Eigenverantwortlichkeit und Autonomie der Kinder gefördert.

3 Das Rollenverständnis der Kindergartenpädagogin

Die Kindergartenpädagogin will die Kinder nicht verändern, sondern beraten, ermutigen, ihnen Raum und Zeit gewähren, sich auszuprobieren und Neues zu entdecken. Sie stellt immer wieder neues Material zur Verfügung und macht den Kindern Gestaltungsvorschläge, ohne ihnen ihre Ideen aufzudrängen. Sie lässt sich von den Vorschlägen und Bau- bzw. Spielideen der Kinder begeistern und tritt auch den kritischen Fragen der Eltern gegenüber für die Weiterführung des Projekts ein. Damit schafft sie eine Atmosphäre von Vertrauen, Geborgenheit und Akzeptanz.

Die Kindergartenpädagogin bemüht sich um Gelassenheit, nimmt aber trotzdem keine gleichgültige und indifferente Haltung ein. So lässt sie den Kindern zwar viel Freiraum, achtet aber gleichzeitig sorgfältig auf ein geeignetes Sicherheitssystem, um das Unfallrisiko auf der Baustelle zu minimieren.

Beobachtung und Reflexion sind wichtige Bestandteile ihres Rollenverständnisses: Sie versteht die Schachtelbaustelle als Bildungssituation und versucht, auch schwierigen Kindern Spielerfahrungen auf der Baustelle zu ermöglichen.

10.2.2

Analyse der kindlichen Lebenswelt und der entwicklungspsychologischen Voraussetzungen

1 Sozioökonomische Bedingungen der Familien

Die Kinder kommen alle aus der nächsten Umgebung des Kindergartens. Das Gemeinschaftsleben im Ort funktioniert gut, sodass sich die Eltern untereinander kennen. Die Berufsfelder der Eltern streuen von der Selbstständigkeit als Firmeninhaber und Landarbeiter über die Lehrertätigkeit bis zu Lehrberufen wie Friseur oder Maurer. Einige der Eltern sind Pendler, die Eltern zweier Kinder fahren aus geschäftlichen Gründen oft ins Ausland.

2 Entwicklungspsychologische Voraussetzungen der Kinder

Auf Grund der Integration eines Kindes mit Downsyndrom sind derzeit nur 19 Kinder in die Gruppe eingeschrieben, wovon die Mehrheit Buben sind. Das Alter der Kinder liegt zwischen drei und sechs Jahren.

3 Strukturqualität im Kindergarten

Es handelt sich um einen dreigruppigen Kindergarten mit eigenem Bewegungsraum, zwei Balkonen, zwei großen Terrassen und Garten. Jeder Gruppenraum verfügt über eine eigene Garderobe und einen Waschraum. Der betreffende Gruppenraum hat 57 m^2. Zusätzlich werden die fast 12 m lange und 4 m breite Garderobe sowie zwei Abstellräume und die Terrasse für diverse Tätigkeiten und Kleingruppenarbeiten benützt. Für die Schachtelbaustelle stehen den Kindern insgesamt ungefähr 300 m^2 zur Verfügung. Der Kindergarten verfügt weiters über eine gute Ausstattung mit Spiel- und Werkmaterialien.

10.2.3 Didaktisch-methodische Kriterien

1 Anlässe und Kriterien für die Planung des Bildungsgeschehens

Der Impuls zur Schachtelbaustelle kommt von den Kindern selbst. Der Anlass ergibt sich spontan, als die Kinder vier in der Garderobe abgestellte Schachteln für diverse Spielideen umfunktionieren. Mit Hilfe eines Brettes und einer Decke entsteht das erste Bauwerk. Das große Interesse der Kinder am Bauen löst ein transaktionales Wechselspiel aus: Die Kindergartenpädagogin stellt immer wieder neue Baumaterialien zur Verfügung, die die Kinder zur Ausweitung ihrer Spielideen inspirieren.

2 Bildungsinhalt/Thema

Bauen mit Schachteln und anderen Alltagsmaterialien

3 Methodische Umsetzung

- **Zielgruppe:** Alle Kinder, die auf der Schachtelbaustelle bauen wollen. Auch gruppenübergreifendes Bauen und Spielen ist erlaubt.
- **Form der Durchführung:** Langfristiges Projekt. Die Baustelle gibt es während des ganzen Jahres, und sie wird von Jahr zu Jahr von den Kindern selbst weitergeführt.
- **Entscheidungen hinsichtlich der Konkretisierung:**

  Medien: Unterschiedliche Schachteln und Kartons, Garnspulen, Bretter in verschiedener Länge und Stärke, Hölzer, Schmirgelpapier, Nägel, Schraubzwingen, Hämmer, Zangen, Sägen, Feilen, Schläuche, Drainagerohre, Teppichfliesen, Maßbänder und Helme

  Zeit und Ort: Das Projekt erstreckt sich bereits über Jahre. Die Kinder haben den ganzen Kindergartentag über die Möglichkeit, die Baustelle zu nützen. Es gibt keine Zeitbegrenzung. Die Baustelle ist in der Garderobe angesiedelt. Die Kinder dürfen aber auch die Terrasse oder den Garten zum Bauen mit einbeziehen.

Motivierung: Der Aufforderungscharakter der Schachteln löst bei den Kindern zahlreiche Spielideen aus. Die ständige Erweiterung des Materialvorrates durch zusätzliche Schachteln, Rollen, Werkzeuge, Tücher etc. hält den Spiel- und Bauprozess in Gang. Ungehobelte Bretter, die Anleitung zum Schmirgeln des Holzes und ein Ausflug zum Tischler unterstützen Prozesse der Aneignung und Objektivierung und bringen den Kindern die Schritte der Holzverarbeitung näher.

Durchführung: Die Kinder haben den ganzen Tag Zeit, auf der Baustelle zu arbeiten. Gemeinsam werden Regeln erarbeitet und Sicherheitsmaßnahmen zur Unfallverhütung eingeführt. Auch die Kinder aus anderen Gruppen dürfen mitmachen, wenn sie sich an die Vereinbarungen halten. Der Bauleiter und seine Mitarbeiter bestimmen, welche Pläne auf welche Weise umgesetzt werden. Die Kindergartenpädagogin gibt immer wieder neue Impulse, indem sie z. B. vorschlägt, die Schachteln zu bemalen, oder den Kindern neues Material zum Bauen zur Verfügung stellt. Sie bindet die gesammelten Materialien in Sing- und Bewegungsspiele sowie in die Rhythmik ein. Die Schachtelbaustelle wird vom einen zum anderen Kindergartenjahr von den Kindern selbst fortgeführt. Die Kindergartenpädagogin nimmt dabei eine zurückhaltende, unterstützende und helfende Rolle ein.

Ausklang/Vertiefung: Die Kinder dürfen ihre Bauwerke stehen lassen und bestimmen, ob sie wieder zerstört werden oder nicht. Nur das umherliegende Material muss aufgeräumt werden.

4 Elternarbeit und Öffentlichkeitsarbeit

Die Eltern werden mit der Schachtelbaustelle konfrontiert, wenn sie ihre Kinder in den Kindergarten bringen oder wieder abholen. Die in der Garderobe angesiedelten Konstruktionen und Bauwerke erwecken allgemeines Interesse. Da die meisten Kinder mit „Leib und Seele" am Bauplatz engagiert sind, berichten sie auch zu Hause viel von ihrer „Arbeit" im Kindergarten. Viele Eltern sind von der Schachtelbaustelle sehr angetan. Andere Elternpaare drücken jedoch ihre Besorgnis aus, dass die Kinder durch das ständige Bauen einseitig gefördert werden. Hier begegnet die Kindergartenpädagogin den Eltern mit individuellen Gesprächen, Informationen am Elternabend und Dia- und Videovorführungen.

Die Kindergartenpädagogin setzt sich sehr dafür ein, ihr Projekt auch anderen Kolleginnen vorzustellen. Zu diesem Zwecke hat sie mehrere Artikel über die Schachtelbaustelle in einschlägigen Fachzeitschriften publiziert und ihr Projekt sowohl Inspektorinnen als auch Schülerinnen und Lehrerinnen der Bildungsanstalten für Kindergartenpädagogik vorgestellt. Eine Lehrerin der örtlichen Volksschule lässt sich ebenfalls von der Schachtelbaustelle begeistern und will ein ähnliches Projekt verwirklichen.

10.2.4

Psychologische Prozesse

1 Lern- und Entwicklungsprozesse

- **Im Bereich der Sachkompetenz:**

  Denkförderung durch die Auseinandersetzung mit dem vielfältigen Materialangebot und die Umsetzung der eigenen Bauvorhaben. Die Kinder zeichnen eigene Pläne für ihre Konstruktionen, schreiben Zahlen und Buchstaben, üben sich im Rechnen und im richtigen und schnellen Erfassen von Mengen. Die Kinder unterscheiden Größen, Farben und Formen. Sie vergleichen Längen und Höhen und verwenden Lineale und Zahlstäbe zum Messen.

  Erwerb physikalischer Grundkenntnisse über Schwerkraft sowie optimale Größen- und Gewichtsverhältnisse der Schachteln und Materialien. Die Kinder lernen, dass eine leicht geschwungene Mauer aus Kartonrollen viel stabiler ist als eine Mauer, die in einer Geraden aufgebaut wird.

- **Im Bereich der Selbstkompetenz:**

  Förderung der Kreativität durch die Errichtung verschiedener Bauwerke und Spielplätze. Es werden Häuser, Raumstationen, Bauernhöfe, Kohlenkeller etc. gebaut und verschiedene Rollenspiele durchgeführt. Die farbigen Schachteln animieren die Kinder zum Sortieren und zum Legen verschiedener Muster.

  Förderung der Individualität: Die Kinder verwirklichen ihre Bauvorhaben nach ihren eigenen Vorstellungen und Bedürfnissen. Sie verarbeiten dabei ihre persönlichen Eindrücke und Erlebnisse.

  Förderung der Selbstständigkeit: Die Kinder dürfen alleine auf der Baustelle arbeiten. Sie benützen Werkzeug und Material selbstständig. Sie experimentieren und bauen so lange, bis die Bauwerke ihren Vorstellungen entsprechen. Der Errichter eines Bauwerkes bestimmt selbst, wann sein Werk wieder abgetragen werden kann.

  Förderung der Ausdauer und Geschicklichkeit: Durch das gemeinsame Bauen und Arbeiten steigert sich die Konzentration und Ausdauer der Kinder. Sie sind oft Stunden mit der Errichtung ihrer Konstruktionen beschäftigt. So bauen sie z. B. aus kleinen Kartonrollen bis zu 2,5 m hohe Türme.

Förderung der Motorik: Durch die vielfältigen Bewegungsmöglichkeiten werden die Kinder motorisch zusehends geschickter.

■ **Im Bereich der Sozialkompetenz:**

Förderung der Kommunikationsfähigkeit: Die Kinder besprechen gemeinsam die Planung und Umsetzung ihrer Bauwerke. Sie verbessern ihre Ausdrucksfähigkeit durch die ständige Kommunikation am Bauplatz.

Förderung der Teamfähigkeit: Die Kinder bauen gemeinsam etwas auf. Dies erfordert Zusammenarbeit, Rücksicht auf den anderen und gegenseitige Absprache. Sie ernennen einen Bauchef und seinen engsten Mitarbeiterstab. Daneben gibt es viele Hilfsarbeiter. Der „Chef" zeichnet sich durch besondere Kommunikationsbereitschaft, gutes Sozialverhalten und Geschicklichkeit in allen Belangen aus.

Förderung des Sicherheitsbewusstseins und der Mitverantwortung für die Gruppe: Um Gefahrenmomente und Verletzungen zu minimieren, müssen sich die Kinder an die gemeinsam ausgemachten Regeln halten. Wer für sich oder andere Gefahren verursacht, muss den Bauplatz verlassen. Die Kinder müssen Helme tragen und die Abgrenzungen des Baubereichs berücksichtigen, damit sie unbeteiligte Kinder nicht gefährden und stören. Dadurch lernen sie, Gefahren richtig einzuschätzen.

Förderung der Konfliktkultur: Auf der Baustelle kommt es immer wieder zu Konflikten, die von den Kindern selbst gelöst werden. Am Jahresanfang bewerben sich mehrere Kinder um die Stelle des Bauleiters, der Chef wird schließlich von den Kindern selbst gewählt.

2 Transaktionale Prozesse bei der Schachtelbaustelle

	Objektivieren (Akkomodation, Orientierung an der Realität)	**Subjektivieren** (Assimilieren, Anpassen an die eigenen Bedürfnisse)
Aneignen (Verinnerlichen, Internalisieren)	**A** **Die Kinder rezipieren und verinnerlichen den Bildungsinhalt**	**B** **Die Kinder bringen ihre eigenen Erfahrungen ein und verarbeiten dadurch die Bildungsinhalte**
	❷ Die Kinder erkunden die von der Kindergartenpädagogin zusätzlich bereit gestellten Materialien. ❽ Die Kinder lernen, wie man Holz mit verschiedenen Werkzeugen bearbeitet. Sie erkennen die Eigenschaften des Holzes (Struktur, Maserung ...).	❸ Die Kinder erproben verschiedene Bauweisen. Probleme werden besprochen, um geeignete Lösungen zu finden. Die Kinder schaffen sich selbst Regeln und Gesetze für den Umgang mit dem Material und für das gemeinsame Spielen. ❺ Sie ernennen einen Chef, Mitarbeiter und Hilfsarbeiter. ❿ Die Helferin kann den Bauplatz nicht säubern. Die Kinder lösen das Problem, indem sie den Staubsaugerschlauch in das Haus hineinhalten.
Vergegenständlichen (Mitgestalten, Produkte schaffen, sich selbst erweitern)	**C** **Die Kinder sind Ausführende**	**D** **Die Kinder schaffen ein eigenes Produkt** **Sie erleben sich als Schöpfer**
	❻ Die Kinder nehmen den Impuls der Kindergartenpädagogin auf und überziehen bzw. bemalen die Schachteln. ❼ Die Kinder wenden sich mit ihren Problemen an die Kindergartenpädagogin. ❾ Durch die Anregungen der Kindergartenpädagogin verwenden die Kinder die Bauteile auch in der Rhythmik und beim Turnen und erfinden gemeinsam einen Schachteltanz.	❶ Die Kinder finden Bananenschachteln in der Garderobe und spielen Schnecken und Schildkröten damit. Zwei Buben bauen eine Hundehütte aus Schachteln, einem Brett und einer Decke. ❹ Die Kinder zeichnen Pläne für konkrete Bauobjekte. Sie bauen aus Kartons verschiede Bauwerke (Häuser, Paläste, Jagdhütten, Krankenhäuser ...) und erfinden zahlreiche Rollenspiele. Die Kinder sortieren die Schachteln nach Farben und bauen einfärbige Mauern oder legen damit Muster.

Die Nummerierung der einzelnen Szenen in den vier Feldern folgt dem Verlauf des Bildungsgeschehens. In diesem Fall geht das Geschehen in Szene ❶ (in Feld D) von den Kindern selbst aus und wird in Szene ❷ von der Kindergartenpädagogin aufgegriffen. Durch neue Materialien können die Kinder ihre Sachkompetenz erweitern und in Szene ❸ verarbeiten.

Die Bildungsqualität dieses Praxisberichts zeigt sich in folgenden Erkenntnissen:

- Das Projekt zeichnet sich dadurch aus, dass die Impulse, Ideen und Bedürfnisse der Kinder in hohem Maße verwirklicht werden. Dadurch liegt dem Bildungsgeschehen eine hohe Motivation zu Grunde. Die Kinder identifizieren sich mit dem Projekt und beteiligen sich mit viel Begeisterung und Ausdauer.
- In diesem Projekt ist es gelungen, alle transaktionalen Prozesse zu aktivieren und die ganzheitliche Entwicklung der Kinder zu fördern.
- Der besondere Schwerpunkt des Projekts liegt in der Förderung der Selbstkompetenz, der Selbstständigkeit sowie der Kreativität in der Auseinandersetzung mit den Materialien und beim Umsetzen der Bauvorhaben. Die sozialen Kompetenzen der Kinder – im Besonderen Teamarbeit und Konfliktverhalten – werden gefördert. Auf das geschlechtsspezifische Rollenverhalten wird allerdings kaum eingegangen. So sind es primär die Buben, die von diesem Projekt profitieren.
- Die Kindergartenpädagogin kann trotz ihrer zurückhaltenden und lediglich unterstützenden Rolle die Erfahrungen und den Bildungsgewinn der Kinder optimieren. Durch ihre Haltung ermöglicht sie es den Kindern, sich selbst als Schöpfer/innen und Gestalter/innen zu erleben, eigenständig und autonom zu arbeiten sowie eigene Fähigkeiten und Grenzen auszutesten.

IX Zukunftsperspektiven

Die pädagogische Orientierung, die in diesem Konzept entwickelt wird, stellt sicherlich eine große Herausforderung für Kindergartenpädagog/innen dar, ihr Bild vom Kind und ihre eigene Rolle zu überdenken. In manchen Fällen werden sich Diskrepanzen zur bestehenden Praxis sowie Schwierigkeiten in der Realisierung der neu gewonnenen Erkenntnisse und Einstellungen ergeben. Dennoch birgt die transaktionale Sichtweise von Erziehung und Bildung vielfältige Chancen der Bewusstseinserweiterung und beruflichen Bereicherung in sich.

Die theoretischen Grundlagen, auf denen das gesamte Konzept basiert, tragen dazu bei, dass die pädagogische Praxis im Kindergarten – im Sinne der Anforderungen der EU – enger an die derzeitigen wissenschaftlichen Erkenntnisse der Sozialwissenschaften angebunden wird. Somit ist gewährleistet, dass die Forschungsergebnisse auch für den wohl wichtigsten Bildungsbereich – nämlich für die Bildung des Kleinkindes – verfügbar werden. An dem wissenschaftlichen Diskurs, der damit verbunden ist, können nun auch Kindergartenpädagog/innen teilnehmen, was wiederum eine Aufwertung ihres Berufsbildes bedeutet.

Was die Kinder betrifft, trägt der Transaktionsansatz dazu bei, sie in ihrer Handlungsfähigkeit und Autonomie zu bestärken und zu ermutigen. Damit Kinder die Herausforderungen der Zukunft positiv bewältigen können, muss das 21. Jahrhundert zu einem „Jahrhundert der Bildungsqualität“ werden.

Literatur

Aichhorn, A. (1977). Verwahrloste Jugend. Die Psychoanalyse in der Fürsorgeerziehung. (9. Auflage). Bern: Hans Huber.

Altman, I. & Rogoff, B. (1987). World views in psychology: Trait, interactional, organismic, and transactional perspectives. In D. Stokols & I. Altman (Eds.), Handbook of environmental psychology. Vol. 1 (pp. 7–40). New York: Wiley.

Ariès, Ph. (1975). Geschichte der Kindheit. München: dtv.

Baacke, D. (1984). Die 6- bis 12-Jährigen. Weinheim: Beltz.

Baar, E. & Tschinkel, I. (1959). Arbeitsblätter für die Schulreife-Entwicklungshilfe. Wien: Jugend und Volk.

Bayr-Klimpfinger, S. (1957). Über Konzentrationsstörungen. Bericht des 3. internationalen Kongresses für Heilpädagogik.

Bayr-Klimpfinger, S. (1960). Notwendigkeit einer möglichst früh einsetzenden sprachlichen Erziehung aus sozial-kulturellen Gründen. Unsere Kinder, 15, 2–5.

Bayr-Klimpfinger, S. (1962). Spielen oder arbeiten? Unsere Kinder, 17, 2–4.

Bayr-Klimpfinger, S. (1963). Notwendigkeit einer systematischen Spielerziehung. Unsere Kinder, 18, 5–7.

Bayr-Klimpfinger, S. (1966). Der Beitrag der Kinder- und Jugendpsychologie zur Gestaltung der Erziehungspraxis. Unsere Kinder, 21, 2–4.

Bayr-Klimpfinger, S. (1970). Zur Frühlernbewegung und zum Angebot an neuen Lernspielen. Unsere Kinder, 25, 132–136.

Becker-Textor, I. (1994). Kindergarten 2010. Traum – Vision – Realität. Freiburg: Herder.

Beham, M. & Wilk, L. (1990). Familie als kindliche Lebenswelt. In Gisser, R., Reiter, L., Schattovits, H. & L. Wilk (Hrsg.). Lebenswelt Familie (S. 355–409). Wien: Institut für Ehe und Familie.

Block, J.H. & Block, J. (1980). The role of ego-control and ego-resiliency in the organization of behavior. In W.A. Collins (Ed.). Development of cognition, affect, and social relations. Minnesota Symposia on child Psychology (Vol. 13). Hillsdale, NJ: Erlbaum.

Bloom, B. (1964). Stability and Change in Human Characteristics. New York.

Bloom, B. (1981). All Our Children Learning. New York: McGraw-Hill.

Braun, R. (1996). Habe Mut zu dir selbst und suche deinen eigenen Weg. Erziehung im Dialog. Welt des Kindes 6/96, S. 24–29.

Braunmühl, E. v. (1975/1989). Antipädagogik. Studien zur Abschaffung der Erziehung. Weinheim und Basel: Beltz.

Bronfenbrenner, U. (1978). Ansätze einer experimentellen Ökologie menschlicher Entwicklung. In R. Oerter (Hrsg.), Entwicklung als lebenslanger Prozess (S. 33–65). Hamburg: Hoffmann & Campe.

Bronfenbrenner, U. (1981). Die Ökologie der menschlichen Entwicklung. Stuttgart: Klett-Cotta.

Bundesministerium für Bildung, Wissenschaft, Forschung und Technologie (1998a). Delphi-Befragung 1996/1998. Potenziale und Dimensionen der Wissensgesellschaft – Auswirkungen auf Bildungsprozesse und Bildungsstrukturen. Abschlussbericht zum „Bildungs-Delphi“. München: bmb+f.

Bundesministerium für Bildung, Wissenschaft, Forschung und Technologie (1998b). Delphi-Befragung 1996/1998. Potenziale und Dimensionen der Wissensgesellschaft – Auswirkungen auf Bildungsprozesse und Bildungsstrukturen. Integrierter Abschlussbericht. München: bmb+f.

Bundesministerium für Wissenschaft und Verkehr (1998). Delphi Report Austria. Gesellschafts- und Kultur-Delphi. Ergebnisse und Maßnahmenvorschläge. bm:wv.

Charlotte Bühler-Institut (1994). Öffnungszeiten und Aufenthaltsdauer im Kindergarten – Erforschung von entwicklungsfördernden bzw. entwicklungshemmenden Rahmenbedingungen (Teil 1). Wien: Charlotte Bühler-Institut.

Colberg-Schrader, H. (1991). Der Situationsansatz. Klein & groß. Erziehung im Vorschulalter 1/91, 28–31.

Correll, W. (1970). Lesen, Schreiben und Rechnen im Vorschulalter. In W. Correll (Hrsg.), Lernen und Lehren im Vorschulalter (S. 11–57). Donauwörth: Auer.

Delors, J. (1997). Lernfähigkeit: Unser verborgener Reichtum. Berlin: Luchterhand.

Dippelhofer-Stiem, B. (1995). Sozialisation in ökologischer Perspektive. Eine Standortbestimmung am Beispiel der frühen Kindheit. Opladen: Westdeutscher Verlag.

Dornes, M. (1993). Der kompetente Säugling. Frankfurt.

Dreier, A. (1993). Was tut der Wind, wenn er nicht weht? Begegnung mit der Kleinkindpädagogik in Reggio Emilia. Berlin: FIPP-Verlag.

Elkind, D. (1989). Wenn Eltern zu viel fordern. Die Rettung der Kindheit vor leistungsorientierter Früherziehung. Hamburg: Hoffmann und Campe.

Elkind, D. (1991). Das gehetzte Kind. Werden unsere Kinder zu schnell groß? Hamburg.

Elschenbroich, D. (1973). Von der „Dummheit", die durch kompensatorische Erziehung kuriert werden soll. In Redaktion „betrifft: erziehung" (Hrsg.), Wider die falsche Vorschulerziehung. Weinheim – Basel: Beltz Verlag.

Elschenbroich, D. (1996). Die Chance der frühen Jahre. Erwachsene und Kinder im nächsten Jahrtausend. Welt des Kindes, 6/96, 36–40.

Erhardt, A. (1983). Mit Kindern leben – in Institutionen? Theorie und Praxis der Sozialpädagogik, Nr. 19, 251–254.

Erikson, E.H. (1973). Das Problem der Ich-Identität. In ders., Identität und Lebenszyklus. Suhrkamp Taschenbuch Wissenschaft.

Feiner, W., Niederle, Ch. & Michelic, E. (1980). Kinder erleben ihre Umwelt. Modelle und Methoden zur Umwelterziehung im Vorschulalter. Wien: ÖBV.

Filippini, T. (1991). Zum neuen Bild vom Kind. Fachtagung „Reggio" in Hamburg-Reinsbek.

Fitzka-Puchberger, R. (1991). Der „andere Umgang" mit Kindern. In M. Fischer-Kowalski, R. Fitzka-Puchberger & J. Mende (Hrsg.), Kindergruppenkinder. Selbst organisierte Alternativen zum Kindergarten (S. 122–133). Wien: Verlag für Gesellschaftskritik.

Flitner, A. (1988). Konrad, sprach die Frau Mama. Über Erziehung und Nicht-Erziehung. München: Piper.

Freud, A. (1936). Das Ich und die Abwehrmechanismen. München: Kindler.

Freud, S. (1969). Vorlesungen zur Einführung in die Psychoanalyse und Neue Folge. Studienausgabe Band I. Frankfurt am Main: Fischer.

Fthenakis, W. E. (1994). Ehescheidung als Übergangsphase (Transition) im Familienentwicklungsprozess. München: Staatsinstitut für Frühpädagogik.

Fuhrer, U. (1994). Entwicklungspartnerschaften in und zwischen M-U-Systemen. Beitrag zur Podiumsdiskussion „Zum Stellenwert der ökologischen Perspektive in der heutigen Psychologie" während des 39. Kongresses der Deutschen Gesellschaft für Psychologie in Hamburg 1994. Bern: Universität.

Grossmann, W. (1987). KinderGarten. Eine historisch-systematische Einführung in seine Entwicklung und Pädagogik. Weinheim: Beltz.

Gudjons, H. (1995). Pädagogisches Grundwissen. Bad Heilbrunn: Klinkhardt.

Hartmann, W. (o.J.). Kriterien zur Beurteilung von Arbeitsmappen. In Ch. Niederle (Hrsg.), Erkannt – erprobt – bewährt. 7 Themenkreise für die Arbeit im Kindergarten (S.159–162). Linz: Unsere Kinder.

Hartmann, W. & Stoll, M. (1996). Mehr Qualität für Kinder. Qualitätsstandards und Zukunftsperspektiven für den Kindergarten. Wien: ÖBV. Nachdruck 1999.

Hassenstein, B. & Hassenstein, H. (1990). Was Kindern zusteht. München: Piper.

Hayes, Ch., Palmer, J. & Zaslow, M. (Eds.) (1990). Who Cares for America's Children? Child Care Policies for the 1990s. Washington, DC: National Academy Press.

Hebenstreit, S. (1994). Kindzentrierte Kindergartenarbeit. Grundlagen und Perspektiven in Konzeption und Planung. Freiburg: Herder.

Hebenstreit, S. (1995). Mit den Augen der Kinder. Welt des Kindes 2/95, 4–39.

Hebenstreit, S. (1996). Auf den Spuren pädagogischen Denkens. Ein Blick in die Geschichte. Welt des Kindes 6/96, 6–11.

Heckhausen, H. (1989). Motivation und Handeln. Heidelberg – Berlin: Springer.

Herskovits, M.J. (1948). Man and his works: The science of cultural anthropology. New York: Alfred Knopf.

Hetzer, H. (1968). Das Frühlesen – Hypothesen und ihre Verifizierung. In Neue Sammlung, 8. Jahrgang, Mai/Juni 1968, Heft 3, 195–209.

Huppertz, N. (1992). Erleben und Bilden im Kindergarten. Der lebensbezogene Ansatz als Modell für die Planung der Arbeit. Freiburg: Herder.

Huppertz, N. & Schinzler, E. (1995). Grundfragen der Pädagogik. Eine Einführung für sozialpädagogische Berufe. Köln: Stam.

Hurrelmann, K. (1994). Die alten Kinder. Psychologie heute, Oktober 1994, 72–77.

Iben, G. (1971). Kompensatorische Erziehung. Analysen amerikanischer Programme. München: Juventa.

Katz, L. (1993). Multiple Perspectives on the Quality of Early Childhood Programes. European Early Childhood Education Research Journal, 1, 2, 5–9.

Kaufmann, F.-X. (1990). Zukunft der Familie. München: Beck.

Kaufmann-Hayoz, R. (1989). Entwicklung der Wahrnehmung. In H. Keller (Hrsg.), Handbuch der Kleinkindforschung (S. 401–418). Berlin: Springer.

Kazemi-Veisari, E. (1995). Erfinder ihrer eigenen Kultur. Kinder von heute: wer sie sind, was sie brauchen. Welt des Kindes, 6/95, S. 7–11.

Key, E. (1978). Das Jahrhundert des Kindes. Königstein: Athenäum.

Klages, H. (1993). Traditionsbruch als Herausforderung. Perspektiven der Wertewandelsgesellschaft. Frankfurt: Campus.

Korczak, J. (1967). Wie man ein Kind lieben soll. Göttingen: Vandenhoeck & Ruprecht.

Krappmann, L. (1995). Reicht der Situationsansatz? Nachträgliche und vorbereitende Gedanken zu Förder-Konzepten im Elementarbereich. Neue Sammlung, 4/95, 109–124.

Krenz, A. (1991). Der „situations-orientierte Ansatz“ im Kindergarten. Grundlagen und Praxis. Freiburg: Herder.

Lang, A. (1988). Die kopernikanische Wende in der Psychologie steht noch aus! Hinweise auf eine ökologische Entwicklungspsychologie. Schweizerische Zeitschrift für Psychologie, 47, 93–108.

Lang, A. (1992). Kultur als „externe Seele“: eine semiotisch-ökologische Perspektive. In Ch.G. Allesch, E. Billmann-Mahecha & A. Lang (Hrsg.). Psychologische Aspekte des kulturellen Wandels. Wien: VWGÖ.

Lang, A., Bühlmann, K. & Oberli, E. (1987). Gemeinschaft und Vereinsamung im strukturierten Raum: psychologische Architekturkritik am Beispiel Altersheim. Schweizerische Zeitschrift für Psychologie 46, 277–289.

Lückert, H.R. (1967). Begabungsforschung und basale Bildungsförderung. Evangelische Kinderpflege, 18, 214–238.

Mause, L. de (1980). Hört ihr die Kinder weinen. Frankfurt: Suhrkamp.

Meckel, Ch. (1994). Die Rechte des Kindes. Ravensburg: Ravensburger.

Miller, A. (1979). Das Drama des begabten Kindes und die Suche nach dem wahren Selbst. Frankfurt.

Miller, A. (1980). Am Anfang war Erziehung. Frankfurt.

Miller, A. (1981). Du sollst nicht merken. Variationen über das Paradies-Thema. Frankfurt.

Montessori, M. (1991). Kinder sind anders. München: dtv.
Neill, A. S. (1969). Theorie und Praxis der antiautoritären Erziehung. Das Beispiel Summerhill. Hamburg: Rowohlt.
Niederle Ch. (Hrsg.) (1995). Methoden des Kindergartens. Band 1, 2, 3. Linz: Unsere Kinder.
Niederle, Ch. (1985). Methoden des Kindergartens 1 (1. Auflage). Linz: Unsere Kinder.
Niederle, Ch. (1988). Methoden des Kindergartens 2 (1. Auflage). Linz: Unsere Kinder.
Niederle, Ch., Lenzeder, F. & Michelic, E. (1975). Bildung und Erziehung im Kindergarten (1. Auflage). Wien: Westermann.
Niederle, Ch., Lenzeder, F. & Michelic, E. (1987). Bildung und Erziehung im Kindergarten (2., überarbeitete Auflage). Wien: Westermann.
Oerter, R. & Montada, L. (1982). Entwicklungspsychologie. München: Urban & Schwarzenberg.
Oerter, R. & Montada, L. (1987). Entwicklungspsychologie. München, Weinheim: Psychologie-Verl.-Union.
Oerter, R. & Montada, L. (1995). Entwicklungspsychologie. München, Weinheim: Psychologie-Verl.-Union.
Oerter, R. (1995). Kultur, Ökologie und Entwicklung. In R. Oerter & L. Montada (Hrsg.), Entwicklungspsychologie. München, Weinheim: Psychologie-Verl.-Union.
Oerter, R. (1995). Motivation und Handlungssteuerung. In R. Oerter & L. Montada (Hrsg.), Entwicklungspsychologie. München, Weinheim: Psychologie-Verl.-Union.
Oerter, R. (1998). Transactionalism. In D. Görlitz, J. Valsiner, H.-J. Harloff & G. Mey (Eds.), Children, Cities, and Psychological Theories: Developing Relationships. Berlin, New York: de Gruyter.
Pazmann, E. (1991). Das Kindergartenjahr aus tiefenpsychologischer Sicht. In Amt für Jugend und Familie der Stadt Wien (Hrsg.), 10 Jahre Anna-Freud-Kindergarten. Rede anlässlich der Enquete des Amtes für Jugend und Familie (S. 61–73). Jugend und Volk.
Petrik, E. (1992). Rechte des Kindes. Unsere Kinder 3/92, 49–51.
Piaget, J. (1948). Psychologie der Intelligenz. Zürich: Rascher.
Plutchik, R. (1991). The emotions. Lanham, Maryland: University Press of America (Kap. 16).
Postman, N. (1983). Das Verschwinden der Kindheit. Frankfurt: Fischer.
Prott, R. (1989). Aus anderer Sicht. Welt des Kindes 5/89, 41–44.
Rogge, J.-U. (1993). Kinder brauchen Grenzen. Reinbek: Rowohlt.
Roth, H. (1968). Pädagogische Anthropologie. Band I. Bildsamkeit und Bestimmung. Hannover: Hermann Schwedel Verlag.
Rutschky, K. (1977) (Hrsg.). Schwarze Pädagogik. Berlin: Ullstein.
Ryan, R.M. (1993). Agency and organization: Intrinsic motivation, autonomy, and the self in psychological development. In R.A. Dienstbier (Ed.), Nebraska Symposium on Motivation (pp. 1–56). Lincoln: University of Nebraska Press.
Scarr, S. (1990). Wenn Mütter arbeiten. Wie Beruf und Kinder sich verbinden lassen. München: Beck.
Schäfer, G. (1994). Die Lust am Lernen, Wahrnehmen und Verstehen. Vorschulische Bildung als ästhetische Erfahrung. Welt des Kindes 3/94, 22–29.
Schandl, H. (1996). „Unterstützen statt Erziehen" und die Verantwortung von ErzieherInnen? Kinderdrehscheibe, Sommer 1996, S. 6–11.
Schlicht, H.-J. (1996). Das Recht auf den heutigen Tag. Ein Gespräch mit Regina Braun über „Korczak im Kindergarten". Welt des Kindes, 6/96, S. 20–23.
Schmaus, M. & Schörl, M. (1964). Die sozialpädagogische Arbeit der Kindergärtnerin. München: Kösel.
Schoenebeck, H. v. (1992). Antipädagogik im Dialog. Eine Einführung in antipädagogisches Denken. Weinheim: Beltz.

Schoenebeck, H. v. (1993). Unterstützen statt erziehen. Die neue Eltern-Kind-Beziehung. München: Knaur.

Schüttler-Janikulla, K. (1972). Persönlichkeitsförderung in Elternhaus, Kindergarten und Eingangsstufe. Handbuch zur 1. Mappe Begabung–Sprache–Emanzipation. Oberursel: Finken.

Stambak, M. (1996). Lernen durch Kommunikation. In W. Tietze (Hrsg.), Früherziehung: Trends, internationale Forschungsergebnisse, Praxisorientierungen. (S. 130–137). Neuwied: Luchterhand.

Steenken, A. (1995). Warum hat dein Huhn drei Beine? Nachdenkliches zum Anderssein des Kindes. Welt des Kindes, 6/95, 36–40.

Tietze, W. (1994). Sparen hat Grenzen: Wie gut sind unsere Kindergärten? Welt des Kindes 6/94, 27–31.

Tietze, W., Meischner, T., Gänsfuß, R., Grenner, K., Schuster, K.-M., Völkel, P. & Roßbach, H.-G. (1997). Wie gut sind unsere Kindergärten? Untersuchungen zur pädagogischen Qualität in Kindertagesstätten. Luchterhand: Neuwied.

Tschinkel, I.H. (1978). Natur- und Sachbegegnung mit Kindern. Wien: Jugend und Volk.

Van Aken, M. (1992). The development of general competence and domanic specific competencies. European Journal of Personality, 6, 267–282.

Völkel, P. (1996). Leben und Lernen mit Kindern. Welt des Kindes 3/96, 34–39.

Vygotskij, L.S. (1985). Ausgewählte Schriften. Arbeiten zu theoretischen und methodologischen Problemen der Psychologie (Band 1). Berlin: Volk und Wissen.

Vygotskij, L.S. (1987). Ausgewählte Schriften. Arbeiten zur psychischen Entwicklung der Persönlichkeit (Band 2). Berlin: Volk und Wissen.

Vygotskij, L.S. (1992). Geschichte der höheren psychischen Funktionen. Münster, Hamburg: Lit.

Wagner-Winterhager, L. (1985). Sozialgeschichte der Kindheit. Zeitschrift für die Praxis des Religionsunterrichts, 1/85, 2–6. (Zitiert nach Gudjons, 1995.)

Waibel, E.M. (1994). Erziehung zum Selbstwert. Persönlichkeitsförderung als zentrales pädagogisches Anliegen. Donauwörth: Ludwig Auer.

White, R.W. (1959). Motivation reconsidered: The concept of competence. Psychological Review, 66, 297–333.

White, R.W. (1960). Competence and the psychosexual stages of development. In Jones, M.R. (Ed.), Nebraska Symposium on Motivation (pp. 97–141). Nebraska: University of Nebraska Press.

Wild, R. (1990). Sein zum Erziehen. Heidelberg: Arbor.

Wilk, L. (1993). Kindsein in Österreich. In L. Wilk & J. Bacher (Hrsg.), Kindsein in Österreich. Ergebnisbericht (S. 1.3–1.26).

Wolf, B. (1995). Grundmerkmale ökologischer Perspektiven in der Entwicklungspsychologie. Psychologie in Erziehung und Unterricht, 42, 6–19.

Zeiher, H. (1995). Die Verinselung des Lebensraumes. In Ch. Niederle (Hrsg.), Methoden des Kindergartens 3 (S. 49–55). Linz: Unsere Kinder.

Zeissner, G. (1993). Arbeitsbuch Kindergarten. Köln: Stam.

Zimmer, J. (1998). Das kleine Handbuch zum Situationsansatz. Ravensburg: Ravensburger Buchverlag.

Zimmer, J., Preissing, Ch., Thiel, T., Heck, A. & Krappmann, L. (1997). Kindergärten auf dem Prüfstand. Dem Situationsansatz auf der Spur. Kallmeyer'sche Verlagsbuchhandlung GmbH.

Zulehner, P. M. & Slama, A. (1994). Unterwegs zum neuen Mann? Wien: BM für Umwelt, Jugend und Familie.

Zulliger, H. (1967). Einführung in die Kinderseelenkunde. Bern: Huber.

Die Autorinnen

Dr. Waltraut Hartmann,
Klinische Psychologin und Gesundheitspsychologin, Wissenschaftliche Leiterin des Charlotte Bühler-Instituts, Lehrbeauftragte an der Abteilung für Entwicklungspsychologie und Pädagogische Psychologie des Instituts für Psychologie der Universität Wien. Autorin und Redakteurin von Studienprogrammen im Medienverbund des BMUK und ORF zu den Themen Spiel, Kinderliteratur und Fernsehen. Mitarbeit am Lehrplan für die Volksschule, Expertin beim BMUK für die Schuleingangsphase, Expertin bei der UNIDO und UNICEF für Spiel und Spielzeug. Laufende Vortrags- und Seminartätigkeit im Bereich der Fortbildung von Kindergärtner/innen, Vorschul- und Grundschullehrer/innen. Zahlreiche Publikationen zu den Forschungsschwerpunkten Spiel, Kinderliteratur und Qualitätsentwicklung im Kindergarten.

Mag. Martina Stoll,
geboren 1965, Klinische Psychologin und Gesundheitspsychologin, Kindergartenpädagogin, Vertragslehrerin an der Bildungsanstalt für Kindergartenpädagogik der Stadt Wiener Neustadt.

Mag. Natalie Chisté,
geboren 1971 in Guatemala-City. Ausbildung zur Kindergarten- und Hortpädagogin. Studium der Psychologie in Wien und Ausbildung zur Outdoorpädagogin. Psychologin beim Kindergartenwerk der Erzdiözese Wien, wissenschaftliche Mitarbeiterin des Charlotte Bühler-Instituts für praxisorientierte Kleinkindforschung in Wien.

Mag. Michaela Hajszan,
geboren 1970 in Wien. Klinische Psychologin und Gesundheitspsychologin. Wissenschaftliche Mitarbeiterin des Charlotte Bühler-Instituts. Klinische Psychologin an der Universitätsklinik für Kinder- und Jugendheilkunde in Wien.

Gabriele Bäck,
geboren 1960, Übungskindergärtnerin und Didaktiklehrerin. Neben ihrer Unterrichtstätigkeit an der Bundesbildungsanstalt für Kindergartenpädagogik studiert sie Erziehungswissenschaften mit der Fächerkombination Sonder- und Heilpädagogik; derzeit arbeitet sie an ihrer Diplomarbeit. Mitarbeiterin des Charlotte Bühler-Instituts.